中國歷代書目題跋叢書

〔明〕祁承㸁 撰

鄭誠 整理

吴格 審定

澹生堂讀書記

澹生堂藏書目

上

上海古籍出版社

圖書在版編目(CIP)數據

澹生堂讀書記；澹生堂藏書目 /（明）祁承㸁撰；
鄭誠整理；吴格審定．—上海：上海古籍出版社，
2020.3
（中國歷代書目題跋叢書）
ISBN 978-7-5325-9498-6

Ⅰ.①澹… Ⅱ.①祁… ②鄭… ③吴… Ⅲ.①私人藏
書—圖書目録—中國—明代 Ⅳ.①Z842.48

中國版本圖書館 CIP 數據核字(2020)第 039697 號

中國歷代書目題跋叢書
澹生堂讀書記　澹生堂藏書目
（全二册）
［明］祁承㸁　撰
鄭　誠　整理
吴　格　審定
上海古籍出版社出版發行
（上海瑞金二路 272 號　郵政編碼 200020）
（1）網址：www.guji.com.cn
（2）E-mail：guji1@guji.com.cn
（3）易文網網址：www.ewen.co
蘇州越洋印刷有限公司印刷
開本 850×1168　1/32　印張 29.375　插頁 10　字數 770,000
2020 年 3 月第 1 版　2020 年 3 月第 1 次印刷
印數：1—1,500
ISBN 978-7-5325-9498-6
G·722　定價：138.00 元
如有質量問題，請與承印公司聯繫

《中國歷代書目題跋叢書》出版説明

漢代劉向、劉歆父子編撰《别録》《七略》，目録之學自此濫觴，在傳統學術中發揮了重要作用。歷代典籍浩繁龐雜，官私藏書目録依類編次，繩貫珠聯，所謂「類例既分，學術自明」（《通志·校讎略》），學者自可「即類求書，因書究學」（《校讎通義·互著》），實爲讀書治學之門户。而我國典籍屢經流散之厄，許多圖書真容難睹，甚至天壤不存，書目題跋所録書名、撰者、卷數、版本、内容即爲訪書求古的重要綫索。至於藏書家於題跋中校訂版本異同、考述版本淵源、判定版本優劣、追述藏弆流傳，更是不乏真知灼見，足以津逮後學。

我社素重書目題跋著作的出版，早在二十世紀五十年代，我社就排印出版了歷代書目題跋著作二十二種，後彙編爲《中國歷代書目題跋叢書》第一輯。此後，我社又與學界通力合作，精選歷代有代表性和影響較大的書目題跋著作，約請專家學者點校整理。至二〇一五年，先後推出《中國歷代書目題跋叢書》第二至四輯，共收書目題跋著作四十六種，加上第一輯的二十二種，計六十八種，極大地普及了版本目録之學。面對廣大讀者的需求，我社將該叢書陸續重版，並訂正所發現的錯誤，以饗讀者。

上海古籍出版社

二〇一八年八月

總目

澹生堂讀書記

整理説明

祁承㸁（一五六三—一六二八），字爾光，一字越凡，號夷度、密士，别署曠翁，浙江山陰（今紹興市）人，世居梅墅。萬曆三十二年（一六〇四）進士，歷任寧國、長洲知縣，南京刑部、兵部主事、員外郎、郎中，吉安知府，沂州同知，宿州知州，兵部員外郎，河南按察司僉事、副使，江西右參政。著有《澹生堂藏書約》、《牧津》、《宋西事案》、《宋賢雜佩》、《兩浙古今著作考》、《澹生堂集》等書，編有叢書《皇明徵信叢録》、《澹生堂餘苑》。

祁氏自幼嗜書，萬曆二十五年（一五九七）家藏已逾萬卷，不幸爲祝融取去。迨入仕後，車轍南北，遊宦鄉居，鋭意搜求。萬曆四十八年（一六二〇）編就《澹生堂藏書目》。此後陸續增補，著録圖籍六千七百餘種，不下八萬五千卷，與四明范氏天一閣藏書足相頡頏（參閲嚴倚帆《祁承㸁及澹生堂藏書研究》，漢美圖書公司，一九九一年）。崇禎九年（一六三六），祁彪佳（一六〇三—一六四五）昆仲彙選先人遺作，編成《澹生堂集》二十一卷付梓。其中既有關於購書、鑒書、編目要領的專論，又有涉及讀書、聚書、編書事宜的信札與日記，保存了許多生動自述，吾人猶得一窺晚明藏書家之蠹魚生涯。

《澹生堂集》頗涉明季遼東時事，乾隆間入《軍機處奏准全燬書目》，傳世極罕。已知惟一足本，原藏國立北平圖書館。抗戰期間，北平圖書館將包括《澹生堂集》在内的三千餘部善本古籍運往美國國會圖書館保存，今寄存臺北「故宫博物院」。傅增湘《藏園群書題記》、王重民《中國善本書提要》於平圖舊藏《澹生堂集》均有著録，可資參考。

本書爲《澹生堂集》新編選本，分上下兩卷。上卷收録《澹生堂集》卷十四「讀書志」全文。其中《藏書訓約》與《藏書訓略》即著名的《澹生堂藏書約》。《藏書訓約》實爲引言，《藏書訓略》分購書、鑒書、讀書、聚書四章。《澹生堂藏書約》原稿本二册，今在南京圖書館，第一册爲《澹生堂藏書約》（引言）及《讀書訓》、《聚書訓》，第二册爲《藏書訓略》，下分購書、鑒書二章。稿本前後附明人手書序跋題辭十二篇。另有萬曆間單刻本，國家圖書館見藏，編次小異，先《澹生堂藏書約》（引言）及《藏書訓略》，後《讀書訓》、《聚書訓》，序跋題辭存七篇，又與《庚申整書小記》（版心題「曠亭集」）《庚申整書例略四則》合訂一册。此外《澹生堂藏書目》也將《澹生堂藏書約》引言部分冠於卷首，充當序文。清代藏書家鮑廷博、繆荃孫喜其精審，先後將《澹生堂藏書約》刊入《知不足齋叢書》及《藕香零拾》。清刻篇目次序略同稿本，然明人序跋全無，且文字不無訛誤。如稿本開篇謂「華容魏學博有《史全》」，乃指明人魏顯國編有《歷代史書大全》。萬曆單刻本並《澹生堂集》本「史全」俱作「全史」。《知不足齋》、《藕香零拾》二本則改作「盱江鄧元錫有《函史》」。一九五七年，古典文學出版社曾合校以上兩種清刻，付諸鉛槧。二〇〇四年上海古籍出版社收入《中國歷代書目題跋叢書》再版。鄭振鐸先生收得萬曆間單刻本，欲重印而未果。近年已有簡體字點校本（《經籍會通（外四種）》，北京燕山出版社，一九九九年），據萬曆本録文，惜諸序僅保留郭子章一篇，餘均刊落。

本書下卷收録《尺牘》、《戊午曆》、《己未曆》、《密園前後記》。《尺牘》凡十二通，前十一通選自《澹生堂集》卷十七至十八，又據《中華文史論叢》第四輯（一九八四）所載《祁承㸁家書》（黄裳舊藏原信並録文）第二十四札轉録一通。《戊午曆》、《己未曆》係萬曆四十六年（一六一八）及次年一月間日記，原載《澹生堂集》卷十三。《密園前後記》，原載《澹生堂集》卷十一。書後附録《澹生堂藏書約》序跋題辭及祁氏傳記資料。

本次輯録，據中國國家圖書館藏美國國會圖書館所製《澹生堂集》縮微膠捲進行，並參校以下諸本：一、南京圖書館藏《澹生堂藏書目》稿本（簡稱「書目稿本」）、《澹生堂藏書約》稿本（簡稱「稿本」）；二、中國國家圖書館藏《澹生堂藏書訓約》萬曆間單刻本（簡稱「單刻本」）；三、《牧津》天啟間刻本（簡稱「天啟本」，《續修四庫全書》第七五四册景印）。除古體、異體字徑作通行今體，凡改動底本及重要異文，均出校記。

編校本書，承蒙吳格先生大力支持，沈燮元先生惠助辨識草書，統此致謝。整理既畢，略述原委，疏漏之處，敬祈指正。

鄭　誠

二〇〇九年十一月初稿

二〇一三年八月修訂

補記：原國立北平圖書館藏《澹生堂集》二十一卷崇禎刻本已由國家圖書館出版社影印出版，二〇一三年發行單行本（全五册），二〇一四年收入《原國立北平圖書館甲庫善本叢書》第八七六、八七七册。

二〇一九年九月十一日。

目録

澹生堂讀書記卷上

藏書訓約〔一〕

余十齡背先君子，時僅習句讀，而心竊慕古。通奉公在仕二十餘年，有遺書五七架，庋卧樓上。余每入樓啓鑰取觀，閲之殊不能舉其義〔二〕，然按籍摩挲，雖童子之所喜吸笙摇鼓者，弗樂於此也。先孺人每促之就塾，移時不下樓，繼之以呵責，終戀戀不能舍。比束髮就婚，即内子奩中物，悉以供市書之值。時文士競尚秦漢，語爲比耦，益沾沾自喜，每至童子試，不前亦夷然不屑也。及舞象而後，更沈酣典籍，手録古今四部，取其切近舉業者彙爲一書，卷以千計，十指爲裂。然性尤喜史書，生欲得一全史，爲力甚艱。偶聞華容魏學博有《史全》〔三〕，隱括頗悉，郭相奎使君以活板模行于武林者百許部，一時競取殆盡。遂亟渡錢塘，購得其一，驚喜異常，不啻貧兒驟富矣。時方館於富春山中，晝夜展讀，一月而竟，遂苦怔忡，不成寐者數月，至有性命之憂。癸巳讀書雲門僧房，與柳貞之共處講席。貞之好談宗乘事，正與病愜，乃稍稍戒觀書，然而蠹魚之嗜，終不解也。凡試事過武林，遍問坊肆所刻，便向委巷深衢，覓有異本，即鼠餘蠹剩，無不珍重市歸，手爲補綴。十餘年來，館穀之所得，饘粥之所餘，無不歸之書者。合之先世，頗逾萬卷，藏載羽堂中。

丁酉冬夕，小奴不戒於火，先世所遺及半生所購，無片楮存者。因歎造物善幻，故欲鍛鍊人性情乃爾，遂北入成均。燕市雖經籍淵藪，然行囊蕭索，力不能及此，每向市門，倚櫝看書，友人輒以王仲任見嘲。辛丑下第歸，稍葺一椽，尋欲聚書其中，而旋以釋褐爲令。初吏寧陽，掌大一城，即邑乘且闕，安有餘書。及更繁茂苑，其爲經籍淵藪，雖猶之燕市乎，然而吏事鞅掌，呼吸不遑，初非畏風流之罪過，實迫于晷刻之無暇耳〔四〕。間有見貽，概以坊梓，且多重複，奇書異本無從得而寓目焉。

自入白門，力尋蠹好，詢於博雅，覓之收藏，兼以所重，易其所闕，稍有次第。然而漢唐人之著述，則不能得什一於千百也。癸丑，偶以行役之便，經歲園居，復約同志互相裒集，廣爲搜羅。夏日謝客杜門，因率兒輩，手自插架，編以綜緯二目，總計四部，其爲類者若干，其爲帙者若干，其爲卷者若干，以視舊蓄，似再倍而三矣。

夫余之嗜書，乃在於不解文義之時，至今求之，不得其故，豈真性生者乎。昔人饑以當食，寒以當衣，寂寥以當好友，余豈能過之。第所謂胸中久不用古今澆灌，便塵俗生其間，照鏡則面目可憎，對人則語言無味，殆爲是耳。然而聚散自是恒理，即余三十年來聚而散，散而復聚，亦已再見輪廻矣，今能期爾輩之有聚無散乎？要以爾輩目擊爾翁一生精力，耽耽簡編，肘敝目昏，慮衡心困，艱險不避，譏訶不辭，節縮饔餐，變易寒暑，時復典衣銷帶，猶所不顧，則爾輩又安忍不竭力以守哉？至竭力以守而有非爾輩之所能守者，夫固有數存乎其間矣〔五〕。

今與爾輩約：及吾之身則月益之，及爾輩之身則歲益之；子孫能讀者則以一人盡居之，不能讀者則以衆人遞守之；入架者不復出，蠹嚙者必速補；子孫取讀者就堂檢閱，閱竟即入架，不得入私室；親友借觀者，有副本則以應，無副本則以辭，正本不得出密園外；書目視所益多寡，大較近以五年、遠以十年一編次；勿分析，勿覆瓿，勿歸商賈手。如此而已。雖然，元美有言：「世有勤於聚而儉於讀者，即所聚窮天下書猶亡聚也；世有侈於讀而儉於辭者，即所讀窮天下書猶亡讀也。」吾豈能必爾輩之善讀，讀而且饒於辭哉？蓋有味於黄魯直之言也：「四民皆當世業，士大夫家子弟能知忠信孝友，斯可矣，然不可令讀書種子斷絶，有才氣者出便名世矣。」斯余藏書之意乎。因雜取古人聚書讀書足爲規訓者列於後，而并示以購書鑒書之法，令兒輩朝夕觀省焉。時萬曆癸丑中伏日書於快讀齋〔六〕。

〔一〕藏書訓約：稿本題作「淡生堂藏書約」，書目稿本、單刻本均題作「澹生堂藏書約」。

〔二〕殊：原作「尚」，據稿本改。

〔三〕史全：原作「全史」，據稿本乙。按《史全》指明人魏顯國所編《歷代史書大全》。

〔四〕　晷刻之無暇：「之」字原空，據稿本補。

〔五〕　存乎其間：原脱「其」字，據稿本補。

〔六〕　時萬曆癸丑中伏日書於快讀齋：底本無此語，據稿本補。

藏書訓略

一、購書

夫購書無他術，眼界欲寬，精神欲注，而心思欲巧。蓋今世所習爲文人，守一經從博士弟子業者也。如古之著書立言不求聞達者，千百中不一二見焉。習俗溺人，爲毒滋甚。每見子弟於四股八比之外略有旁覽，便恐妨正業，視爲怪物。即子弟稍竊窺目前書一二種，便自命博雅，沾沾自喜，不知宇宙大矣。古今載籍如劉氏《七略》、王儉《七志》、阮孝緒《七録》，俱在人耳目者無論已。其最盛莫如隋大業中柳晉等校定總目三十七萬卷，而正本進御亦三萬七千餘卷。嗣後則唐開元中總目五萬六千四百七十六卷〔一〕，而釋道二家不與，及唐人自著者不全入，以視大業，不啻倍之。此亦四部中天之際乎。然猶曰帝皇之籍，非士庶所能望見也。乃唐吴兢家藏書一萬三千四百六十八卷，此鏤板未行之前，已戛戛乎難爲力矣。若荆南之田氏藏書三萬卷，昭德晁氏舊藏二萬四千八百卷，邯鄲李獻臣所藏圖籍五十六類一千八百三十六部、二萬三千三百八十六卷，而藝術、道書及書畫之目不存焉。莆田鄭子敬家所藏書仍用《七録》，而卷帙不減於李。濡須秦氏且以奏請於朝，宅舍文籍令子孫不得分析。蓋崇重極矣，然猶曰前代之遺事云耳。若勝國兵火之後，宋文憲公讀書青蘿山中，便已聚書萬卷。如雲間陸文裕公、婁江王大司馬、吴門劉子威，此其家藏書皆不下數萬卷。更聞楊儀部君謙，性最嗜書，家本素封，以購書故，晚歲赤貧，所藏書十餘萬卷，纂其異聞爲《奚囊手鏡》。若金陵之焦太史弱侯，藏書兩樓，五楹俱滿，余所目覩，而一一皆經校讎探討，尤人所難。婺州胡元瑞，以一孝廉集書至四萬二千三百八十四卷。此皆近日士紳家事也，安可以鬚眉男子竟同三家村擔板漢乎。余故略一拈出，令汝輩知曠然宇宙，自有大觀。所謂眼界欲寬者此也。若曰六經皆注脚，何必乃爾。余與汝輩未至此位地〔二〕，不得作欺人語。

夫所謂精神欲注者，正以人非大豪傑，安能澹無嗜好。倘嗜好一着於博飲狹邪、馳馬試劍，傷生敗業，固不必言。即染翰臨池、鼎彝金石，非不稱清事，然右軍竟以書概其品，而閻立本且悔恨流汗，戒子孫勿復工繪事。至於玩古之癖，令人憔悴欲死，又不足言矣。惟移此種種嗜好，注于嗜書，余亦不遽望爾輩以冥心窮討，苦志編摩。惟姑以此書日置几席間，視同玩器，裝潢校讎，朝斯夕斯，隨意所喜，閲其一端。一端偶會，此卷自不忍不竟。一卷既洽，衆卷復然，此書未了，恨不能復及一書。方讀其已見，恨不能讀其所未見，自然飲食寢處、口所囁嚅、目所營注，無非是者。如阮之屐、嵇之鍛、劉伶之飲，非此不復知人生之樂矣。如此則物聚於所好，奇書秘本多從精神注向者得之。使爾輩爲向上之士，自足成其博雅。即以庸人自安，亦定不作白丁。余每見市中賣藥翁，晚年未有不談醫者，而書肆老賈，往往多哆口言文字。蓋近朱近墨，强作解事，自是恒情。而古今絶世之技，專門之業，未有不由偏嗜而致者。故曰精神欲注者此也。

鄭漁仲論求書之道有八：一即類以求，二旁類以求，三因地以求，四因家以求，五曰求之公，六曰求之私，七因人以求，八因代以求。可謂典籍中之經濟矣。然自有書契以來，名存而實亡者十居其九。如丁寬、孟喜之《易》，《尚書》之牟長《章句》、周防《雜記》。韓嬰僅存《詩外傳》，而亡其《内傳》。董仲舒《春秋繁露》雖存，而《春秋决疑》二百三十二事竟不可得。夫經傳猶日星之麗天，尚多湮没，況其他一人一家之私集乎？若此之類，即國家秘府尚不能收，民間亦安從得之。縱欲因地因人以求，無益也。余於八求之外，更有三説。如書有著於三代而亡於漢者，然漢人之引經多據之。書有著於漢而亡于唐者，然唐人之著述尚存之。書有著於唐而亡於宋者，然宋人之纂集多存之。每至檢閲，凡正文之所引用，注解之所證據，有涉前代之書而今失其傳者，即另從其書各爲録出。如《周易坤靈圖》、《禹時鉤命訣》、《春秋考異郵》、《感精符》之類，則於《太平御覽》中間得之。如《會稽典録》、張璠《漢紀》之類，則於《北堂書鈔》間得之。如晉簡文《談疏》、《甘澤謡》、《會稽先賢傳》、《渚宫故事》之類，則於《太平廣記》間得之。諸如此類，悉爲裒集〔三〕。又如漢唐以前，殘文斷簡，皆當收羅。此不但吉光片毛，自足珍重，所謂舉馬之一體而馬未嘗不立於前也。是亦一道也。又如一書之中，自宜分析。如杜氏《通典》著於唐，惟唐之故典可按耳，乃後人取歐陽永叔、吕伯恭輩議論附其後，不幾淄澠乎？如《水經》一書，注乃侈於其經，奇詭宏麗，後人但知酈道元之有注，而桑欽著經之名反隱矣。又如《世説》，詞旨本自簡令，已使人識晉人丰度於眉宇間。若劉孝標之注，援引精覈，微言妙義，更自燦然，可與《世説》各爲一種，以稱快書。如此之類，析而爲兩，使並存於宇宙之間。是亦一道也。若夫前代遺書，見有鏤板，或世家所秘、省郡所藏，即同都共里尚難兼收，況粤有刻而吴未必知，蜀有本而越未能遍，如此者更多也，又安能使其無翼而飛，不脛而走哉？且購書於書未集之先易，何也？凡書皆可購也，即因地因人，因家因代，無不可者。購書於書稍集之後難，何也？海内通行之書，大都此數十百種耳，倘一概求之，或以千里郵至，或以重值市歸，乃開篋而已有在架矣，有不意興索然者乎？余謂古書之必不可求，必非昭代所梓行者也。若昭代之所梓行，則必見序於昭代之筆，其書即不能卒得，而其所序之文，則往往載於各集者可按也。今以某集有序某書若干首，某書之序刻於何年，存於何地，採集諸公序刻之文而録爲一目，自知某書可從某地求也，某書可向某氏索也。置其所已備，覓其所未有，則異本日集，重複無煩。斯真夜行之燭，而探寶之珠也。是又一道也。即此三端，可以觸類。總之，一巧以用八求，故曰心思欲巧者此也。

以上三條，購書之法似無遺術，然特示兒輩云耳。若夫古書，有必不可致者，有求之苦而得之艱者，有可隨時隨地而求輒得者。余因集四部之名在而書不傳者爲《名存録》，集其艱于得而力于求者爲《苦購録》，以見有鏤板者爲《廣梓録》，共計十二卷，并附以購書檄而與海内同志者共焉[四]。

一、鑒書

夫藏書之要在識鑒，而識鑒所用者，在審輕重、辨真僞、覈名實、權緩急而别品類，如此而已。夫垂于古而不能續於今者，經也。繁于前代而不及於前代者，史也。日亡而日逸者，子也。日廣而日益者，集也。前有所亡而後有所益，聚散略相當者，類書、雜纂之流也。前者尚存，後者愈蔓，紛還詠譎而不可律者，雜史與小説之類也。故得史十者不如得一遺經，得今集百者不如得一周秦以上子，得百千小説者不如得漢唐實録一，此其書之不相及也。購國朝之書十不能當宋之五也，宋之書十不能當唐之三也，唐之書十不能當漢與六朝之二也，漢與六朝之書十不能當三代之一也，此其時之不相及也。總之所謂審輕重者是也。

夫所謂辨真僞者，經不易僞，史不可僞，集不必僞，而所僞者多在子。且非獨僞也，孫文融有言：「諸子至秦絶矣。古操術，今飾文，其深不當也。古初見奇，今奇盡，其精不當也。古殫一生精力，今以餘技騁，其工不當也。故曰絶也。」夫自漢而後，即真者尚不能與周秦並，況其僞哉？然又混淆而難別，如《鹽鐵論》之言食貨也，史也而儒之；杜周士之《廣人物》，志也而子之；至温庭筠之著《乾𦠆子》，録諧也，劉崇達之著《金華子》，紀雜也，且濫以子稱矣。故子之雜也，史之稗也，説之璅也，易相溷者也，惟辨其真則得矣。要而言之，四部自不能無僞。「有僞作於前代，而世率知之者〔五〕，風后之《握奇》、岐伯之《素問》是也。有僞作於近代，而世反惑之者，卜商之《易傳》，毛漸之《連山》是也。有掇古人之事而僞者，仲尼傾蓋而有《子華》，柱史出關而有《尹喜》是也。有挾古人之文而僞者，伍員著書而有《越絶》，賈誼賦鵩而有《鶡冠》是也。有傅古人之名而僞者，尹負鼎而《湯液》聞，戚飯牛而《相經》著是也。有蹈古書之名而僞者，汲冢發而《師春》補，《檮杌》紀而《楚史》傳是也。有憚於自名而僞者，魏泰《筆録》之類是也。有恥於自名而僞者，和氏《香奩》之類是也。有襲取於人而僞者，法盛《晉書》之類是也。有假重於人而僞者，子瞻《杜解》之類是也。有惡其人僞以禍之者，僧孺《行紀》之類是也。有惡其人僞以誣之者，聖俞《碧雲騢》之類是也。有本非僞，人託之而僞者，《陰符》不言三皇，而李荃稱黄帝之類是也〔六〕。有書本僞，人補之而益僞者，《乾坤鑿度》及諸緯書之類是也。又有僞而非僞者，《洞靈真經》本王士元所補，而以僞亢倉；《西京雜記》本葛稚川所傳，而以僞劉歆之類是也。又有非僞而曰僞者，《文子》載於劉歆《七略》，歷梁隋皆有其目，而黄東發以爲徐靈府；《抱朴》紀于勾漏本傳，歷唐宋皆志其書，而黄東發以爲非葛稚川之類是也。又有非僞而實僞者，《化書》本譚峭所著，而宋齊丘竊而序傳之；《莊注》本向秀所作，而郭子玄取而點定之類是也。又有當時知其僞而後世弗傳者，劉炫《魯史》之類是也。又有當時紀其僞而後人弗悟者，司馬《潛虚》之類是也。又有本無撰人，後人因近似而僞託者，《山海》稱大禹之類是也。又有本有撰人，後人因亡逸而僞題者，《正訓》稱陸機之類是也。」辨哉，胡元瑞之言乎！余故詳述之，令爾輩展卷時庶具眼焉。

書籍與代日增，而亦與代日亡之物也。概按籍而求，固已有虚用其力者矣。乃有實同而名異者，有名亡而實存者，有得一書而即可概見其餘者，有得其所散見而即可湊合其全文者。又有本一書也，而故多析其名以示異者，如顔師古之《南部煙花》即《大業拾遺》也，李綽之《尚書談録》即《尚書故實》也，劉珂之《帝王曆歌》即《帝王鏡略》也〔七〕，此所謂實同而名異者也。如蔡蕃節《太平廣記》之事而爲《鹿革事類》三十卷，《廣記》在，《鹿革事類》即湮軼可也；如司馬温公之編《資治通鑑》也，先具叢目，次脩長編，删削成書，《通鑑》行，則叢目、長編廢，弗録可也。此所謂名亡而實存者也。又如漢人之談經在訓詁，讀注疏而漢之釋經可概也；晉人之詞旨尚隱約，閱《世説》而晉之談論可想也。所謂得其一而概可見其餘者也。如《北窗瑣言》、《酉陽雜俎》之類，今刊本雖盛行矣，然悉括《太平廣紀》之所載，更有溢其全帙之外者〔八〕，此所謂得其所散見而即可湊合其全文者也。至如陶弘景之《真誥》而析以《協昌期》、《甄授命》之名，馮贄之《雲仙散録》而託以詭秘之目。又如近日偶從友人王堇父家借得《比事摘録》一卷，中所引用如《畢辛》、《厲陬》等録，初不曉其何書，及按其文，乃知即《餘冬序録》所以分別卷帙者也，且刊者譌謬，以「極如」爲「橘如」，以「畢相」爲「終相」，事同兒戲，殊爲可笑。此所謂故析其名以示博者也。諸如此類，爾輩須逐一研覈，不爲前人所謾，則既不至虚用其力，而亦不至徒集其名，得一書，始得一書之實矣。

吾儒聚書，非徒以資博洽，猶之四民，所業在此。業爲世用，孰先經濟，古人經濟之易見者，莫備於史。夫執經術以經世，自漢而下何可多得？即荆公亦一代異人，且以禍宋。至如考見得失，鑒觀興亡，決機於轉盼之間，而應卒於呼吸之際，得史之益，代實多人。故尊經尚矣，就三部而權之，則子與集緩，而史爲急。就史而權之，則霸史、雜史緩，而正史爲急。就正史而權之，唐以前作史者精專於史，以文爲史之餘波〔九〕，故實而可循；唐以後能文者，氾濫於文，以史爲文之一體，故蔓而少實。然唐任李淳風等於志表，則有專門於漢者矣；宋採范祖禹等之持論，則有核實於唐者矣，所急各有在也。溯而言之，《檀弓》之於《左傳》，意勝也；《左傳》之於《史記》，法勝也；《史記》之於《漢書》，氣勝也；《漢書》之於《後漢》，實勝也；《後漢》之於《三國》，華勝也；《三國》之於六朝，樸勝也。其他若顔師古之精於《漢》也，司馬貞之覈於《史》也，劉知幾之辯於《通》也，魏玄成之該於《志》也，皆史之所宜急者也。至如李仁父之《長編》，纘涑水者乎。陸文裕之《史通》，削繁刊謬而有功劉氏者乎。丘文莊之續《史綱》，引伸曲暢而善嗣朱氏者乎。此皆聚書所宜首及。雖然，學不通今，安用博古。昭代雖右文，而史統不一，致稗官瑣説月盛日繁，是非刺謬，聞見牴牾，令人莫知所適。至於大禮大獄、宗藩邊疆之事，學者益無可考。即如《雙溪暇筆》之説行，而非有《視草餘録》以參觀〔一〇〕，則當時宸藩之護衛與迎立之大典，文忠幾不能自白矣。諸如此類，安可枚舉。故凡涉國朝典故者，不特小史宜收，即有街談巷議，亦當盡採。此尤從周之士所宜亟圖者也，故特示兒輩，以知所急焉。

區别品流，始於《七略》，嗣此而後，代有作者。王儉之《七志》，多本劉氏，特易詩賦爲文翰，易術數爲陰陽，易方技爲術藝，無輯略而有圖譜，及益以佛道二書，名雖七而實九也。阮孝緒之《七録》，又本王氏而加以紀傳，史書之盛，始與經子並列矣。四部之分，實始荀勖，以甲部紀六藝小學等書，以乙部紀諸子兵術等書〔一一〕，以丙部紀《史記》、《皇覽》等書，以丁部紀詩賦圖籍等書。然史固宜居子上，孝緒之以紀傳次經典，得矣。若歷朝正史志藝文、經籍者，惟班氏規模《七略》，劉煦沿襲《隋書》，《新唐》較益《舊唐》，《宋史》多因《崇文》、《四庫》。《隋志》簡編雖多散佚而類次可觀；《舊唐》之録，本朝多缺，而《新書》褒益，頗自精詳；《宋志》紊亂，元人製作無足深求，然總之可深惜者。劉、王、荀、阮僅存其標目，竟軼其全書。即史志所載，簡編在列，然而湮軼者十九，其間存十一於千百者，亦非尋常可得寓目，是亦畫龍之類耳。若謝客、王亮、任昉諸人，雖有纂修而類列不傳，如《崇文》、《四庫》、《中興館閣》，即有書目而世不易得。學者所可考覽，獨有鄭漁仲之《藝文略》十有二類、馬貴與之《經籍考》七十六卷、王伯厚之《玉海·藝文》〔二〕二十八卷，及焦弱侯太史《經籍志》六卷、王憲副所編《續經籍考》十二卷、鄧元錫《經籍志》一卷，此其所載皆班班可考。然焦氏之志，國史也，是宜簡嚴，不及著書之纖悉是矣。鄭氏《通志》概徵往籍，而昔人著作之旨無所發明。王伯厚之纂述，大都爲應宏詞博學之用，故略存梗概，而無所折衷，且既以御製之文自爲一類，則承詔撰述宜綴其後，而復列於別集，殊不可解。鄧《志》之議論頗詳，而書目未備。《續通考》之收羅未廣，而編輯尚淆。至於條貫燦然，始末畢具，莫精于馬氏之一書。其爲經者十三類，爲史者十三類，爲子者二十一類，爲集者四類，一一準中壘父子校書之法，撮其指意而列於下。即所據者多晁氏、陳氏之遺言，然而其編摩採輯之功，精且詳矣。余每遇嗜書之癖發不可遏，即取《通考》番閲一過，亦覺快然，庶幾所謂過屠門而大嚼者乎。但其所載者皆當時見行之書，而古人遺逸者無從考究耳。總而言之，書有定例而見不盡同，且亦有無取於同者。如王伯厚以聖文冠經籍，陸文裕倣之，而焦氏亦首列制書。余以國史一代之典章，自宜尊王，而家籍一人之私藏，不妨服聖，仍以六經冠之羣書，而特以文由聖翰，事關昭代者，每列於各類之首，則既不失四部之體，而亦足表尊周之心，是亦一見也。宋儒理學之言，概收於子，似矣，然强半皆解經語也。漢之訓詁何以列於經，而獨宋儒之子乎？如《正蒙》、《皇極》及程朱語録、《近思》《傳習》之類，余欲倣小學之例而别類以理學，是又一見也。禮樂之從六籍，固也，但後世之所謂禮者，多儀注之類耳，叔孫通之《綿蕞》〔一三〕，其可以言經乎？且《胡笳》、《羯鼓》、《教坊》、《雜録》之類，直小説耳，概以言樂，非淺儒之所能識也。余謂一代之禮樂，猶一代刑政，從典故儀注之後，而附之史，是亦一見也。又如《汴水滔天録》言朱温篡弑事甚悉，雖小説而實史也；如《灌畦暇語》等書，漫述前人，雖似子而實小説也，各宜從其類者也。又如《厚德録》、《自警編》、《顔氏家訓》之類，雖列於子而實垂訓者也。余欲别纂訓爲一類，而附於小學之後，是又一見也。古之詞命，所以通上下者也，自以奏疏爲對君之體，而與書記分。夫奏疏既以列於集之外，書記何以獨混於集之中。余以爲宜倣奏疏之例，别以書記一類，附文集後，是又一見也。夫類書之收於子也，不知其何故，豈以包宇宙而羅萬有乎？然而類固不可以概言也。如《山堂考索》，六經之源委纖備詳明，是類而經者也；杜氏《通典》、馬氏《通考》、鄭氏《通志》，歷朝令甲、古今故典實在於此，是類而史者也；又如《藝文類聚》之備載詞賦，《合璧事類》之詳引詩文，是皆類而集矣。又如一人一時偶以見聞雜筆成書，無門類可分，無次第可據，如《野客叢談》、《戴氏鼠璞》、《夢溪筆談》、《丹鉛》諸録、《學圃藼蘇》〔一四〕、《焦氏筆乘》之類，既不同於小説，亦難目以類書。此正如王元美所謂騷與詩賦若竹與草木，自爲一類者也。余謂宜名以雜纂，而與類書另附四部之後，是又一見也。要以一人之聞見有限，既不能窮覽載籍，一時之意見難憑，又未必盡當古今，即不欲同矮人之觀場，亦終似盲者之説日。爾輩能知品别甚難，博詢大方，參考同異，使井井不謬於前人，亦聚書一快事也。

已上五則，雖總歸識鑒，而别品類爲難，别品類於史則尤難。「蓋正史之外，有偏記、有小録、有逸事、有瑣言、有郡書〔一五〕、有家史、有别傳、有雜記、有地里、有都邑簿。如陸賈之《楚漢春秋》、樂資之《山陽載記》、王韶之《晉安陸紀》、姚梁之《後略》，是謂偏記。戴逵之《竹林名士》、王粲之《漢末英雄》、蕭世誠之《懷舊志》、盧志行之《知己傳》，是謂小録。乃有好奇之士，樂爲補亡，如和嶠《汲冢記年》、葛洪《西京雜記》、顧協《瑣語》、謝綽《拾遺》，此之謂逸事。又如劉義慶之《世説》、裴榮期之《語林》、孔思尚之《語録》、陽松玠之《談藪》，此之謂瑣言。若夫鄉人學士之所編記，如周稱之《陳留耆舊》、周斐之《汝南先賢》〔一六〕、陳壽之《益都耆舊》、虞預之《會稽典録》，此之謂郡書。如《揚雄家譜》、《殷敬世傳》、《孫氏譜記》、《陸氏宗系曆》，此皆出其子孫以顯先烈，所謂家史者也。如劉向之録《列女》，梁鴻之録《逸民》，趙採之録《忠臣》，徐廣之録《孝子》，此皆博采前史，稍加新言，所謂别傳者也。若《志怪》之述於祖台之，《搜神》之著於干寶，劉義慶之《幽明》、劉敬叔之《異苑》，皆屬雜記。若盛弘之記《荆州》，常璩之志《華陽》，辛氏《三秦》、羅含《湘中》，皆地里之書也。潘岳《關中》、陸機《洛陽》〔一七〕、《三輔黄圖》、《建業宫殿》，皆都邑之簿也。」夫偏記、小録，大抵筆時事于見聞，恒多實録，然詞旨不文而事無倫次，則其短也。逸事皆前史之所遺，非不可補撰述之未備，然事取奇異而語多構虚，則不足憑也。瑣言以莞爾之麈談，每不乏毅然之狐史，然而至於褻狎鄙猥，出自牀笫，則有傷於風教矣。郡書行於一方，家史行於一家，易世之後便多湮没。别傳可以興吊古之思，雜記足以新耳目之玩，然而摭實行於古人，杜末流之好怪，則君子惟正史之取裁耳。地里之述風物於一時，都邑之備制度於前代，雖史之不可闕者，而欲其言皆雅正，事無侈張，則古今不多見焉。夫史之流派，類約十端，而類之支分，更且千百，故曰别品類於史則猶難也。余是以取陸文裕《品流》之論〔一八〕，存其梗概，而并示以鑒書之所急焉。

一、讀書〔一九〕

人亦有言：「養子弟如養芝蘭，既積學以培植之，又積善以滋潤之。自幼律之以嚴，繩之以禮，則長無不肖之悔。」然積學豈易言哉？子弟之學，非取其名學之而已也。顔氏之《訓》曰：「士大夫子弟數歲以上莫不被教，及至冠婚，性體稍定，有志尚者遂能磨礪以就素業；無履立者自兹墮慢，便爲凡人。飽食醉酒，忽忽無事，以此消日，以此終年。及有吉凶大事，議論得失，蒙然開口，如坐雲霧。公私宴集，談古賦詩，塞默低頭，欠伸而已。有識旁觀，代其入地。何惜數年勤學，長受一生愧辱哉？梁朝全盛之時，貴遊子弟無不薰衣剃面，傅粉施朱，駕長簷車，跟高齒屐，坐棊子方褥，憑斑絲隱囊，列器玩於左右，從容出入，望若神仙。當爾之時，亦快士也。及時異勢殊，求諸身而無所得，施之世而無所用，披褐而喪珠，失皮而露質，兀若枯木，泊若窮流。當爾之時，誠駑材矣。若能常保數百卷，千載終不爲小人。諺曰：『積財千萬，不如薄技在身。』技之易習而可貴者無過讀書，世皆欲識人之多，見事之廣，而不肯讀書，是猶求飽而懶營饌，欲煖而懶裁衣也。」之推之言其警人者至矣。爾輩時讀一過，能無惕然。要以所貴讀書，非僅涉獵，便可自足。王僧虔之戒其子也，「汝開《老》、《易》卷頭五尺許，未知輔嗣何所道，平叔何所説，馬、鄭何所異，《指例》何所明，而便盛於麈尾，自呼談士，此最險事。且百家諸子皆言家口實，如客至之有設也，汝皆未經拂耳瞥目，豈有庖廚不修而欲延大賓者哉？張衡思侔造化，郭象言類懸河，不自勞苦，何由至此。」旨哉斯言。世傳六季徒尚虛浮，而其教子弟者乃諄諄務實若此。琅琊王氏，世傳青箱學，有以也。夫爾輩讀書，務須奮志法古。古人足尚者安可枚舉，姑疏記二十三則，以示例焉。

范文正公少時多延賢士，胡瑗、孫復、石介、李覯之徒與之游，晝夜肄業帳中，夜分不寢。後公貴，夫人李氏收其帳，頂如墨色，時以示諸子曰：「此爾父少時勤學燈煙迹也。」

朱穆年五歲，便有孝稱，父母有病，輒不飲食，差乃復常。及壯耽學，鋭意講誦，或時思至不自知，亡失衣冠，顛墜阬岸。其父常以爲專愚，幾不知馬之幾足。穆愈更精篤。

江總幼篤學，有詞彩。家傳易，有賜書數千卷，總讀未嘗釋手。

廣漢朱倉，僅攜錢八百文之蜀，從處士張寧受《春秋》。糴小豆十斛，肩之爲糧，閉户精誦。寧矜憐之，斂得米二十石給倉，倉固不受。

賈逵好《春秋左傳》，常自課，月讀一偏。

孟公武少從南陽李肅學，其母爲作厚褥大被。或問其故，母曰：「小兒無德致客〔二〇〕，學者多貧，故爲被廣，庶可得與氣類接也。」公武讀書，晝夜不懈。肅奇之，以爲宰相之器。

荀慈明幼而好學，年十二，能通《春秋》、《論語》。太尉杜喬見而稱之「可爲人師」。爽遂耽思經書〔二一〕，慶弔不行，徵命不應。潁川爲之語曰：「荀氏八龍，慈明爲最。」

沈攸之晚好讀書，常歎曰：「早知窮達有命，恨不十年讀書。」

王充少孤，鄉里稱孝，師事扶風班彪，好博覽而不守章句。家貧無書，常游洛陽市肆間，閲所賣書，一見輒能誦憶，遂博通衆流百家之言。後歸鄉里，屏居教授。

沈驎士織簾誦書，口手不息，鄉里咸號爲「織簾先生」。

董遇性質訥而好學。興平間，關中擾亂，與兄季中採梠負販，而常挾持經書，投閒習讀，其兄笑之，而遇不改。喜《老子》，作訓注。又喜《左氏傳》，更作朱墨别異。人有從學者，必先令讀百遍，言「讀書百遍而自見也」。

揚子雲工賦，王君大習兵，桓譚欲從二子學。子雲曰：「能讀千賦則善賦。」君大曰：「能觀千劍則曉劍。」諺曰：「習服衆神」、「巧者不過習者之門」。

劉峻自課讀書，常燎蔴炬，從夕達旦，時或昏睡，爇其鬢髮，及覺復讀。聞有異書，必往祈借，崔慰祖謂之「書淫」。

顧歡貧，鄉中有學舍，無資受業，歡於舍壁後倚聽，無遺忘者。夕則燃松而讀，或燃糠自照。

梁元帝在會稽，年始十二，便知好學。時又患疥，手不得拳，膝不得屈，閉齋張葛幃避蠅獨坐，貯山陰甜酒，時復進之，以自寬痛。率意自讀史書，一日二十卷，既未師授，或不識一字，或不解一語，要自重之，不知厭倦。

劉松作碑銘，以示盧思道，思道多所不解，乃感激讀書，師邢子才。後爲文示松，松復不能解，乃歎曰：「學之有益，豈徒然哉？」

魏甄琛舉秀才入都，頗事弈棊，令蒼頭執燭，或睡頓，則加箠杖。奴不勝痛楚，乃曰：「郎君辭父母博官，若爲讀書，執燭所不敢辭，今弈何事也，如此日夜不息，豈是向京之意？」琛惕然大慚，遂發憤研習經史，假書於許赤彪，聞見日富，仕至侍中。

陳瑩中好讀書，至老不倦。每觀百家文及醫卜等書，開卷有得，則片紙記録，黏於壁間。環坐既徧，即合爲一編，幾數十册。

左太翀欲作《三都賦》，乃詣著作郎訪岷邛之事。搆思十稔，門庭藩溷，皆著筆札，遇得句即疏之。

王彪之練悉朝儀，家世相傳。竝著《江左舊事》，緘之青箱，世謂「王氏青箱學」。

葉廷珪爲兒時，便知嗜書。自入仕四十餘年，未嘗一日釋卷。士大夫家有異書無不借，借無不讀，讀無不終篇而後止。嘗恨無貲，不能傳寫，間作數十大册，擇其可用者録之，名《海録》。

韋敬遠少愛文史，留情著述，手自抄録數十萬言。晚年虛静，惟以體道會真爲務，舊所著述，咸削其槀。

李永和杜門却掃，絶迹下幃，棄産營書，手自刪削，每歎曰：「丈夫擁書萬卷，何假南面百城。」

一、聚書〔二二〕

余閲《殿閣詞林記》，恭述成祖視朝之暇，輒御便殿閲書，或召儒臣講論，弗輟也。嘗問：「文淵閣經史子籍皆備否？」學士解縉對曰：「經史粗備，子籍尚多闕。」上曰：「士人家稍有餘貲便欲積書，況於朝廷，其可闕乎？」遂召禮部尚書鄭暘，令擇通知典籍者四出求遺書，且曰：「書值不可較價直，惟其所欲與之，庶奇書可得。」復顧縉等曰：「置書不難，須常覽閲乃有益。凡人積金玉，亦欲遺子孫。金玉之利有限，書籍之利豈有窮也。」大哉聖謨，非臣庶所宜恪遵者乎？然前人聚而後人弗能守，猶弗聚也。即後人勉爲守而不能重，猶弗守也。司馬温公文史萬餘卷，置讀書堂，晨夕取閲，雖累數十年，皆手若未觸者。嘗語其子公休曰：「賈豎藏貨貝，儒宗惟此耳，然當知寶惜。吾每歲以上伏及重陽間，視天氣晴明，設几案於當日所，側羣書其上，以暴其腦，所以年月雖深，終不損動。至啓卷，先視几案潔淨，藉以裀褥，然後端坐展看。或欲行，即承以方版，非惟免手汗漬及，亦恐觸動其腦。每竟一版，即側右手大指面襯其沿，而覆以次指面撚而挾過。每見汝輩輕以兩指爪撮起，是愛書不如愛貨貝也。」爾輩惟法温公之珍惜，斯稱能守者乎。至於抄録校讐，更不可廢。因舉古人聚書足法者列之後。

竇諫議爲人素長厚，性尤儉素，器無金玉之飾，家無衣帛之妾。常於宅南建一書院，聚書數千卷，崇禮文學，延置師席。凡四方孤寒之士貧無供須者，咸爲出之，有志於學者，聽其自至，故其子聞見益博。

張華家無餘財，惟有文史溢於几篋。常徙居，載書三十乘。秘書監摯虞撰定官書，皆資華本以取正焉。天下奇秘世所罕有者，悉在華所，由是博物洽聞，世無與比。

魯人曹平慕曾參之行，因名曹曾。家多書，慮其湮滅，乃積石爲倉以藏，世謂「曹氏書倉」。

壽張申屠致遠仕元爲廉訪，清修苦節，恥事權貴，聚書萬卷，號「申氏墨莊」。

任昉博學，家雖貧，聚書至萬餘卷，率多異本。卒後，武帝使學士賀縱共沈約勘其書目，官無者就其家取之。

李公擇少讀書於廬山五老峰下白石庵僧舍，藏九千餘卷，以遺來者。公擇去後，山中之人思之，指其所居爲「李氏山房」。

常景不事産業，衣食取濟而已。耽愛經史，若遇新異之書，不問價貴賤，以必得爲期。

方漸知梅州，所至以書自隨，積至數千卷，皆手自竄定。就寢不解衣衾，林朝光質之，答曰：「解衣擁衾，會有所檢討，則懷安就寢矣。」增四壁爲閣，以藏其書，榜曰「富文」。

孫蔚家世好書，有書七千餘卷。遠近來讀者恒有百餘人，蔚爲辦衣食。

陸務觀作書巢以自處，飲食起居，疾疴吟呻，未嘗不與書俱。每至欲起，書圍遶左右，如積槁枝，至不得行。時引客觀之，客不能入，既入不能出，相與大笑，遂名「書巢」。

梁金樓子聚書四十年，得書八萬卷。河間之侔于漢室，頗謂過之。

柳氏家昇平里西堂，藏經子史集，皆有三本，紙墨籤束華麗者鎮庫，次者長將隨行披覽，又次者後生子弟爲業。

宋丁顗盡其家貲，置書十萬餘卷，且曰：「吾聚書多矣，必有好學者爲吾子孫。」後其孫度竟登博學宏詞科，至參知政事。

宋次道所蓄書皆校讐三五遍，世之藏書，以次道家爲善本。宋住春明坊，昭陵時，士大夫喜讀書，僦居其側以便借置，當時春明坊宅子僦值比他處常高一倍。

齊王牧以禮自拘，鮮有過事。就人借書，必手刊其謬，然後返之。

李暠署劉炳爲儒林祭酒。炳好尚文典，書史穿落者親自補治，矜重如拱璧。每謂其子弟：「吾所以躬其事者，欲人重此典籍耳。」

宋綬字公垂，博學喜藏異書，手自校讐。常謂校書如掃塵，一面掃，一面生，每三四校，猶有脱誤。

向朗年八歲，即手自校書，刊定謬誤。潛心典籍，積聚篇卷，冠於一時。

郎基，中山新市人，魯郡太守智之孫，博涉文籍，清慎無所營求。嘗謂人曰：「任官之所，木枕亦不須作，況重於此乎？」惟頗令人寫書。樊宗孟遺之書：「在官寫書，亦是風流罪過。」基曰：「觀過知仁，斯亦可矣。」

穆子容少好學，無所不覽。求天下書，逢即寫録，所得萬餘卷。

袁峻家貧無書，每從人假借，必皆抄寫。自課日五十紙，紙數不登則不止。

董仲玄去京師三百里，或乘牛驢，或躡履，不日而至。常息人家，於座以筆題掌。還家，以竹籜寫之，書竟則舐掌中。世謂之「董仲玄掌録」。

任東學無常師，河洛秘奥，非止典籍所載，皆注記於柱壁及園林樹木，慕學者爭趨寫之，時謂「任氏經苑」。

東莞臧逢世年二十餘，欲讀班固《漢書》，苦假借不能久，乃就姊夫劉緩乞書翰紙末，手寫一本，軍府服其志尚。卒以《漢書》聞。

孟景翌字輔明，刻勵嗜學，行輒載書隨，所坐之處不過容膝，四面卷軸盈滿，時人謂之「書窟」。

王筠少好鈔書，老而彌篤，雖遇見瞥觀，即皆疏記，後重覽省，懽情彌深，習與性成，不覺筆倦。自十三四歲，歷四十載，躬自鈔録，大小百餘卷。自以爲不足傳之好事，備遺忘而已。

張參〔二三〕爲國子司業，手寫九經，每謂讀書不如寫書。

柳仲郢退公布卷，不舍晝夜，九經三史一鈔，晉魏南北史再鈔，手書分門三十卷，號「柳氏自備」，小楷精謹，無一字肆筆。

劉道原就宋次道家觀書，宋日具酒饌爲主人禮，道原不受，閉閤抄書，旬日而畢。

吴人朱存禮〔二四〕，居常聞人有奇書輒從求，以必得爲志。或手自繕寫，動盈筐篋，羣經諸子小説，無所不有。詩亦精雅，尤精小楷，手録前輩詩文，積百餘家。他所纂述，有《經子鉤玄》、《吴郡獻徵録》、《名物寓言》、《鐵網珊瑚》、《野航漫録》、《鶴岑隨筆》等書數百卷。

杜暹家藏書皆自題跋尾，以戒子孫，曰：「請俸買來手自校，子孫讀之知聖教，鬻及借人爲不孝。」

〔一〕 開元：按《舊唐書·經籍志序》，當作「開成」。

〔二〕 位地：原作「地位」，據稿本乙。

〔三〕 哀集：原作「褒集」。
〔四〕《購書》篇後按語，唯見於稿本，據之補入。
〔五〕 率：原作「卒」，據稿本改。
〔六〕 黄：原作「皇」，據稿本改。引文出胡應麟《少室山房筆叢·四部正譌上》。
〔七〕 帝王曆歌：原作「帝皇歷歌」，據稿本改。
〔八〕 溢：原作「濫」，據稿本改。
〔九〕 以文爲史之餘波：原作「以爲文史之餘波」，據稿本乙。
〔一〇〕 草：原作「朝」，據書目稿本「楊文忠公視草餘録二卷二册　楊廷和」改。
〔一一〕 兵：原作「丘」，據稿本改。
〔一二〕 玉海藝文：原作「藝文玉海」，稿本同，據《藕香零拾》本乙。
〔一三〕 蕞：原作「撮」，稿本同。
〔一四〕 蘇：原作「蔬」。
〔一五〕 郡：原作「羣」，據稿本改。
〔一六〕 斐：原作「裴」。
〔一七〕 洛陽：原脱，引文出陸深《史通會要上·品流第三》，據補。
〔一八〕 品流：原作「流品」，前引文出《史通會要·品流第三》，據改。
〔一九〕 讀書：稿本作「讀書訓序」。

〔二〇〕 致：原作「至」，據稿本改。
〔二一〕 耽：原作「沉」，據稿本改。
〔二二〕 一聚書：稿本作「聚書訓序」。
〔二三〕 參：原作「忝」，據《鶴林玉露》改。
〔二四〕 朱存禮：當作「朱存理」。

庚申整書小記

方余之藏書也，既與兒輩約：及吾之身則月益之，及爾輩之身則歲益之，書目每五年一爲編輯。今其期矣。僻居海濱，不獲時從長者游，聞見寡渺，月益之約，雖食言自肥乎。而間有所遇，多方力搆，月計不足，歲計有餘。今則無者增，缺者補，蠹者理，亦既裒然集矣。里居多暇，兼以暑月謝客，袒裸靸屐，手自插架，揮汗如雨，樂此不爲疲也。兒輩乘間請曰：「大人篤嗜亦已有年，晝夜之所拮据，遠邇之所搜訪，殆無寧刻。兒輩即不敢引彦國摇扇視事之勞，願大人思仲容生平幾兩之屐。況今疆場羽書狎至，廟堂言武之時也。大人雖不懷用世之心，亦寧無憂國之念，奈何敝敝然耗精於鼠嚙，而不鼓念于聞雞乎？」余笑曰：「此是吾家墨兵，余日來正於此中部署整搠，第汝輩不解兵機耳。試與汝言之：手標秘帙，親兵同渡江之八千；牀積奇編，愛士如成師之一旅。此吾之用寡法也。縹緗觸目，絕勝十部鼓吹；鉛槧由心，不減百城南面。此吾之用衆法也。架插七層，籍分四部，若卒旅漫野而什伍井然，如劍戟摩霄而旌旗不亂。此吾之部勒法也。目以類分，類由部統。暗中索摸，惟信手以探囊；造次取觀，若執鏡而照物。此吾之應卒法也。聯寡以成衆，積少以爲多，抽一卷而萬卷可窺，舉一隅而三隅在目。此吾聯絡駕馭之法也。借録不出於園門，取觀不歸於私室。散帙勤收，如絕流之不遺涓滴；蠹餘必理，同牧馬之去其敗羣。此吾堅壁清野之法也。以我精騎三千，勝君羸卒十萬。盡翻窠臼，欲搥黃鶴之樓；獨識筌蹄，直上赤虹之座。此吾用寡以禦衆之法也。轉覓轉奇，日繁日異，以我所餘，易人所有，雖不無得隴望蜀之譏，然每收拔趙豎劉之幟。此又吾借資於人而因糧於敵之法也。奇書未獲，雖千里而必求；異本方來，即片札之必珍。近而漁唱，遠及雞林，往往聚海外之編摩，幾不減域中之著作。此又吾驅市人戰而令女子陣者也。慨遺書之難遇，殘闕必收；念物力之不充，鼠齧竝採。或補綴而成鶉結之衣，或借録而合延津之劍。此又吾之收散合奔而轉弱爲强者也。所患者得之未能讀，讀之未能臆，如道濟之量沙，士終不能宿飽；亦如餅師作餅，終日未嘗入口，與旁觀者同爲枵腹耳。借箸空談，固兵家之深病，亦吾輩之最宜警惕者也。至於憂國，人孰無胸。先輩有云：『士大夫當有憂國之心，不當有憂國之語。』諒哉斯言，先得我心矣。」兒輩瞿然起曰：「審如大人言，則經濟之無間於升沉顯晦也明矣。昔人之度謝公，謂安石既與人同其樂，自不得不與人同其憂。古來觀人之微，輒從嘯咏步履之間，便識匡時用世之念。兒輩愧古人遠矣，今而後，惟當廣營墨莊，以安集吾家之墨兵，時抽精騎，益簡勝師，終不敢令人呼馬服君子也。」余笑而頷之，因屬筆爲記。時庚申之七月〔二〕望後一日。

庚申整書例略四則〔一〕

一曰因。因者，因四部之定例也。部有類，類有目，若絲之引緒，若網之就綱，井然有條，雜而不紊。故前此而劉中壘之《七略》、王仲寶之《七志》、阮孝緒之《七録》，其義例不無取裁。而要以類聚得體，多寡適均，惟荀氏之四部稱焉，兩漢而下，志藝文〔二〕者無不守爲功令矣。若嘉隆以來，陸文裕公之藏書分十三則：一録經，次録性理，又次録史、録古書、録諸子、録文集、録詩、録類書、録雜史、録志、録韻書、録小學醫藥、録雜流，而以宸章令甲别爲制書，示不敢瀆也。沈少司空稍爲部署，而首重王言，故一曰制、二曰謨、三曰經、四曰史、五曰子、六曰集、七曰别、　别者，道其所道，非聖人之所謂道也。八曰志、九曰類、十曰韻字、十一曰醫、十二曰雜。雖各出新裁，别立義例，然而王制之書不能當史之一，史之書不能當集之三，多者則叢聚而易淆，寡者又寂寥而易失，總不如經史子集之分，簡而盡、均而且詳。循序倣目，撿閲收藏，莫此爲善。而間有未備，如釋氏一家，鄭漁仲之所收皆東土之著述，而西土重譯、單譯者俱無聞焉。則釋藏總目條分甚析，經有大小乘之分，乘有重譯、單譯之辨，爲律、爲論、爲疏注、爲銓述，皆一一可考。總之〔四〕，不嫌襲故。

一曰益。益者，非益四部之所本無也，而似經似子之間，亦史亦玄之語，類無可入，則不得不設一目以彙收；而書有獨裁，又不可不列一端以備考。故洪荒邈矣，而《竹書紀年》之後有《荒史》、有《邃古記》、有《考信》等編；世代繁矣，而《皇極經世》之後有《稽古録》、有《大事記》、有《世略》、《治統》等書。此數十種者，皆於十許卷之中約千萬年之事，既非正史之敘述，亦非稗史之瑣言，蓋於記傳之外自爲一體者也，故益以「約史」者一。《性理》一書，奉欽纂于文皇，雖近録宋儒之詮述，然而言乎天地之間則備矣。他如《伊洛淵源》、《近思録》及真文忠公之《讀書記》、黄東發之《日抄》，與湛文簡公之《聖學格物通》、王文成公之《則言》、《傳習録》及前後諸儒論學之語〔五〕，或援經釋傳，或據古證今。此皆六經之注脚，理學之白眉，豈可與諸子竝論哉？故於「經解」之後益以「理學」者二。代制出於王言，非臣子所敢自擅；經筵關乎主德，非講義之可例觀。然而兩者皆無專刻，惟各取本集之所載，而特附其名目於「詔制」、「經解」之内，故益「代言」、「經筵」者三。叢書之目不見於古，而冗編之著疊出于今，既非旁搜博採以成一家之言，復非別類分門以爲考覽之助，合經史而兼有之，採古今而竝集焉。如後世所刻《百川學海》、《漢魏叢書》、《古今逸史》、《百家名書》、《稗海》、《秘笈》之類，斷非類家所可併收，故益以「叢書」者四。文有滑稽，詩多艷語，搜耳目未經見之文，既稱逸品；摘古今所共賞之句，獨誇粹衷。非可言集，而要亦集之餘也，益「餘集」者五。其他各目所增，固難概數，雖似別蜂房之户，而實非爲蛇足之添。如有請益，以俟再舉。

一曰通。通者，流通於四部之内也。事有繁於古而簡於今，書有備於前而略於後。故一《史記》也，在太史公之撰著，與裴駰之注、司馬貞之《索隱》、張守節之《正義》，皆各爲一書者也。今正史則兼收之，是一書而得四書之實矣。一《文選》也，昭明之選與五臣之注、李善之補，皆自爲一集。今行世者則併刻之，是一書而得三書之用矣。所謂以今之簡可以通古之繁者此也。至於前代制度，特悉且詳，故典故、起居注及儀注之類，不下數百部，而今且寥寥也，則視古爲略矣。故附記注于「小史」，附儀注於「國禮」，附食貨於「政實」，附曆法於「天文」，此皆因繁以攝簡者也。古人解經，存者十一。如歐陽公之《易童子問》、王荆公之《卦名解》、曾南豐之《洪範傳》，皆有別本，而今僅見於文集之中。惟各摘其目，列之本類，使窮經者知所考求，此皆因少以會多者也。又如《靖康傳信録》、《建炎時政記》，此雜史也，而載于李忠定之《奏議》；宋朝《祖宗事實》及《法制》、《人物》，此記傳也，而收於朱晦翁之《語録》；如羅延平之集而《尊堯録》則史矣，張子韶之集而《傳心録》則子矣。他如瑣記、稗史、小説、詩話之類，各自成卷，不行別刻而附見於本集之中者不可枚舉。即如《弇州集》之《藝苑卮言》、《宛委餘編》，又如《馮元敏集》之《藝海洞酌》、《經史稗談》，皆按籍可見，人所知也。而元美之《名卿績記》〔六〕、元敏之《寶善編》，即其集中之小傳者，是兩書久已〔七〕不行，苟非爲之標識其目，則二書竟無從考矣。凡若此類，今皆悉爲分載，特明注原在某集之内，以便檢閲，是亦收藏家一捷法也。

一曰互。互者，互見於四部之中也。作者既非一途，立言亦多旁及，有以一時之著述，而倏爾談經，倏而論政；有以一人之成書，而或以摭古，或以徵今，將安所取衷乎。故同一書也，而於此則爲本類，於彼亦爲應收；同一類也，收其半於前，有不得不歸其半於後。如《皇明詔制》，制書也，「國史」之内固不可遺，而「詔制」之中亦所應入。如《五倫全書》，敕纂也，既不敢不尊王而入「制書」，亦不可不從類而入

「纂訓」。又如《焦氏易林》、《周易占林》〔八〕，皆五行家也，而「易」書占筮之内亦不可遺。又如王伯厚之《玉海》，則《玉海》耳，鄭康成之《易》、《詩地理》之考，《六經天文》、《小學紺珠》，此於《玉海》何涉，而後人以便於考覽，總列一書之中，又安得不各標其目，毋使溷淆者乎？其他如《水東日記》、《雙槐歲抄》、陸文裕公之《别集》、于文定公之《筆麈》，雖國朝之載筆居其强半，而事理之詮論亦略相當，皆不可不各存其目以備考鏡。至若《木鍾臺集》、《閒雲館别編》、《歸雲别集》、《外集》、范守己之《御龍子集》，如此之類，一部之中名籍不可勝數，又安得概以集收，溷無統類。故往往有一書而彼此互見，有同集而名類各分者，正爲此也。余所詮次，大略盡是，聊引其端，庶幾所稱詳而核、雜而不厭者乎。

〔一〕七月：原衍「二月」字，删去。又，書目稿本文末有「曠翁手識」四字。
〔二〕庚申：原無，據書目稿本補。
〔三〕藝文：原作「文藝」。
〔四〕總之：原無，據書目稿本補。
〔五〕及前後諸儒論學之語：原無，據書目稿本補。
〔六〕名卿績記：原作「名卿蹟記」。
〔七〕久已：原作「久矣」，據書目稿本改。
〔八〕周易占林：原作「周易古林」，據書目稿本改。

澹生堂藏書目四部類目〔一〕

經之類曰易、曰書、曰詩、曰春秋、曰禮、曰孝經、曰論語、曰孟子、曰經解、曰理學、曰小學，凡十一類〔二〕。

易之目爲古易、爲章句注傳、爲疏義集解、爲詳説、爲拈解、爲考正、爲圖説、爲卜筮、爲易緯、爲擬易，計十則。

書之目爲章句注疏、爲傳説、爲圖譜、爲考訂、爲外傳，計五則。

詩之目爲章句注疏、爲傳解、爲考正圖説、爲音義注釋、爲外傳，計五則。

春秋之目爲經傳總、爲左氏、爲公羊、爲穀梁，爲通解、爲考證、爲圖譜，爲外傳，計八則〔三〕。

禮之目爲周禮、爲儀禮、爲二戴禮、爲通解、爲圖考、爲禮緯、爲中庸、爲大學，計八則。

孝經之目爲注疏、爲叢書、爲外傳，計三則。

論語之目爲章句注疏、爲解説、爲别編、爲圖志、爲外傳，計五則。

孟子之目爲章句注疏、爲雜解、爲外傳，計三則。

經總解之目爲傳説、爲考定、爲音釋、爲經筵，計四則。

理學之目爲性理、爲詮集、爲遺書、爲語録、爲論著、爲圖説，計六則。

小學之目爲爾雅、爲蒙書、爲家訓、爲纂訓、爲韻學、爲字學，計六則。

經部凡十一類共六十三目〔四〕。

史之類曰國朝史、曰正史、曰編年史、曰通史、曰約史、曰史鈔、曰史評、曰霸史、曰雜史、曰記傳、曰典故、曰禮樂、曰政實〔五〕、曰圖志、曰譜録〔六〕，凡十五類。

國史之目爲御製、爲敕纂、爲彙録、爲編述、爲分紀、爲武功、爲人物、爲典故、爲時務、爲稗史、爲巷談、爲風土、爲行役，計十三則。

正史之目一。

編年史之目爲通鑑、爲綱目、爲紀、爲記事，計四則。

通史之目爲會編、爲纂略，計二則。

約史之目一。

史抄之目爲節詳、爲摘略，計二則。

史評之目爲考正、爲論斷、爲讀史，計三則。

霸史之目爲列國、爲偏霸，計二則。

雜史之目爲野史、爲稗史、爲雜録，計三則。

記傳之目爲衮輯、爲别録、爲高賢、爲垂範、爲彙傳、爲别傳、爲事迹、爲行役、爲風土，計九則。

典故之目爲故實、爲職掌，計二則。

禮樂之目爲國禮、爲家禮、爲樂律、爲祀典，計四則。

政實之目爲時令、爲食貨、爲刑法、爲官守、爲事宜，計五則。

圖志之目爲統志、爲約志、爲省會通志、爲郡邑志、爲邊鎮、爲山川、爲祠宇、爲梵院、爲勝游、爲題咏、爲園林，計十一則。

譜録之目爲統譜、爲族譜、爲年譜、爲世家、爲試録、爲姓名〔七〕、爲書目，計七則。

史部凡十五類〔八〕共六十八目。

子之類曰儒家、曰道家、曰釋家、曰諸子、曰農家、曰小説家、曰兵家、曰天文家、曰五行家〔九〕、曰醫家、曰藝術家、曰類家、曰叢書家，凡十三類〔一〇〕。

儒家之目一。

道家之目爲老子、爲莊子、爲諸子、爲諸經、爲彙書、爲金丹、爲詮述、爲修攝、爲養生、爲記傳、爲餘集，計十一則。

釋家之目爲大乘經、小乘經、爲續入大小諸經、爲東土著述經、爲律儀、爲經典注疏、爲大小乘論、爲宗旨、爲語録、爲詮述、爲止觀、爲淨土、爲警策、爲題唱〔一一〕、爲因果、爲記傳、爲禪餘、爲文集，計十八則。

諸子之目爲墨家、法家、名家、縱横家、雜家，計五則。

農家之目爲民務、爲時序、爲雜事、爲樹藝、爲牧養，計五則。

小説之目爲説彙、爲説叢、爲佳話、爲雜筆、爲閒適、爲清玩、爲記異、爲戲噱，計八則。

兵家之目爲將略、爲兵機，計二則。

天文家之目爲占候、爲曆法，計二則。

五行家之目爲占卜、爲日家、爲星命、爲堪輿，計四則。

醫家之目爲經論、爲脈法、爲治法、爲方書、爲本艸、爲傷寒、爲雜治、爲婦人、爲小兒、爲外科，計十則〔一二〕。

藝術家之目爲法書、爲畫、爲琴、爲碁、爲射、爲數、爲雜技，計七則。

類家之目爲會輯、爲纂略、爲叢筆，計三則。

叢書家之目爲國朝史、爲經子雜史、爲經彙、爲子彙、爲説彙、爲雜集、爲彙集，計七則。

子部凡十三類共八十一目〔一三〕。

集之類曰詔制、曰章疏、曰辭賦、曰總集、曰餘集、曰别集、曰詩文評，凡七類。

詔制之目爲王言、爲代言，計二則。

章疏之目爲奏議、爲表章、爲啟牘〔一四〕，計三則。

辭賦之目爲騷、爲擬騷、爲賦，計三則。

總集之目爲詩文總編、爲文編、爲古樂府、爲詩編、爲郡邑文獻、爲制藝、爲家乘詩文，計七則。

餘集之目爲逸文、爲逸詩、爲艷詩、爲今樂府，計四則。

别集之目爲帝王集、爲漢魏六朝集、爲唐詩文集、爲宋詩文集、爲元詩文集、爲昭代御製集、爲國朝閣臣集、爲分省諸公詩文集，計八則。

詩文評之目爲文式、爲文評、爲詩法、爲詩評、爲詩話，計五則。

集部凡七類共三十九目〔一五〕。

〔一〕　原無題，擬補。

〔二〕　凡十一類：原作「凡十二類」，據實數改。

〔三〕　計八則：原作「計七則」，據實數改。

〔四〕　凡十一類共六十三目：原作「凡十二類共六十二目」，據實數改。

〔五〕曰政實：原脱「曰」字。
〔六〕曰譜録：原作「曰譜曰録」，據書目稿本改。
〔七〕爲姓名：書目稿本作「爲考」。
〔八〕凡十五類：原作「凡十類」，據實數改。
〔九〕五行家：原脱，書目稿本類目内亦脱，據下文補。
〔一〇〕凡十三類：原作「凡十二類」，據實數改。
〔一一〕爲題唱：原脱，書目稿本類目内亦闕，正文有此類，據補。
〔一二〕計十則：原作「計八則」，據實數改。
〔一三〕凡十三類共八十一目：原作「凡十二類共七十六目」，據實數改。
〔一四〕爲表章爲啟牘：書目稿本作「爲書牘爲啟牋」。
〔一五〕三：原作「二」，據實數改。

讀書雜記〔一〕

周平園雜著十二種。其《玉堂雜記》、《二老堂雜志》與《詩話》皆説字隨筆之類。所記載時事者，如《紹興親征録》起辛巳之十月，終壬午之五月，記逆亮南侵及光堯禪位事也。《龍飛録》起壬午之六月，終隆興癸未之四月，記孝宗受禪以後事也。《廬陵日記》起癸未三月，終是年之六月，時公爲中書舍人，以繳駁龍大淵、曾覿知閤門事，遂力請祠以去，記出朝及抵家之事。《閒居録》起隆興癸未之七月，終乾道丙戌之九月，記里居應酧之概。《乾道游山録》起丁亥之七月，終是年十二月之癸亥，記遊覽登陟之樂。《乾道奏事録》起庚寅之四月，終是年之七月，則召還之後，記所涉歷及入朝之期。《乾道南歸録》一卷，起壬辰之二月，終是年之六月，時公以權禮傅兼值學士院，因不草張説、王之奇詔，以宫觀落職，皆記其歸途中事也。《奉詔録》起淳熙辛丑之三月，終乙巳之七月，皆公居政府所奉御札奏對之事，而公之相業略見於此。《思陵録》起淳熙丁未之八月，終己酉之二月，記光堯〔二〕賓天之際及壽皇内禪之時，公正以揆席折衷衆論，不嫌異同。蓋自辛巳至己酉三十年間，公生平之出處歷官升沉大約盡此矣。但公以幃幄親臣，乾道間無日不享山水之樂，絶口不及朝廷事，其真恝然于君父哉。一麾八載，方及召還，曾未三年，而復有壬辰之南歸，蓋公之難進易退，亦可以識其大節矣。

《奉詔録》即《開元回奏録》，公所奏對，詞質語真，一如家人父子，不加文彩，大臣密勿之體，自應如此。而孝宗注意邊疆，纖悉必詢，即武職小臣如王卿月者與運副江溥聚飲耽弈，亦必詢問。且令宰臣作書戒諭非投壺雅歌之時。如此勵精而終不能恢中原一尺土，豈果國運之所限乎？爲之太息。

《思陵録》詳載陵廟之制，宏麗精堅，近代無比，壽皇之孝事光堯者可謂至矣。讀冬青傳，益不禁掩卷不忍終篇也。録中載光堯生時，徽宗嘗夢吴越王引道君衣云：「我好來朝，何便留住。終須還我山河，待教第三子來。」而顯仁生光堯時亦夢金甲神人自號武肅，顯仁寤而生。武肅即鏐也，年八十一，而光堯亦八十一，且終定鼎於錢塘。事非偶然，即果有之，其説已近誕矣。乃又述洪邁言顯仁會稽人，有老尼韋者嘗給事蘇丞相頌，攜其妹登頌榻，遺溺不已。頌貌其當貴，令攜以入都，與尼同居一道觀。會哲宗擇室女二十人分賜諸王，尼妹入選，得侍端王，一御而生光堯，即顯仁也。古來以微賤而享榮貴事固其常，然獨不當爲尊者諱乎。余閲此不能無疑。

《砦溪詩話》〔三〕十卷，論詩皆有源委，根極意趣，而大旨必欲歸之於愛國愛君。雖風人之體應然，而當日作者之意，觸景解心，恐未必能句句從此念也。大概箋釋古人詩文最嫌字摹句訓。余每閲杜少陵與東坡詩注，句必求本源，事必指出處，解者雖工，而恐作者語意相逼之際，亦未能檢點根據至此。果欲檢點根據至此，則神情反覺索然矣。要以今人注古人語，皆莊子之注郭象也。此編爲黄常明徹所著，常明博學嗜書，惟欲語句間求古人，其所見固應爾爾。

《風月堂詩話》三卷，朱少章所著。少章爲勝國聞人，有《曲洧舊聞》並全集行於世。此編自六朝至唐人略有評品，而於宋頗詳，於蘇坡翁詩尤極推重。但論「坡翁全不揀擇，入手便用，如街談巷説鄙俚之言，一經坡手，似神仙點瓦礫爲黄金」，此則不免謗般若矣。自此語流傳，人人八識田中無坡翁之手，輒謂墻壁瓦礫皆成道場，其流弊至於無忌憚而已矣，此亦詩家頂門一針也。

《娱書堂詩話》，趙威伯與虤所輯。雜引唐宋間詩而及於姚令威，姚爲元人，則威伯此書蓋輯於勝國之時，故自稱爲宋宗室，亦淵明晉處士之意耳。是編雖分三卷，而簡帙甚約，詩句俱警拔可喜。

《晦翁詩話》，乃沈熗採之諸集中，録其與門人相問答語，非先生之有意爲此，即言詩而實皆言理，工拙非所論也。如謂齊梁間詩讀之使人四肢皆懶慢不收拾，先生之意可知矣。然録中恐亦非先生之語而漫入者不無，〔四〕如稱李易安「兩漢本繼紹，新室如贅疣」、又云「所以嵇中散，至死薄殷周」，此等語豈女子所能。以詩論之，斯言誠當，但易安以宰臣之媳，才士之妻，而竟至失身爲商人媍，此豈知宇宙間有綱常事者，而先生肯稱其詩？聊書此以質之有道。

陶九成《説郛》，繼曾慥之《類説》而輯，以卷計者百，以書之目計者一千有餘。雜拾稗官小説、巷議街談，而間及經史，編無門類，書無次第，似據當日所得之先後信手鱗次入之者也。内中如《經子法語》、《古典録略》，《談壘》、《廣知》、《墨娥漫録》、《讀子隨識》、《諸傳摘玄》之類，則又似以摭剔字句而自成一種者。總之此書收羅之博，初見殊快饞蠹，然展卷尺許，便多了不異人。如五經四子，豈可與小説同編，且煌煌聖言，何堪去取；即種種緯書，久已失傳，正欲識鳳毛於片羽，而寥寥僅存其名目；若莊列荀楊，《國語》、《史記》，家傳户誦，義無待拾取一二字供耳目間玩也。至若卷列全書，如《清異録》、《釋常談》〔五〕、《厚德》、《貽謀》、《事始》、《畫鑒》〔六〕、《書斷》諸種，差暢人意，然又皆有刻本行世，非秘本也。余獨喜其載尤延之《遂初堂書目》一卷，此公自訓其子弟，謂家所藏書飢讀之以當肉，寒讀之以當裘，孤寂而讀之以當朋友，幽憂而讀之以當金石琴瑟。高賢往矣，先得我心，不特恨我不見延之，亦〔恨〕〔七〕延之不見我也。尤氏積書之富，即魏了翁亦恨不能如，劉道明假館春明，盡讀其藏書。況今數百年後，非九成所採入，即欲一睹其書目之盛亦不可得矣，是書不爲無益也。余此書以甲寅年録之於白門，時與同社諸君子互相校讐而成，欲再一番閲而無暇隙。甲子奉差還里，初夏綿雨經旬，杜門無事，始取再觀，而中間譌字脱句尚爲不少。校書如掃落葉，信非虚語。

宋温陵曾慥集小説家二百六十餘種爲《類説》，其自序爲十五卷，今抄者乃分前、續二集，爲五十卷，意後人以書目龐雜，故析十五爲五十耳。其所裒録者，中如《孔子家語》、《戰國策》、《新序》、《説苑》、《淮南子》諸書，皆童子所日誦，安所得供笑談，廣見聞，如嗜常珍不廢異饌者乎。其餘諸書皆十九存世，無異本秘帙可資問奇。惟有一二種如《甘澤謡》〔八〕、《金華子》〔九〕、《廬陵官下記》之類，其書逸不傳，藏書家多不能得其全本，今見一臠，亦是知味。但種種採輯過於删削，每一書止存數紙，或一卷止存數行，令人如夏日飲水，沾唇即止，渴思愈甚。繼《類説》而緝，有元人陶九成《説郛》六十卷。兩書意例俱同，而收録之廣，陶爲過之。余每恨二書寂寥易盡，欲取四部之餘，似經非經，似史非史，似集非集者，計千數百種彙爲一書，名曰《四部餘苑》。書仍其全，卷仍其舊，即卷帙浩繁，不能鏤板，然貯之四壁，時一展卷，信手皆全鼎也，豈直過屠門大嚼而已哉？因閲《類説》而聊識於此。

《江湖長翁集》四十卷，高郵陳造唐卿著。唐卿舉淳熙二年進士，浮沉於州縣，久之乃遷浙西安撫參議官。先是，唐卿二十五始知嚮學，自恨其晚，視經史典籍便欲吞而取之，意甚鋭而氣甚勝，卒爲博雅名儒。其詩文亦陸放翁、陳後山、方秋崖輩一派也。原集刻於嘉定間者，有渭南先生序。及元兵燹後，其雲孫之婦乃獨版負斯集并攜一子以行，兢兢乎惟恐失先世之遺文。不知流離顛沛之際，一孱婦人何以亟知所重乃爾。其子孫守之數百年，而萬曆戊午，水部李公始爲重梓，非得此賢婦，唐卿真與草木同腐矣。此集藏書家寫本與刻本俱無，而宋朝經籍志亦不載，余一旦獲此，得未曾有，快甚快甚。

秦少游《淮海集》三十卷，有自序。《淮海閒居集》十卷監本已不可得，余向所藏者乃嘉靖乙巳間翻本，然簡册短小，字畫亦漫漶。余過淮陰，晤治水使者朱敬韜於舟次語及，出此本見贈，蓋萬曆本也。寫刻□俱精，老眼得此甚快。余概少游生平，慷慨負氣節，欲乘時自致功名，中年始慕馬伏波，願還四方之事，歸老邑里，遂更字爲少游，亦豈念下澤之論，仰視飛鳶跕跕〔一〇〕欲墮時乎。身罹黨禁，曾無少易其素，大節可知。蕭光亭上，與客道夢中語，方索水欲飲，水至一笑而卒。蓋幾於聞道者矣。余惜少游之人品以文掩，少游之文品又以小詞掩。即黄樓一賦爲子瞻所稱賞，人謂其知少游者以此，余謂此賦未便遠過孫莘老諸人，況足方之屈宋，但子瞻獎成人才，自是借此爲少游作鼓吹耳。蘇門取人之意，亦於此可識其微。

《資治通鑑詳節》〔一一〕一百卷，不著纂緝姓名。前有《外紀》四卷，則劉恕所撰。温公修《通鑑》，辟恕爲纂屬。恕嘗語公曷不起上古或堯舜，乃以威烈命三晉爲始。公以事包《春秋》，經不可續。恕意謂闕漏，因撰此書。然原書稱十卷，而此書止四卷，似亦後人所節。首附《通鑑問答》一卷，乃温公與劉道原尺牘，商確參酌之語，稱名事例無不詳審而後定，誠以事關古今得失治亂，自不容不確耳。《文獻通考》及鄭夾漈《通志》俱止載《通鑑節文》六十卷，謂温公所自抄纂，而晁氏以爲非出公手，若《詳節》〔一二〕之目皆所不載，或宋元以後删纂者乎？予此書爲葉瑛石所贈，云季彭山授之徐文長者。内於晉世詳標五胡立國源流始末，燦然如指掌。文長負一代逸才而讀書沉潛詳密乃爾，此前輩所以不可及也。所標識皆蠅頭粟粒字，而筆畫勁逸如鐵鶩翩翻，兼以書久失板，止此抄本僅存，真足珍也。

附曠翁書跋輯存

《楚漢餘談》一卷，京山高岱著，仿《國策》而文氣簡勁則不肖，亦于鱗《秦使對白起》之類也。近見《左逸》、《短長》兩種，坊間盛行，謬傳爲王元美作。元美集中不收，其僞可知。高長史著作之佳者在《鴻猷録》，此外亦了不異人意矣。曠翁。男駿佳書。（録自《楚漢餘談》，南京圖書館藏淡生堂鈔本）

《清夢語》一卷，上海顧成憲集，亦寥寥無所取裁，特所載皆本朝士人高韻事，存之以備異日之採輯。曠翁。男駿佳書。（録自《蝶庵道人清夢録》，南京圖書館藏淡生堂鈔本）

《筆疇》二卷，王達善所著，子書之雜家也。《廣筆疇》一卷，不著作者姓名，與《筆疇》殊不類，取古人言行之近道者以示模楷，蓋《自警編》之類也。每段附以一論，亦近時之所作。四明姚涞又有《續筆疇》，載于集中，亦一卷。曠翁識。男駿佳書。（録自《廣筆疇》，南京圖書館藏淡生堂鈔本）

《對牀夜話》五卷，皆詩話也，宋范景文所著。前有馮去非序，稱景定三年。所評詩自唐而止，其揚權四詩及六朝作者更詳，蓋沉酣風雅之士。前附去非一書，謂興懷姜堯章同遊，時有高髯、靜逸輩日夜釣遊，孫道子、張宋瑞輩謔浪笑傲，今不能復從遊，雖夢中亦不復見，得見景文斯可矣。則景文爲一時之名士可知。余此本録之趙玄度，以正德間江陰陳沐所翻刻者兩相細較，字句無譌，可喜也。甲子清和月，曠翁識於高郵舟次。（録自《對牀夜話》，光緒二十二年錢塘丁氏八千卷樓刻本）

士大夫學问，以國朝制度典章爲第一。近世宋文憲之外，鄭端簡、雷司空皆其人也。後生學文，徒獵古人唾餘以相賁飾，而實用微矣。岳亦齋所著述，余及見其三，《桯史》、《金陀稡編》、《愧郯録》是也。《愧郯録》於國之典制名數，蓋三致意焉。書曰「學古入官，議事以制」。學者得此意，考古通今，不至虚用其力，其可免於面墻也夫。萬曆戊申四月澹翁命侍史録成，手校一過，因記。
（録自《愧郯録》，《上海圖書館善本題跋真迹》第九册影印清鈔本）

盱江李泰伯先生，宋儒之以著述稱者，有《慶曆民言》一卷，亦蘇明允《權書》之流也，而語則近道。又有《常言》、《潛語》及《廣潛語》各一卷，皆類子書，今俱載文集中。

笠澤、渭南各有雜説一卷，余所録者止十許條，其全書不可得見也。天游子〔一三〕與放翁兩人雖隔異代，而風流高韻，差不相上下。二書語亦相類，惜不見其全耳。

《瞽説》一卷，蘇伯衡所著，中有托空同子以寓言，故亦稱《空同子》。然李獻吉有《空同子》，而伯衡仍名《瞽説》，取其易辨也。曠翁識。男駿佳奉命書。

（録自《澹生堂餘苑》，《上海圖書館善本題跋真迹》第十七册影印淡生堂鈔本）

〔一〕雜記：原作「雜紀」。

〔二〕光堯：原作「堯光」，誤。光堯即宋高宗。下文六處統乙。

〔三〕碧：原作「碧」。

〔四〕漫入者不無：似當作「不無漫入者」。

〔五〕釋常談：原作「釋談」，據《説郛》子目改。

〔六〕畫鑒：原作「畵鑒」，據《説郛》子目改。

〔七〕亦恨：「恨」字殘去，據文義補。

〔八〕甘澤謡：原作「白澤謡」。

〔九〕金華子：原作「金僂子」。

〔一〇〕跕跕：原作「站站」。

〔一一〕〔一二〕詳節：原作「節詳」。

〔一三〕天游子：當作「天隨子」。

牧津輯概　有序〔一〕

《易》之言政也，「教思無窮，容保民無疆〔二〕」。此千古循良之譜也，而猥云奉法循理亦足爲治，則所謂「無窮」與「無疆」者，何以稱焉。水比於地，民比於政，先王所以建萬國，後王所以置守令，守令欲其比民，以使民比也，而比民者，必自輔相天地之宜始，故有能規天條地，再闢洪濛，持危定傾，光宣日月。

具摶空之手，奪造物之盈虛；抱弘濟之才，握世運之否泰。斯真豪傑之全局，守令之極選，惟經濟可以語此，故首之以經濟。下此則遠識沉幾，制治每先於未亂，養萬姓之和平，寧止一夫之被澤，故次之以消弭。倘先事既失於綏緝之圖，則臨事自當有制勝之策，故次之以匡定。然事變何常，安危難必，濟則國之福也，不濟則臣之遇也。甘白刃而如飴，浩然正氣何減匡濟之功，故次之以節義。夫人臣死封疆之事不難，而濟國家之事爲難，不有咄嗟談笑之間，妙箭鋒針芥之投者乎？以此彌患，何患不消，以此匡危，何危不定，故次之以當機。如此則外禦之綢繆已固，內治之修舉宜周。政在養民，心惟保赤，故次之以惠愛。民富而仁義附，禮讓之興，斯其時乎，故次之以化導。化民成俗，非伊一朝，必精神貫注，昕夕恪共者能之，故次之以勤職。上以身勞，下必甚焉，興廢舉墜，何事不具，故次之以集事。四境之事，原非一端，緩急應酬，非才莫辨，故次之以政才。才質有限，事變無窮，錯綜經緯，妙在機權，故次之以政術。術恐其流于譎也，天下惟至誠爲能動，故次之以真誠。秉性真誠，未有不廉於己而澤於民者也，故次之以清德。倘清德未能以廉頑立懦，而趣操已足以明志潔身，是亦獎廉懲墨者之所必收也，故次之以砥躬。夫一廉足以貫百行，而一剛足以絶衆紛，天下有矯矯持身而乏仁者之勇乎，故次之以風力。挺持宇宙之士，豈屑依違以狥人，三公不易其介矣〔三〕，故次之以守正。守正則公以生威，法以馭衆，不期嚴而自嚴者，其嚴乃肅，故次之以嚴肅。嚴不可以過也，法窮當輔之以恩，惟上有崇厚之風，斯下有歸厚之德，故次之以敦厚。敦厚者，信在于言前，恩行於法外，天下有不心悦而意孚者乎，故次之以忠信。忠信則蠻貊可行，夫安有齟齬凝滯之事，故次之以明決。既稱明決，我已無疑城之未剖，人亦安有覆盆之未照哉，故次之以得情。然恒情易得，而民僞難防，徒托不億不逆之心，竟長竊鉤竊法之詐，故次之以察奸。察奸者，每多沾沾以自喜，則哀矜之謂何，故次之以矜慎。然未斷則獄情貴慎，已斷則用法貴平，故次之以平恕。恕於吏，爲宇宙之生機；弛於法，爲國家之大蠹。天子所不能奪之守令者，獨此三尺法耳，我安得屈法以示恩乎，故次之以執持。從政者，惟執見之害爲甚。此非弘襟遠度，不能化意見爲虚衷，故次之以識見。有識見者，寛嚴互適，君子所以得居上臨下之體也，故次之以崇體。識體者，不自任而任人，執要御詳，親賢爲急，故次之以用人。用人而使人盡其職，乃可與言理財，故次之以治賦。治賦不專爲救荒設也，而可與〔四〕救荒相表裏，故次之以救荒。饑寒之民，亂是用長，善救荒者，必首嚴緝盗之條，故次之以詰盜。守令之職畢是矣，然而豪傑不必皆聖賢，而聖賢自能爲豪傑，守經達變，修己安民，非儒者吾誰與歸，故次之以儒治終焉。

夫然後《易》之所謂「教思無窮而容保無疆」者，可以引其端，亦可以廣其意，可以寸衷釀宇宙之太和，亦可以一身任天地之輔相。謂三代而下無善治，吾不信也。雖然，夫子不云乎，「神而明之，存乎其人」。人也者，政之所由出也。人不能外才與德而別爲人，政不能離情與法而別爲政。法因實御，情緣變耦，而淪之以才，筦之以德。德筦則敦化，才淪則川流。夫且環乘焉，而循虚以蹠實，軌實以耦虚，百千萬億而四應無窮矣。猶之舟然，浮於水，托於風，而操縱於安瀾疾流之際者，無所不行也。斯之爲神明之用，而《牧津》所輯，合者十七，離者十三，余俱未能至也，徒切望洋，猶河漢之無極矣〔五〕。

一　考名

《周官》有縣正，各掌其縣之政令，是令所由始。若州之名起於虞，後世刺史所治者是也。郡之名起于秦，後世太守所治者是也。漢景帝二年，更郡守爲太守，有諸侯王之國者置内史以代太守之事。後漢亦然。至唐武德元年，改郡爲州，改太守爲刺史，加號持節諸軍事〔六〕。天寶元年，仍令州爲郡，太守仍稱刺史。自是而州郡與刺史太守更相爲名。宋藝祖立法，往往以朝臣出守列郡，稱權知州軍事。若河南、應天、大名等府，則兼留守司公事。其餘或兼經略安撫，或兼馬步都總管，或兼兵馬鈐轄。若畿輔則稱尹，自漢以來，未之有易。元更郡爲路，稱總管，亦稱府尹，或加勸農使，稍異前代。邑之稱宰、稱尹、稱大夫，皆起于列國。列國之相，其治民與令同，然是時則縣大而郡小。漢於列侯所食國曰縣，皇后公主所食曰邑，有蠻夷曰道。凡縣，萬户以上稱令，減萬户者稱長，侯國稱相。唐縣有赤、畿、望、緊之分，京都所治爲赤縣，京之旁邑爲畿縣，其餘以户爲差。宋因唐制，以四千户爲望，三千户以上爲緊，令、丞、簿皆得帶京朝銜。元初稍因宋制，漢人爲縣者稱尹，蒙古稱達魯花赤〔七〕。國朝官制詳酌前代，府、州、縣正官皆稱知。初時知府之品有三，糧二十萬以上者爲從三，十萬石以上者爲正四，十萬石以下者爲從四，後一切以正四爲制。此三代以來守令之大概也。守令所以牧民，其他如録事、如參軍、如丞、如判、如推官、如簿尉，以至功曹掾，皆所以佐守令，分牧民之職。余故統名之曰牧。

二　稽制

漢制，太守在郡，掌治民、進賢、勸功、決訟、檢姦，常以春行所主縣，秋遣決曹文無害者，按訊諸囚，平其罪，論課殿最。歲遣掾史條上郡内事，謂之計偕。宣帝嘗曰：「與我共理者，其惟良二千石乎。」職任尤重。其令長，歲盡各計户口墾田、錢糧出入、盜賊多少，詣於郡，課校其功。多者爲最，勉勞之功，負多爲殿，責以怠慢。光武起民間，習知民隱，補令尤重其選。兩漢以來，每以尚書令僕射爲郡守，或自郡守入爲三公，而令亦召入爲卿相。晉著爲令，不經縣宰，不得爲臺郎。梁武以小縣有能者遷大縣，大縣有績者遷郡守。齊建元三年，以山陰訟獄煩滋，爲特置獄丞，與建康比。唐承隋亂，擇用刺史縣令，太宗詔内外官五品以上，舉任縣令者。都督、刺史職察州縣，皆天子臨軒册受。後雖不復册，然猶受命日，對便殿，賜衣物乃遣。開元中，復詔三省侍郎缺，擇嘗任刺史者，郎官缺，擇嘗任縣令者。至五季，則以無能者注縣。及天聖間，選令多貪庸耄懦，爲清流所不與，故吏治衰弊。宋懲五季之失，凡朝臣出知州縣，必召詢政事乃遣，尤多以使相出守，故體崇而法行。乾道中著令，不經兩任縣，不除監察御史，蓋重其職也。元世祖頗重民務，用五事以課吏，俱以勸農使繫其銜。國朝於守令體不尊而職甚專。六尚書有分職而守令無分，藩臬無兼任而守令無不兼。任滿有殿最之覈，計吏有黜陟之典。即不能如漢唐驟入爲三公，而三公九列亦往往由此，守令之重，不減前代。夫在上爲制，在下爲職。官之有職，猶農之有畔，終日勤動而無越思，倘踰於畔之外爲侵，荒於畔之内爲曠。故余備稽往制，令盡職者得有所考焉。

三　述意

薛貢君有言：「吏道以法爲師，可問而知，及能與不能，自有資材。」此言近是而實非。王道本乎人情，應世由於嫻習，是以聖賢出以學問，豪傑應以靈襟。循吏固可師心，初任正宜學割。故學古入官，猶秉燭以代日，即未必光被四表，何至闇無適從。余徘徊守令幾二十年，才不能吏而性喜師人之能吏。每竊覽前賢之善政，有急投之而故以緩紓，譎嘗之而乃以誠格，大投之而化以小，危動之而處以静。事有未濟，而必求〔八〕其濟以爲任；理有未合，而必求〔九〕其合以爲安。猶弈者之凝神定慮，揣正度變，不能以示人也。而設奇制勝，爭劫着子，則不能不留此成局于人間，善弈者正不舍成局而悟之矣。夫守令之簿書迷目，訟牒煩心，其小者也。有宇宙所不經見之事而突見於據案之時，有心思以爲必無之理而忽迫於眉睫之際，使智不及謀，識不及斷，目眙舌撟，如坐雲霧。即欲得古人一成法以爲觸類之資，又安可得乎？

語云「能誦千賦則善賦，能觀千劍則善劍」，此亦「巧者不過習者之門」也。余故取古今守令之事，分別其類，爲目三十有二，爲事一千五百五十有奇，爲卷四十有四，而總題之曰「牧津」。夫仕獨稱途，千谿萬逕，惟此成法，庶幾津梁。倘七聖路迷，則是編亦竊附于小童之對。若曰是知津矣，則吾豈敢。

四　論世

《記》曰「今人與居，古人與稽」，言平居當法古以爲行也；《傳》曰「不習爲吏，視已成事」，言臨民當法古以爲治也。惟是古人往矣，世移則事變，而守令之事尤易變。故等政也，理繩與調瑟異；等地也，獨坐與市門異；等民也，含醇與啜醨異。且風尚有前後不同，人情有今昔互判。有在昔爲開綱，而在今爲養亂。有於古爲摘隱，而於今爲導姦。惠民有難繼之恩，不得不暫拯於溝壑；馭事有畫一之法，不得不委屈於當機。諸如此類，必須揖古人於千載之上。而凡其當日之苦心，臨時之妙用，如覿面相承，設身處地，始能窺其蘊藉於萬一，而倣其意緒於臨民。語云「三折肱爲良醫」，余三歷郡邑，醫未能良，而肱則折矣。每於古人經緯萬端，緝和四境之概，小而民生之利害，大而國計之安危，一言一行可稱榜樣者，或録于正史之中，或採於記傳之列，或間取全文，或僅摘一事。語繁者必删以就簡，記雜者必覈以取精。事非守令，雖鼎鉉之業不收；政關州郡，即幕職之微必録。次序略依朝代，而事類相近者不妨越次而從類；政事各有分門，而人品不同者不以兼收而溷品。有一人而數見者，事各從其類也；有數事而并收者，事又從其人也。有惟其事不惟其人，如王冀公之判亳州，丁晉公之知鄆州是也；有重其人并重其事，如范忠正公之知太原，韓魏公之知并州是也。每則必漫評數語，庶幾親見古人；每事更略加點識，便可展卷輒了。蓋高山仰止，托景行之思；而合轍造車，抱驅馳之念。非敢附于傅季珪之縣譜，聊以比于謝安石之碎金。若評騭任情，收羅未廣，願就有道，示我他山。

五　辨類

劉卲以九流定人品，《周官》以六計弊羣吏，材質之分途，政教之互用，所從來久矣。是以抱用世之心者，往往取人以獨至，而不責人以兼長。誠以天下必無左方右圓之手，而臨事自有經權常變之宜，環中之轉雖出于一心，而合節之投實隨乎四應。故消弭近于匡定，而聲色不動者默制于事先，安攘兼施者決勝于事後，則其功不同也。化導近於惠愛，而禮讓之教貴於善俗，愷弟之念重于宜民，則其意不同也。風力近于執持，而矯矯丰裁以宇宙爲己任，侃侃定見以紀法爲力爭者，其所主不同也。嚴肅近于明決，而雷厲風馳使令行禁止，燭照數計俾俯首帖心者，其所發不同也。崇禮近於任人，而上下相臨，寬嚴自各有體，長短互適，器使每在因材，其所用不同也。守正近於識見，而疾風勁草，正在砥柱乎中流，曠度弘襟，每能燭幾于事外，其所處不同也。至於清德類于砥躬，而不知廉能及物，與介僅潔身者，豈可同日而語。察奸類於得情，而不知多方以鉤隱，與片語以輸誠者，安可同事而道。政術類於政才，而才不可以直運者，不得不濟之以術。矜慎類於平恕，而法不能以遽斷者，不得不持之以矜。勤職則恪共朝夕而百政惟修，集事則率作先勞而一方蒙澤。若集事固勤職中之一端也，乃其敦厚以風俗，真誠以動人，忠信可以孚蠻貊而行邦家，三者雖同爲盛德之事，然意趣則有分矣。若夫於咄嗟轉盼之間，爲制卒應變之術，莫妙於當機。當機必經濟者能之，惟豪傑可言經濟，惟聖賢可以言儒治〔一〇〕，經濟與儒治不可以一端盡，故較各類爲獨詳。其餘不過拈一事之顛末，足資問津而止，與記傳敘述之體不同。故履歷世代，皆所不載，但師其事，不問其人而可矣。雖然，攝生有道，即單方曲技皆足延年；喜效太深，雖龍宮秘藏徒茲傷伐。故醫家以類言證，以證合方，斟酌損益，是在國手。

〔一〕牧津輯概有序：《牧津》天啟本作「牧津次序序」。
〔二〕容保民無疆：原作「容保無民疆」，據天啟本改。
〔三〕不易其介：天啟本作「不可易其介」。
〔四〕可與：原脱「可」字，據天啟本補。
〔五〕天啟本序後署「天啟甲子仲秋前茂苑令吉安守再知睢陽山陰祁承㸁書於紫芝軒時軒方落成之三日」。
〔六〕加號持節諸軍事：天啟本作「加號持節或持節諸軍事」。
〔七〕達魯花赤：原作「達魯赤花」，乙。
〔八〕必求：原脱「必」字，據天啟本補。
〔九〕必求：原脱「必」字，據天啟本補。
〔一〇〕儒治：原脱下一字，據文義補。

牧津小引三十二則

緯常耦變，乃可言經。事定功成，斯之謂濟。經世言識，濟事言才。識以學恢，才因膽决。造化在手，宇宙生心。擔荷乾坤，定歸豪傑。輯經濟第一。

圖大於小〔一〕，謀當矚影。馭遠于近，計貴伐萌。亂生有階，釁消惟速。牿牛豶豕，駕御應先。馴虎狎猱，調習在久。綢繆國計，衽席民生。惟先事周，後事之謀。乃一日預，百年之策。輯消彌第二。

奕惟劫着，可收殘局。事必勝算，乃奠危邦。芟夷大難，固屬匡時。驅遏亂萌，亦稱定變。功能安國，憂不遺君。雖救焚貴在於徙薪，而拯溺自宜於濡足。輯匡定第三。

四郊多壘，何意偷生。九廟震驚，惟餘一死。滅此朝食，臣所願也〔二〕。蔓而難圖，勢無及矣。雖蹇蹇匪躬，無益成敗，然皎皎大節，可泣鬼神。蹈白刃以如飴，質青史而不愧。輯節義第四。

機非在我，境迫則呈。變有適然，迅發則定。省括於度，妙在巧心。轉轂惟虛，利行乃速。道貴順應，權有逆收。箭鋒相注，擬議莫容。纔涉商量，劍去已久。非有神識，孰濬靈襟。輯當機第五。

有孚惠心，仁人能愛。政惟長養，爲生民命。功同發育，立天地心。蓋念切痌瘝，自慮周民隱。嬰兒哺乳，喻在無言。病夫呻吟，醫惟默察。具此真懇，自有宜民。楊文仲云：「與民之惠有限，不擾之恩無窮。」吾取以爲法，輯惠愛第六。

導水以方，勢惟流淪。化民有道，政貴漸摩。若築堤捍水，驟峻其防，則横溢旁流，徒速其决。所以作人，每先善誘。教亦多術，治必因民。禮教之興，日計不足。仁讓之俗，歲計有餘。若既啓文明，不漓朴茂。鎔金歸質，埏土惟堅。世運自開，人心自古。非有身範，孰振淳風。輯化導第七。

《無逸》作所，百度維貞。明作有功，庶務畢舉。運甓之意，豈異鳴琴。戴星之勞，恥言卧理。人惟朝氣，可振頽風。政欲幾康，必先兢業。倘一息自安，則民生凋弊。撫字固當心勞，催科豈容政拙。輯勤職第八。

勞民勸相，有利必興。率作拊循，無功不就。民難慮始，事可樂成。計畫欲詳，堅持欲定。苟利於國，何惜于身。君子勞心，兼言勞力。庶民趨事，正以趨誠。業已惟懷永圖，豈諱克勤小物。輯集事第九。

政雖紛出，竅在神閒。事有急需，應惟心巧。人生才具，迫則自張。機務棼投，豫乃能立。物可觸類，見亦旁通。不域拘攣，始饒妙應。庖之刃游，入惟有間。僚之丸轉，意在物先。具此敏心，更無棘手。因知政事，豈能困人。輯政才第十。

有人於此，惑不能解，愚不能破。令之不信，禁之不遵。法制已窮，思惟亦竭。而別啓秘鑰，巧逗隱機。似譎似迂，若佹若正。嬉笑之餘，甚于驅迫。鼓舞之法，妙于刑威。驚魂甫定，積錮立開。大夢初回，迷城盡剖。仁固有術，道非明民。輯政術第十一。

遠懷近悦，真則感人。下信上孚，誠能御世。機心不起，與物自親。率意而行，人情不遠。我完淳白，世即羲皇。獨任坦夷，共偕大道。吏貴悃愊，政戒鋪張。惟有一真，可堪顛撲。輯真誠第十二。

水惟清也，潤枯漉朽。風惟清也，披鬱導和。自私自利，不有其躬。澤物澤民，恒切於念。淡而不醲，質而不磽。砭激劑苛，廉頑立懦。懸魚留犢，徒有其名。素絲羔羊，乃風其德。若勳著社稷，口不言功。業滿乾坤，心惟自歉。是爲聞道，豈曰修名。輯清德第十三。

身外何須，取資易淡。意中有着，我見難忘。行必矯時，心期拔俗。卓然矢志，獨醒獨清。凜矣持身，不淄不涅。視人若浼，并以忘人。與世無資，因而輕世。雖名根未化，而介質可稱。輯砥躬第十四。

水力不厚，何以浮舟。風力不高，安能持世。空明之内，全體皆剛。秉性而行，一身是膽。志期肩國，力欲回天。蓋杲日之烈，惟風能舒。震雷之威，惟風能霽。止言搏擊，風斯下矣。輯風力第十五。

正大之情，可通天地。是非之性，具於秉彝。人情波靡，方藉隄防。世態狂瀾，必資砥柱。理能軌物，道在信心。岐逕雖多，修途惟一。即世法可方可員，而定守不移不惑。輯守正第十六。

嚴非配寬，實乃治本。民志既肅，政始風行。整齊宇宙，非嚴莫辦。亂生于玩，振玩惟嚴。玩起於囂，定囂惟肅。火爇而避，水弱而濡。俯察民情，已知法守。發榮惟夏，衰颯在冬。仰稽化工，益明正理。

欲隆至治，必識真嚴。此啓蟄之疾雷，振頽之弘楗。輯嚴肅第十七。

律身有度，所以貞時。善世有基，故能範俗。道在務本，政尚還淳。我以厚施，人誰薄應。猶燈取影，猶風逐聲。上實敦倫，民乃厚歸。坤能載物，履爲德基。輯敦厚第十八。

成心非信，我見非忠。御物無私，應世自實。轅輪雖具，轂轉惟樞。寒暑有常，序行惟默。信在言前，忠持初念。豚魚可格，蠻貊皆通。我决藩籬，人輸肝膽。疑城盡剖，大道爲公。若云我無爾詐，爾無我虞，有市心矣。輯忠信第十九。

好醜有形，鏡無疲照。髖髀得窾，刃不頓鈋。理非兩岐，法止畫一。多需賊事，過慎敗謀。惟力能持，惟識能斷。情有必至，折在片言。事有必然，定於頃刻。果毅而敏，可以臨民。明動相資，所以敕法。輯明決第二十。

情因境發，境轉情移。事以情生，情藏事顯。訟有互聽，獄貴初情。顯可實推，藏當虛體。設身處地，緣始揆終。鈞鉅不施，肺肝如見。我雖勿喜，人自輸衷。心即寧藏，遇真則露。惟此明允，庶幾祥刑。

輯得情第二十一。

情出初心，推心則得。奸爲僞念，察僞當周。淺可鈎深，常能窮變。隱以探微，巧以破譎。剷前剸後，機械無容。盡相窮形，伎倆立見。即作僞之態日拙日工，而燭奸之途轉精轉密。雖治遜格心，而法窮舞智。輯察奸第二十二。

俐成不變，仁者所矜。折獄惟良，聖王是慎。罪有疑似，疑則惟輕。過非有心，宥過無大。矜而勿喜，慎必求生。法之所窮，自應揆理。事之所窒，正在原情。存此宇宙之生機，庶還天地之大德。輯矜慎第二十三。

法爲大横，惟平乃當。心爲樞筦，惟恕乃平。平則無傾，法守常一。恕能推己，民自不寃。若骫法申情，不平已甚。即市恩示厚，曲意實多。惟此因法而施，乃爲如心而出。輯平恕第二十四。

獨契之知，每難調世。據理之見，定不易方。至是無非，羣器何恤。惟義自質，衆議不摇。理之所否，不以狥君。心所不安，豈敢從俗。毁譽盡置，利害兩忘。非有堅定之衷，孰振依違之習。輯執持第二十五。

明炳幾先，術非小智。慮周事後，道貴沉幾。見鉅在微，識遠自近。所以練識，必先練心。欲以練心，惟以練事。事理日明，胸次日擴。膽力自定，認力日弘。千里應違，決之股掌。百年長計，悉于目中。爲天下者爲之於堂上，識定故也。輯識見第二十六。

手持足行，合而成體。耳聽目視，乃稱得官。體任自然，百骸皆理。苟侵於職，反曠於官。御衆惟樞，臨下有度。上能職要，下乃舉詳。故知庶績其凝，必由治崇惇大。輯崇體第二十七。

千鈞之物，衆輿則趨。萬握之絲，條分乃理。所以建官，必先分職。因知先務，恒在求賢。舍驥而馳，竭蹶不足。憑軾而運，致遠有餘。誠可集思，虛能廣益。治平之效，惟在得人。輯任人第二十八。

財如元氣，移左實右，肢體必枯。府既稱泉，濬源導流，貫輸自裕。盈虛消息，造化之權。出内轉輸，國家之命。非有精心，安調國脈。倘無妙手，孰奪化工。計必裕民，方能足國。既勿損下，何以益君。能同起死之良醫，方稱救時之國手。輯治賦第二十九。

遇荒修救，策固無奇。因勢拯民，政亦多術。備則言經，救則言變。經在調劑，變先駕御。聚貴能整，散貴能聯。賑貴能早，禁貴能肅。民惟畏死，乃可圖生。法在必行，惠方不窘。救荒之略，大類行軍。行軍以嚴，得人死力。救荒以肅，轉人生機。非有至仁，難言肅法。輯救荒第三十。

民之有盜，如身有疣。疣雖附體，潰則身羸。盜之害民，如禾有莠。莠既滋生，禾則漸槁。是以安民，必先除盜。制防未發，刑禁已然。附贅潛消，誠吾一體。倘未革面，安望易心。故與其漫言無盜之風，不如實言治盜之法。輯詰盜第三十一。

才吏近炫，廉吏近名，治吏近苛，能吏近擾。非本性真，難言作用。識貴達變，學在明心。經與權俱，體隨用適。在心滿心，在世滿世。始信循吏，恒屬真儒。輯儒治第三十二。

〔一〕小：字天啟本作「微」。

〔二〕所：天啟本作「之」。

世苑概

沈侍中有言：「早知窮達有命，恨不十年讀書。」自是攸之胸中塊磊故須此澆之，不然即窮達無命，遂爾眈眈逐逐爲乎。蕭南郡每語人曰：「人生不得行胸懷，雖壽百年猶爲夭也。」然則百年之内，爲歡幾何？男兒墮地，一有需於世者皆爲世所拗也，而能自行其胸懷者惟讀書爲然。凡情量之所不能及，意相之所不能摹，可喜可躍，可怪可嗤，紛錯萬狀，頃刻而遞陳於吾前，而世態畢矣。當此之際，宇宙之廣狹，物態之險夷，有時而踴躍歡呼，有時而惋憤震發，恍如身歷其境界，一一位置於尺幅之間，而處世之態亦畢矣。余自園居以來，每散髮林間，濯足溪畔，必令兒輩與二三門人，各疏舉古今人世之事，以佐談笑。兒輩亦輒爲手記，久之成帙，因請余稍爲詮次，而總名之曰「世苑」。若曰是區區者皆齒牙間宿物，了不異人意。夫一庭蛙也，或以爲聒耳，或以爲鼓吹，則在會心者之自賞矣。

分敘十四則

視冥鴻之高翔，知江上浮鷗，猶較機心機事；如神龍而無欲，即塗中曳尾，不妨可見可潛。是以入世出世之方，莫妙不鳴不躍之致。名心既淨，何必洗耳深淵；世法都捐，奚取濯纓清水。玄風邈矣，遠韻卓然。詮超世。

巢由之隱，不必於買山作世外之事易；尚平之遊，有待於婚嫁爲情累之人難。要以至人入水不濡，即火宅可化爲清涼；而達士與世無兢，雖逆旅自供其暢適。巢蚊睫而遊鴻蒙，知世途之非狹；任鼠肝而聽蟲臂，覺物情之自親。非曰托處柔處弱之言，亦自有不磷不緇之理。詮入世。

此鳥安可籠，定不作耳目之玩；社櫟已見夢，寧復聽柯斧之尋。是以金馬之陸沉，每羨衡門之棲遁。倘曰大隱不離於朝市，則北山何有其移文。哀家梨子，那可被人蒸食；千里蓴羹，豈堪復下鹽豉。與其四顧躊躇，無寧一往獨適。詮避世。

鐵室雖周，難禦無響之矢；恢網誠密，豈羅避繒之禽。蓋木與木相劘則火生，水與水兩投則冰釋。是以漢陰老叟，寧甘抱甕以灌畦；江上丈人，獨取忘機而御物。宇宙大矣，豈無藏起穽之途；踵頂幾何，那堪遊羿彀之内。故異雞者之反走，恒在木雞；而善馬者之安行，貴于調馬。詮涉世。

金熔冶而精粗別，惟良工操砥礪之權；水入盂而方員分，即小器具範圍之用。但人情競誇夫軒舉，而世染日逐于高華。在有識者雖口刺其非，而傍觀者自心服其盛。倘無砥柱以廻瀾，安止疾流之赴壑。鵠的設而萬目注，植表惟先；樞機發而千里通，風行自遠。非有貞時範俗之標，誰識羔羊素絲之節。詮範世。

多言亂聽，轉大本者，惟一人之邪許；衆指難調，駕巨舟者，聽三老之旋轉。蓋世猶水也，滄海之横流何常；亦猶車也，輪轅之轉轂有度。是以波靡鼎沸之際，恒貴剛名鎮定之才。倘若雪積娥眉，自覺高寒之沁骨；月澄紫海，共知雅量之涵人。靜以制紛，嚴能御衆。詮持世。

經緯宇宙，豈無補天浴日之功；擔荷乾坤，自有應卒制變之略。蓋欲神閒於事內，惟在識朗於機先。故肥水決勝於圍碁，而澶淵功收於暢飲。出之有本，應而愈彰。惟是匡濟之事多端，建樹之途非一。竹頭木屑，總歸運甓之心；仗劍請纓，正玩裹革之志。倘徒興歌於伏櫪，寧取擊節於中流。詮用世。

瞬目揚眉，宗門之箭鋒自捷；附耳躡足，世法之機用亦圓。蓋百尺竿杪，轉脚棘栗乃可容身；萬握絲頭，直斷理棼方爲妙手。是以捷莫捷於宋人之解閉，而快莫快於宜僚之弄丸。此惟性地通靈，故爾當機迅速。非有咄嗟轉盻之才，安得蓋世絶倫之事。詮應世。

彪炳寰區，惟德業與造化爭盛衰之運；昭廻雲漢，獨文章同天子較與奪之權。蓋古今之不朽有三，精神之不磨則一。故豪傑乘時，自有雲蒸龍變之業；聖賢立命，乃稱柱天軸地之功。若夫一才一藝，雖僅小道之可觀；至於轉習轉精，幾同大業之致遠。倘於斯世爲無補，何以宇宙之常新。詮垂世。

談言微中，可攖龍頷之鱗；妙語解頤，能免虎尾之咥。非直以莊言之逆耳，自不勝諧語之會心。故高人自有玩世之方，末世尤貴藏身之術。顧長康之癡絶，吾獨愛其有情；阮嗣宗之清狂，人亦賞其獨韻。蓋無意近名，原出是非毀譽之外；何心逃刺，豈屬推敲彈射之中。即其狎侮名流，或見仇於禮法；要以點綴世態，偶有取其譏呵。詮玩世。

剛風勁氣，恒多銷鑠於柔情；　慧性靈心，未免牽纏于膩骨。惟衆生皆爲情使，故媚態最易溺人。深情厚貌，方期赤膽之可親；　巧合先迎，不覺娥眉之傾國。蓋嬰兒之咿啞嘻笑，衆有同憐；　而優人之婉轉悲啼，客所共賞。非有剛明之識，誰知軟熟之奸。詮媚世。

攫金於市，竊鉤之法易伸；　攘利于名，執券之巧難辨。蓋事可詭遇，則人有競趨。言必信，行必果，是豈素心；　柔其氣，恬其情，殆非本色。有事則禹步堯行，寧令世人明笑其迂闊；　平居而焦心蒿目，竟使天下莫測其中藏。取名已在於共知，乞哀豈必於昏夜。方自謂終南之捷，既欲人稱君子；　且復笑北山之愚，幾於盜憎主人。詮欺世。

惼心不忮於飄瓦，與物妙在忘情；　惡聲豈啐於虛舟，處世那容忤物。倘肝膽自操其戈戟，則宇宙但見其險巇。衆人皆醉我獨醒，誇詡在眉睫之間；　羣情自坦我獨苛，洗索出瘢痕之外。面目見而可畏，形影亦自相疑。故襬襶之觸物，世猶能容；　溪刻之繩人，衆將安適。詮忤世。

水閲水以成川，慨臨流而莫返；　人閲人以成世，覺去日之苦多。故流行坎止，時至則然；　而水盡山窮，本來自見。倘使炎炎以快意，不免咄咄而書空。須知曲罷酒闌，原在酣歌競舞之内；　而寂寞淡素，自耐繁華濃艷之場。是以智士每戒溺於迅飆，而達人無勞生於駒隙。與其聽盛衰於倚伏，不如托身世于無求。聊拈點石之微言，庶幾迅雷之醒睡。詮閲世。

分目六十八條

超世一

高逸　曠達　趨操　遐舉

入世二

寬大　畏懼　退讓　契合

避世三

幽棲　閑適　韻事　韜匿

涉世四

忘機　省事　真率　委命

範世五

至性　淳行　隱德　清素　鯁直　規訓

持世六

剛腸　雅度　嚴冷　鎮定

用世七

遠識　强幹　經國　臨民　勤勵　勇略

應世八

俊爽　敏捷　慷慨　慧解　强記　奬拔

垂世九

策勳　樹德　鴻裁　絶藝

玩世十

傲睨　滑稽　憨態　癖嗜　點綴　譏呵

媚世十一

佞諛　循默　巧合　炎凉

欺世十二

矯情　迂闊　噉名　憤激　詭譎　捷取

忤世十三

矜誇　褊急　殘刻　輕澆　癡鈍　謬誤

閲世十四

豪華　沉惑　盛衰　悔錯

詢兩浙名賢著作檄

蓋聞披圖册而質羲文，神禹開河洛之秘；握赤瑾而授玄玉，馮夷效山海之靈。宛委藏深，瓊笈耀蛟龍之燭；瑯嬛境杳，竹書繡蝌蚪之奇。況夫紫海瀾廻於怒濤，真吞雲夢八九；赤城建標於霞起，直搏水擊三千。是以斷髮文身之邦，故多柱天軸地之俊。詞命既修於上國，霸烈長存；敷對見賞於天王，令聞遐布。迨嬴灰滅學，猶留金石於望秦；當漢武崇文，亟拔朱嚴於待詔。《論衡》秘枕中之玩，《易傳》美竹箭之稱。在玉版瑶書，伯陽爲玄之僊史；即奇聞怪牒，令昇亦鬼之董狐。及於永嘉之東渡，遂號江左之文章。家擅青緗，人耽竹素。巵言日出，故多擲地鏗金；惠辨風生，雅稱高坐霏玉。文人之致，已極於斯矣。若夫血灑遺編，丹披尺幅，顔平原之浩氣猶存，陸敬輿之諫草具在，以稱偉人，又何愧焉？至於建炎之際，遂開鄒魯之源，經濟重而藻繪輕，禮樂興而詞章絀。以故金華永嘉之間，天台四明之地，或禰考亭而祖伊洛，或主慈湖而宗象山。或以勁氣剛腸，留九死不回之概；或以博聞洽物，纂百氏遐覽之編。各珍髻珠，互持鴻寶，著述之盛，何以加兹。自入國朝，文明朗闢。通儒作相，徵博士於窮巖；中令驅車，訪遺編於海國。於時劉宋蘇王之彦，首潤皇猷；方徐貝鮑之英，繼驤文治。嗣自而忠肅以赤手擎天，忠愍邁敬輿之疏；文成以靈心悟聖，絶學超伊洛之傳。迨至嘉隆，益修鴻業。意司契匠，孤飛絶境之蹤；巧竇靈機，妙綴筆端之化。真所謂擊梟氏之鍾，霜清日觀；陟羣玉之府，目炫心侈者矣。然而千年絶調，或不留簡籍於人間；一代雄文，尚未列姓名於史册。景往哲而興如林之慕，按遺編則抱寂寞之悲。用是不嫌管窺，漫爲鱗次。顧暢觀於東序西崑之儲易，搜輯於斷簡殘篇之後難；考徵於信史實録之内易，詢求於林藪巖穴之下難。況有成季宣孟之後，訪玉無從；樂郤胥原之遺，風流忽替。文與代盡，將焉取斯。凡我同心，自篤尚友。幸時詢之鄰中故老，兼博採於稷下名流。如出載籍之未收，即爲見聞之相助，撮其名目，略述生平，顧無憚千里之郵筒，庶共成一方之文獻。若其蔚矣全文，睹完錦固知豹變；即聊爾短牘，得片羽亦識鳳毛。儻示其書而并示其目，誠足比於武庫之游；即有其目而不有其書，亦終不失爲屠門之嚼。斯則雅志過中郎之倒篋，好懷慰子雲之嗜奇。既徼惠桑梓，表名賢於不朽；竊自比草木，附臭味以相隨。睠言就日之懷，凝眄遡風之望。敬檄。

著作考概

古今之稱不朽有三，著作之爲立言則一。故言以人重者亟收之，即人以言重者亦收之，有其目而并有其書者亟列之，即其書亡而其目存者亦列之。大較以前哲遺編之名類，便後人按籍之尋求。至於德業聞望蔚然一時，而生平論著概無專業者，别有吾浙文獻之緝在，此不參入。

文章，經世大業，不朽盛事。然往往品定於後人而價增于易世，故一時之評品終不敵千古之升沉。聽宇宙爲爐冶，任歲月之銷磨，則百年之後其留於世者，皆世之不可泯者也。故是編之緝，即在國朝者亦止採列於身後，而不概及於生前，正以生前之著作方日新而富有，其進固未可量也。

男兒墮地，能與造物爭盛衰之運，與天子較榮辱之權者，惟著作爲然。故上之足以翼經，下之足以佐史，精而抉性命之微，大而廓經濟之用，卓乎尚已。其他詠物抒情、瑣談叢語，或倡一人之獨見，或述前代之遺言，或以鉅帙鴻裁，或以短篇小牘，雖爲品自殊，而其稱於著述則均也，凡有名目可稽，一隨時代編入。尚友原在於論世，而誦詩貴得其神情，是以博採史傳，旁及羣書，略敘生平之大端，庶徵一時之品概。至履歷之或詳或略，事實之或寡或多，隨所見聞，更無優劣。其次序列名，一以朝代爲憑，即一朝之中不無前後之參差，然總爲一代之人物，總爲一代之著作無疑也。若夫祖孫父子世握如椽，昆從叔姪代擅不朽，或總列以見一門之盛，或分紀以表世業之傳，或父從子見，或兄以弟稱，則各因其時云。

《七略》起於更生，《七志》定於王儉，嗣是隋唐以後，惟四部之例相沿不移，篇目之不可溷也審矣。但是編之輯，既以書從其人，又以人從其世，倘一人而兼四部之作，則將以四部而分一人之身，緒目多端，不便檢閲。今不論經史子集，凡出其一人之手者，總列于一人之前。惟統合一省之書，再依四部之例，另爲總目，列於卷首，則不特展卷了然，而吾鄉立言之富，亦庶免寂寥之嘆矣。

著作之以浙名，記浙也，而浙以外則不及。其有及之者，如六朝之華亭原爲長水，則六朝以前應入也。如王謝之居會稽始於永嘉，則永嘉以後應入也。有歷世尚稱其故鄉，而生長久居於此土者，如東萊呂成公之類是也。有先人之丘壟在此，而後人之發迹或彼者，如陳文魯、倪文僖之類是也。諸如此類，各有考據，例不漫然。其他以流寓稱者，凡爲浙士，即入於原貫世次之中，如係外邦，始列於各郡寓賢之内。若夫展采錯事，敷政一方，此之謂宦蹟，不在流寓之列。

域中有三教，而釋道居其二，微言渺論，了性明心，何可廢弗録也。若其惠澤及人，醫之所垂，爲利更溥。是書正編之外，名僧之著作有考，道家之著作有考，名醫之著作有考，各爲一帙，以便稽覽。但釋道之棲止無常，而應緣之踪迹難定，彼所托居，即同土著。故二氏者流，生於斯、隱於斯與薙染結茅於斯者，皆倣寓賢之例，概爲編入。

載籍難窮，搜羅苦隘。是編所據者，先徵以史傳，次及於郡志，再次及於邑志，又次及於家乘，然後遍搜四部之藏，博稽百家之説，凡有可徵，固無微不録矣。然不佞生長東海之濱，未窺天府之秘，見聞有限，掛漏無窮。況世有慧業文人而姓名不垂於記傳，共稱當代作者而簡集不落於人間，則與其强爲入也，無寧姑爲待也。補其闕略而潤色之，則以俟君子。

夏輯記〔一〕

余守司馬郎三載，部事向有要領，旬日僅三至焉，此外不必束帶趨部。素質脆薄，生平無他嗜，惟喜據案搔髮，玩弄殘編，輒忘寒暑。自入白門，聞之焦太史，稱國朝博古者僅一黄才甫，通今者僅一雷司空，而兼之者則鄭端簡也。心竊嚮往之。每誦顔之推之訓子弟，「飽食醉酒，忽忽無事，以此消日，以此終年。及有吉凶大事，議論得失，蒙然張口，如坐雲霧。公私宴集，談古賦詩，塞默低頭，欠伸而已。有識傍觀，代其入地。何惜數年勤學，長受一生愧辱哉？」夫之推猶爲平居言耳，況吾輩業奉國家之功令以修明其職業，以問主者，而叩之不解，按之不習，又不能付之塞嘿低頭而已也。用是有概於衷。因憶爲諸生時稍揣摩一二時事，以資場屋射覆者，頗有二三典故在，且生當不諱之朝，廷臣之廷議與閭巷之巷談，亦時昭布於耳目，與國家典故互可參質，斯亦文獻之足徵矣。甲寅夏日，官舍僅如斗大，蒸灼如甑。生平惟有編摩可以却暑，遂取所攜書目及從焦太史與友人余世奕各借得十餘種，稍爲類輯，爲綱者六十有一，爲條者一千二百六十有六，爲卷者三千三百八十有三，而總名之曰「徵信」。夫士不通今，安取博古。人生百年之宇宙，不至爲聾瞶者，則文獻之所留耳。異日者倘存此以質中秘之藏，存此以參郡國之識，存此以條貫《實録》、《會典》之所輯，及星官、曆師之所業，六尚書故牘之所留，亦庶幾吾夫子尊周之意乎。因列其梗概於左。

夫國家之可信可徵者，莫重於歷朝之《實録》。然寒曹小臣，分不能探石室之秘藏，力不能給大官之筆札，亦何從得之。間從一二士紳家窺其大略，要皆銓敘之曆、封章之事，十居其九，而連篇累牘，非有命世之史才條貫而剪裁之，未易竟也。若當世之所共習者，在典章則有《詔制》及《會典》、《集禮》諸書，在記載則又有《通紀》、《憲章》及《吾學》、《大政》諸録。然而典章俱備者每無議論之足參，而紀載有條者尚致章程之或軼，所以各存其體，始互見其長。故每輯務以國典列之前，而以諸公之撰述次之後，蓋庶幾質有其文，合之則兩美者乎。

國朝原無正史，凡今之稱紀、稱録、稱編、稱記聞、稱别集者，皆不敢自居於史，要亦史之具體而微者也。及祁陽鄧球所著有《泳化類編》，雲間王圻所輯有《文獻續考》，則名爲類書而已，然總之不出編年與記傳兩端。即編年之中，有通一書爲始末者，《皇明通紀》之類是也；有通一朝爲始末者，《皇明大政記》之類是也；有首編年而後記傳者，《吾學編》之類是也；有識一代之典故而通前後爲一書者，如《昭代典則》、《典故紀聞》之類是也。以一書爲始末者，則其書不可分，以一事爲始末者，則其事可以類。故自《通紀》及《憲章録》與《昭代典則》、《典故紀聞》之外，皆各以類輯，而文仍其舊。夫文仍其舊，於前人之著作無所加損，而事從其類，於後人之考覽有所指歸，蓋不至于續鳧頸而斷鶴膝，然亦不至闇條貫而淆淄澠也。

大抵前輩著述，各據見聞，一皆識大識小之遺也。但記載有繁簡之互異，卷帙有多寡之不同，偶删略其全文，或失其命管之初意，如概存其原本，又嫌于充棟而難收。故事不繁稱，語歸簡令者，則概存其全。若敘致多端，篇章旁雜，凡卷帙在十卷以上者，必爲節略，存其大概而已。至于國家大政所關，典章所係，如《皇明政要》、《開國功臣傳》、《明倫大典》、《封爵考》之類，一字一言，俱稱典故，卷帙雖多，應從全輯。若夫本朝奏疏，所關國政，尤自不淺，而勢不能盡列兼收。惟於封事爲一代所不及言，彈章爲一時所不敢言，條議爲一世之不能言者，各爲褎録，以存考覽。或有人以言重，言以人重，又摘其關係之大者，人自爲集，各録一卷，統附於獻替之輯。

記載之體，有偏有全。有表彰歷朝之人物而不及典故者，則李氏《續藏書》、鄧元錫《皇明書》及《名世類苑》之類是也。有備述一代之章程而不及臧否者，則《兩朝會典》、《國朝典故》之類是也。有諧正互陳，今昔雜引者，則《弇州别集》、《國憲家猷》之類是也〔一〕。有侈言武功而不及于文治，具陳禮樂而未及乎疆埸者，則《集禮》與《鴻猷録》之類是也。然一書自有一書之本末，一事自有一事之源流，條貫既若列眉，撿閲自可信手。乃有一時之偶筆而或以摭古，或以徵今，有一人之削牘而倏爾談文，倏爾論政。且有以昭代之事而雜以前代之記聞，以時事之編而旁及名物之猥瑣。款緒既多，議論錯出，而要其敘述之大指則自有在也。惟據其大指所在者各從其類，而無關時政與事屬前朝者俱删不録。

蓋議禮制度，雖事切於尊王，而經世匡時，尤務期于實用。實用之大者，在我朝莫急於封疆，莫苦于漕輓，而莫難支於國計。非多方討論，以昔徵今，鮮有得其要領者，故不嫌詳輯，更貴參求。如安攘之與禦夷可以互考，夷情之與邊計正足相參，如漕輓之有藉於河渠，及田賦之上關於國計，斯皆濟時之實，夫豈紙上之談。至于一朝之大典，莫重于禮樂，今列在朝紳者，且頻年不能一睹臨御之典況，跧伏草莽有白首不能窺其儀耳。郡國之間，稍有舉動，便爲綿蕞，亦足慨矣。故於禮、樂二輯尤爲獨詳。

夫明時之議論貴清，而盛事之輿情宜暢，是以握史之權者惟恐其不一，而輯史之緒者惟恐其盡同。蓋有勛績濫陳於秘典而巷議則非，幽奇漫列于稗官而朝論則黜，然而失之諛者十七，失之野者十三。何者？金匱〔三〕石室之彦所惜體而不敢言，山林草野之士乃直筆而無所諱，則即此互異，可證大同。是以《視草餘録》與《雙溪雜記》並觀，則兩人之得失自見；《卧榻遺言》與《閣臣首傳》參考，則一時之與奪自明。故廷議巷談皆當並列，而尤以糾繆附之後，所謂録其事而義自著，亦徵信之資也。

余每見人情類喜趨新，文勝更多語怪，故至於似史非史，類優類俳，每每家傳户誦，而一代制度反至茫然。然而一事之異令人色飛，一語之奇令人解頤，幕中嚬笑，輦下滑稽，躡足附耳之態，陽驚屢顧之情，庶幾所稱莞爾麈談、穀然狐史者乎。安可猥云有妨正史，概從棄置。特無關時事者，此置不録，更有《淡生堂餘苑》〔四〕，别輯以資暢覽。

「莊青翟、劉舍〔五〕位登丞相而班史無録，姜詩、趙壹〔六〕身止掾吏而謝書有傳。」奈何以位任通顯、閥閲崇高採輯爲易，而幽奇獨行之士與曠世絶倫之技皆令湮没無考乎？余倣焦氏《獻徵録》之例，凡有一行之奇、一藝之擅，先考郡邑之志，次搜名公之集，如宋景濂《白鹿生小傳》，如汪伯玉《查十八傳》，類各爲採輯。而至于名醫以術濟時，尤有益于人世，更不可令其與塵土俱盡，因廣輯以附之方技。

予猶憶與陶周望之論文也。周望之言曰：「今之爲文者其山民乎。余嘗行山中，村境既僻，有小富者，肅客入，衣屨更，器物遞出，盡藏而後已。拜跪爲都雅，特煩其應對，非書袋子語不以道。」因相顧笑曰：「夫山民欲以示侈也而見貧，示文也而見俚，示博也而見陋。」然則余之是輯也，其山民乎？半世青衿，十年俗吏，所見有幾，而漫欲徵典故之府，且非獨見俚與陋也，而更苦貧。凡國家之事，人所已言者則衆皆言之，而其記載不勝收；人所未言者則衆皆置之，而其載籍無可考。此正如貧女之綴絮衣，盡絮而止而厚薄不倫，雖所窘在絮，而亦足徵其拙也。

夫子有言，「述而不作」，此非夫子之謙言之也。書契以後，原無可作，如宇宙之止有一開闢，如國家之止有一開創，此外則不過時行物生，世位禪代而已。故夫子之作《春秋》，直因之耳。子長以下，其不可以語作也明矣。今昭代自典故而外，其著述流布人間者，非乘時而致位通顯，洋洋纚纚，以抒其一時得志之言，則抱儁才而不售，阨於遭際，以無聊不平之意寄之譏時慨世之談。總之不出此兩端，而「述而不作」之意蔑如也。余上不能爲得志之言，而下不敢爲不平之語，直以網羅舊章，守爲功令，删且未能，敢言述乎？書成，肅之過余，謂「既不言述，子且何居？」余曰：「昔米芾與徽廟之論書也，以蔡襄爲勒字，以沈遼爲排字，庭堅描字，蘇軾畫字。徽廟曰：『卿書何如？』曰：『臣書刷字。』然則謂余之以刷爲輯可也。」

〔一〕夏輯記：原作「夏輯紀」。
〔二〕國憲：原作「國獻」。
〔三〕金匱：原作「金匱」。
〔四〕餘苑：原作「餘苞」。
〔五〕劉舍：原脱「舍」字，引文出《史通會要》，據補。
〔六〕趙壹：原作「趙臺」，引文出《史通會要》，據改。

澹生堂讀書記卷下

尺牘

與管席之

前於鄒中涵長鬚者得兄手教，大破寂寞。不佞在白門，以朔則五，以日則甲子再周矣。處可有可無之局，當若置若棄之間，身如贅疣，味似嚼蠟，無足强人意者，獨以無味之中，頗得自在。不佞嘗謂天下之味皆有中邊，無中邊者惟淡而已。淡之趣，於位爲素，於修爲闇。吾輩積劫以來，爲名根作祟，每至當境，不免有沾沾自見之意。有此自見之意，於邦家必達之道，何啻崖州萬里乎？今不佞幸當閒局冷曹，固無奇也，即有奇安施，所以平平淡淡，循分度日，儘可作長行粥飯僧。不惟涉境自少尤悔，而反之身心，大覺愜然。此不佞近來得力境界也，兄以爲何如。白下山川自佳麗，寒署自寂寞，惟堪閉門讀書，自快蠹魚之癖。日來喜閱古人嘉言懿行，意欲自三代至國朝，將名哲品格之可採者，緝爲《古今範》，勒成一書，藏之名山，吾意足矣。但業須遍索之正史稗史之間，偶於記聞得數種，皆此中藏書家所絶無者，或宅上鄴架中一檢，不妨借閲。録竟即專人函璧。

與郭青螺

其一

冬將半矣，而改折一事，大司農尚無覆疏。倘以四方一切報災，勢難遍狥，或格而不行，爲之奈何。果爾則勢不得不以目下所徵之南糧，暫抵爲春明之兑運，在南糧則寧以有司之參罰聽之，此亦急則治標之意也。某因念貴鄉爲海内人文之冠冕，而庠序中乃無一卷經史以嘉惠後學者，真缺典也。業已行縣，多方購儲之矣。向見宇内名邦如新安、清源〔一〕、蒲陽、淮南諸郡皆有文獻志，豈以貴鄉可獨無之乎？則以千秋之名筆，表彰一郡之名賢，即老公祖亦有不得委之後來者矣，敢以此爲請。大約所爲獻者，即採之《豫章全書》中，已十得其六七。若文則採輯名公之著作，亦易事也。總之前賢之著述，易世之後，多至湮逸。如唐之文集最多者莫如樊宗師，其爲卷者二百餘。宋朝卷帙之盛莫過于周益公，次之則李文忠公，又次之則范石湖公，又次之則楊誠齋先生，其集皆百卷以外，今求其留傳於世者，何可得哉。所以文獻一書，關係不淺，望老公祖慨然力任之。一應筆札刊刻之資，則郡吏事也。某表彰前哲之意，頗亦不敢自後于人。即書架中所收者，乃古人之蠹簡殘篇，無不珍重藏之。但昭代之集猶爲易致，若宋元者則十不得其一矣，若漢唐者又百不得其一矣。蓋考國朝作者之富，獨王元美先生與老公祖可以相敵，然老公祖經濟之文更多於王，所以尤爲獨步也。今所收古人稗官野史之類，頗不下千種，至于記載朝政之書，更不易得。凡老公祖鄴架所藏，如宋元人之文集，除耳目常見之外，或前代與國朝記載及小史之類，俱煩命掌記者録一目見示。如向所未曾經目，則當借抄。在宋朝如劉須溪諸公皆貴鄉人，其遺集定有副本也。外一單，皆貴鄉前輩名公也，其集有存於其子孫者，并一查示之。

〔一〕清源：原作「青源」。按，此處當指泉州，有《清源文獻志》。

其二

昨所請文獻一志，蓋據不肖生平所見者，惟新安、清源及淮郡三府耳。新安係程篁墩所輯，而清源則林宗伯之筆也。兩志皆獻自獻而文自文，若貴鄉以高賢淵藪，著作名家，況出以老公祖之裁定，更當冠冕三志矣。大約《豫章書》中所載吉州名賢皆可入獻，特于奏議、詩文之關世道者，須更一採輯之耳。大約取前志略一覽，可得其規模梗概矣。承示《乾乾集》并《解老》二刻，如獲拱璧〔一〕。某家世受《易》，于此道亦小有管窺，正欲取古人簡易，不在舉業帖括之列者，纂爲一書，或當奉老公祖之成緒，而俟後日續之耳。

〔一〕 璧：原作「壁」。

與郭文學

貴鄉之文學節義，至歐文忠而盛矣，然而將作監未聞以著作名也。門下以翩翩振藻久矣，青箱世業，實在於此。不佞質素鈍而心則長，表彰前哲，尤所注念，故于貴鄉文獻一事更爲惓惓。檢校查閲，自知兩兄已饒爲之，但前輩之著作湮軼甚多，恨耳目之不逮。遠者無論，即如雷次宗有《豫章記》五卷，趙子直有《豫章職方乘》十五卷，此近在江右者也。又如廬陵之《先賢録》、廬陵之《官下記》，此近在吉州者也。今詢之博士中，固已不能舉其名矣，何況他書乎？所以《文獻》一書，誠不朽之事也，惟君家實式圖之。不佞蠹魚之癖〔一〕，年衰而嗜彌篤，性尤喜小史稗官之類，曾搜取四部之餘，似經非經，似集非集，雜史小説，裒而集之，名爲《四部餘苑》，函以百計，種以二千計，每二十種爲一函。俟成帙之後，聽海内好事者各刻一二函，此亦宇宙間一大觀也。然搜之者已十年，僅得一千八百餘種，不但不佞之心力竭，即世間之書籍亦竭矣。蜀中故多古人著作，尊公校蜀時，如《東都事略》、《蜀漢本末》、《益部耆舊傳》之類，倘可入《餘苑》者，願門下檢之何如。

〔一〕蠹魚之癖：原作「蠹魚之僻」。

與黄寓庸

暑中方早起督奴子澆花，忽得新喻君郵至手教，開函便如覿面，知兄念弟甚深甚切。大約宗師於棘試前，心手都自不給，而兄猶能惓惓垂念於林下故人，即此一段整暇之度，從何處得來。兄所處之地，儘可作表彰前賢事。宋元江右諸名家，如廬陵之周益公、劉須谿，吉水之楊誠齋，鄱陽之洪景盧，臨江之劉貢父、原父者，著作不下數百種，今海内盡已失傳。兄可加意訪求，即以其人，刻之其郡，俾海内一睹往哲之全書，亦古今快事也。浙中緝《著作考》，雖古人之遺書十不存其一二，而使後人尚識其著作之名目，猶有存羊之意也。合十一郡中，大約有八十餘卷。此書於世道無所關繫，而於吾鄉亦有小生色，書成當求兄爲弟一序之。弟生平不解作活計，每多待哺於人。今歲始躬督莊奴種數十畝，秋來便可收數百斛穀，自此可免饑矣。日來酷暑如灼，弟袒裸靸履，坐茂林下，視木蔭東摇則徙而東，西摇則徙而西，差以自適。遥望兄揮汗閲文之際，或念此況不惡也。《歸田雜詠》三十首，録呈一笑。

與徐季鷹

弟以半生食字魚，改作牛馬走，駑步屢頓，鈍退同於六鷁。僅此蠹魚之癖，日老日肥，汲汲焉訪求異書，搜緝殘編者，二十年如一日也。然苦于僻居海濱，聞見有限。必須相結同志者五六人，各相物色，而又定之以互易之法，開之以借録之門，嚴匿書之條，峻稽延之罰，奇書秘本，不踵而集。此亦人生之至樂，中天下而定四海，弗與易矣。弟知兄臺有此同好，不識可收弟於臭味之末否。

上李嵩毓

某海濱豎儒，聞見寡渺，井蛙夏蟲，未足云比。惟是墮地以來，賦此蠹魚之癖，每誦蕭南郡之言，「早知窮達有命，恨不十年讀書」，輒不覺顧影自失。古人以聲音之道通於政治，而況當同文之世，使後學承譌蹈舛，何以昭清時之盛事乎？向承下詢許氏《説文》。今行世者，徐鉉之删定十五卷耳。若李陽冰之刊定二十卷，某向未見也。此外如徐鍇有《説文解字繫傳》三十八卷，又《説文韻譜》十卷，僧曇域有《補説文字解》三十卷，唐李騰有《説文字源》一卷，包希曾有《説文補義》十二卷，梁有《演説文》四卷，此皆徒存其名而其書不可得矣。古來裒集之盛，莫過于顏真卿《韻海鏡源》三百六十卷、宋《雍熙廣韻》一百卷、孟昶《書林韻會》一百卷，曾有一存者乎？即如前所示，薛尚功有《鍾鼎韻》七卷既不可得，而尚功亦更有《鍾鼎款識》二十卷、《象形奇字》一卷，并不可得也。其衍之著述，今世所見者惟《學古編》一種耳。若其他如《説文續解》四卷、《鍾鼎韻》一卷、《周秦石刻音釋》一卷，皆不可得也。若宋之洪适《隸釋》二十七卷、《隸續》十卷、《隸纂》十卷，尚未得寓目焉。至如楊升庵最精字學，有《轉注古音略》五卷、《古音餘》五卷、《古音附録》五卷、《古音叢目》五卷、《古音獵要》五卷、《古音例略》一卷、《奇字韻》五卷、《韻林原訓》二卷，然某之所得者僅三四種耳。近代之書尚然，而況於竹書蝌蚪、瓊笈龍文之秘乎？所以嘆遺編之寂寞，今古有同慨也。所望台臺以補天五色之餘，爲振古千秋之業，集一代之大成，令海内問奇之士曠然識宇宙之大觀，其仰佐聖世文明之治不淺矣。某之願執箕以請事門墻者，寧獨竊比於桓譚之深嗜乎哉？昨蒙傳示郭大司馬之《泉史》，此書原係抄本，向留家中，未曾攜得，家鄉數千里，未能卒得也。即錢幣一書，見於藝文志者，有梁顧烜之《錢譜》一卷、唐封演之《續錢譜》一卷、《錢圖》一卷、張説《錢本草》一卷、張台《錢譜》三卷、宋董逌《續錢譜》一卷、杜鎬《鑄錢故事》一卷、洪邁《泉志》十五卷、《歷代錢式》二卷，今皆不可覓。某所收藏者，惟洪邁之《泉志》及郭大司馬之《泉史》，并羅近溪先生之《大明通寶義》三種耳。然欲以考覽古今錢法通塞事宜之利弊，則杜氏《通典》、鄭樵《通志》之《食貨》、馬端臨之《錢幣考》、王學使之《續錢幣考》已盡其梗概。私計台臺裁成輔相之手，佐宇宙之盈虚者，自有心上之經綸在，其土苴視之也久矣。敢因下詢，而一畢其款款。

上畢東郊師

某以三十年弟子，今駑力衰矣。功名固不敢望人，利慾向非其所溺。生平惟有一段似迂似癖，遑遑然採古人之遺事而裒輯之者，飢以爲食，寒以爲衣。然自入仕以來，曾無經年累月可以杜門著書之日，今所成不過數種。而至如《牧津》一書，則二十年精神之所凝注者。半世浮沉，皆迴環州郡之間。古人稱三折肱爲良醫，門生醫未能良，肱則折矣。故於前賢得心應手之妙，一見頗知其作用。今以綱領一卷奉覽，自可略悉其梗概，更懇大筆序之於首。

與竹居宗正

向所語及中州高士阮太沖，定博雅君子也。不佞欲合河北三郡爲一志，名爲《河朔外史》，而體裁不同于郡乘。意欲煩此君大手筆，共爲編摩。但此中僻陋，無典故記傳可考。不佞少具筆札廩餼之費，邀此君即借寓于尊府，可以抽萬卷而考遺書。俟採緝已有成績，然後延之滏陽。借十里之荷香，成一代之新史，似亦快事。望翁臺一商於此君，見示爲望。

與陶公望

往友人鄭孔肩分教長興，每誇弟罨畫溪之勝，以不能一遊爲恨。今兄復誇弟以苕上乎。然苕上弟實往來者數數矣，雲蒸霞蔚，不能及山陰道上也；而布帆畫艇，茶竈筆床，夷猶竟日，則似勝之。但兄有一段未了公案，造物者方將驅之于石渠金馬間，寧能久擅此吏隱哉？如弟坎坷仕路，人世所無，然弟不敢有一念從升沉起見也。弟生平奉教師友，於盈虛消息之理，頗觀其微。年來每抱踰分之懼，急爲懸車計，而目今疆場多故，災變疊生，未知得完此一局否也。若豚子以少年而遊名場，未曾嘗入世之艱苦，所以諄諄訓以貶損，養宇宙之元氣，培一身之命脈，恐其不能奉以周旋，敢當台諭之獎成哉，益重弟踧踖矣。弟與兄爲三十年同社同志之交，而生平之素好，即兄亦恐未必深知也。弟今老矣，功名固不敢望人，利慾向非所溺，惟好裒緝古人之遺書，表章前哲之遺範。而追悔六十年之間，何曾有經年歷歲，專功於此之日。故如《紹興文獻志》、《兩浙先輩盛德録》、《越中隱佚考》之類，皆有志而未能者也。如《世苑》、如《友鑑》、如《前賢大事案》之類，皆已緝而未就者也。惟自通籍二十餘年來，迴環郡邑之間，曾緝有古今守令之事，足爲後人取法，名曰《牧津》，五十卷，分爲三十類，於彌變安民、化導肅法之事，頗爲詳盡。此書或於世有小補乎。至于《兩浙著作》之考，爲卷亦六十有四，於吾鄉前輩之著述，無不備載其名目，第尚恐有遺於耳目聞見之外。此二書者雖已成卷，然更當請裁于兄者也。近有一事敢與兄約：吾兩家世受《易》，豈可略于世業。復録得竹居王孫家抄本數十部，合之家藏，可得二百種，皆前賢專門之學。而吾浙藏書家惟苕上最多，有前賢解《易》之書，幸多方訪求，一一抄録。兩家各出所有以合之，緝爲《易譜》一書，亦大快事。尊見其許之否。

與潘昭度

天下真無無對之事。如弟嗜書，嘗自笑爲海濱奇癖，不意吾兄之臭味相合乃爾。弟爲諸生時，便耽志此道。大約覓書如覓古董，必須先具賞鑒，乃可稱收藏家。若只云漫爾收藏，則篋中十九皆贋物矣，雖多奚爲。所以每遇古人書，便須窮究其來歷，大約以《文獻通考》及藝文志所載者爲第一格，次之則前代名賢之著述，再次之則近代名賢之著述。然著述之中，以表章九經爲第一格，次之則記載前代治亂得失事，再次之則考證古今聞見所未及事。若只以詩文鳴於時，無論近時，雖前代亦不足甚珍。但漢唐之集存者最少，有一部行世者，即當收此一部。宋元人之集十不存一，而世人所見者，亦不過眼前抄襲字句，爲舉業家用，如歐、蘇、曾、王之類。不知如范香溪、李端叔、晁无咎、陳古靈之類，亦煞有大家風度。若張文定、韓持國、田表聖、尹師魯、文潞公、韓魏公、范文正公、司馬温公，雖不在字句中爭奇，然一代名臣，何可不收。至元人如王秋澗、劉靜修、貢玩齋、柳文肅之類，皆一代大手筆，與楊廉夫、王元章諸公以樂府詩歌鳴世者不同。故弟於文集中，凡宋元人遺稿，倘得寓目，亦無不抄録而存之。蓋文集一事，若如今人所刻，即以大地爲書架，亦無可安頓處，惟聽宇宙之所自爲銷磨，則經幾百年而不銷磨者，自有一段精彩，不可埋没者也，弟頗窺其深矣。至史之一途，自正史之外，所渴想者，無如《三十國春秋》、《三國典略》之類。其如書久失傳，何此皆載於《崇文總目》，在歐陽公時尚存，而今豈遽至湮没哉？或吾輩求之未廣耳。若小史之類，弟少年所深嗜，收羅亦頗廣。然此種最難分別，内中有霸史不可同於雜史，雜史不可同於記傳，記傳不可同於小説，世人辨此者少矣。即吾兄諄諄命弟所抄《宋遺民録》，如此一書，不可入雜史，亦不可入小説，中間皆敘述各人之記傳詩文，所謂似集非集而爲集之餘者也。以尊命之及，不敢不録上，殊無大佳，恐閲此不免作楓冷吴江之嘆耳。此外有《江南别録》、《五代史闕》、《文史纂異》，皆久無刻本行世者。若王秋澗之《玉堂嘉語》，則藏書家所絶無，俱可稱秘書。及《汴京述異記》一册，特寄尊覽。置之案頭，或可附於一瓣香作清供耳。前見貴郡閔子京兄緝有《湘煙録》，喜採奥書及韻事，斷是佳士。其引用書目雖不甚廣，然中有數種，弟知其久不行世矣，此兄何從得來？一單寄兄，幸爲弟特一詢之。往見陳晦叔作《天中記》及《學圃藼蘇》，所引用書目，皆以《太平御覽》及《廣記》中所載爲全書，即欲令人過屠門而大嚼，何可得哉。然閔兄定不作此行徑也。前所托補抄周益公《平園續集》數卷，必須多方一覓，即録賜以成完書，至望至望。偶得片隙，敢伸紙漫陳，知兄於此有深情耳。我朝會試、廷試二録，自開科至今，其板俱存禮部。此昭代大典，藏書家不可不存。知兄亦須辦此，并爲弟刷印一部，但一科不可使缺。所刷者即留之都門，弟自差人來領。至囑。

家書

手啓壹通

藏書事宜書付二郎、四郎奉行

我一生功名富貴，皆不能如人，而獨于藏書一事，頗不忝七八代之簪纓。此番在中州所録書，皆京内藏書家所少，不但坊間所無者也。而内中有極珍極重大之書，今俱收備，即海内之藏書者不可知，若以兩浙論，恐定無逾于我者。以此稱文獻世家，似爲不愧。只是藏書第一在好兒孫，第二在好屋宇。必須另構一樓，迥然與住房、書房不相接聯，自爲一境方好。但地僻且遠，照管又難，只可在密園之内外裁度其地，汝輩可從長酌定一處來。我意若起樓五間，便覺太費，而三間又不能容蓄。今欲分作兩層，下一層離基地二尺許，用閣柵地板，濕蒸或不能上，只三間便有六間之用矣。前面只用透地風窗，以便受日色之曬。惟後用翻軒一帶，可爲别室檢書之處。然亦永不許在此歇宿，恐有燈燭之入也。樓上用七架，又後一退居。退居之中即肖我一像，每月朔日，子孫瞻禮我像，即可周視藏書之封鎖何如。而此樓之製，既欲其堅固，又欲其透風，須我與匠人自以巧心成之。但汝輩定此一處，可吩咐築基也。發回書共八夾，内有河南全省志書二夾不甚貴重，此外皆好書也。有一夾特于陝西三十八叔印來者。若我近所抄録之書，約一百三四十種，共兩大卷箱，此是至寶，自家隨身携之回也。我仕途宦況，遺汝輩者雖少，而積書已在二千餘金之外，汝輩不知耳。只如十餘年來所抄録之書，約以二千餘本，每本只約用工食、紙張二三錢，亦便是五六百金矣。又況大半非坊間書，即有銀亦無可買處。故汝輩不但以體父之心，所當珍重謹守，即以物力計，非竭我二十年之心力、捐二十年之餘資，不易致也。今暫將發回之書，俱且放在大樓上，或東間西間皆可，待我回親手入架，不可亂動一本。仍照我大樓兩面廚式，共做六箇，只用一面開，一面做定，不必兩面皆門。高大闊皆與舊廚一樣，可以合式擺放。惟止安一本書，即深只二尺可矣。如有尋乾燥木料，即可動工做。蓋做完又須加漆，待我回日可以整書也。此事全委在四郎料理，即動我新置五八舅內田租可也。要緊要緊。其後面新造側樓，並船坊上樓板，皆須盤釘。而新門臺及門柱之類，皆用灰布重油，使其煥然可觀，與東西兩面披水窗門，皆用兩度黑油。此二事委在二郎專任之。其應用工料，四郎于自置田租內支用可也。此二項俱須在十一月之內完，倘旦暮得幸轉，急欲爲收拾書籍之務。今各書安頓未得其所，真令人夢寐不能忘懷耳。俱勿得遲誤。切囑切囑。八月十一日父手示。

書櫥定用在十一月以前做完漆好，俟一回便要整書。其木料必須堅而乾。切囑切囑。

起造事宜又詳示四郎

一、起造日期，徐尚吾所擇正當可用。其段木用十月初二甚好。若動土平基用二十八日辛酉，此日爲今年之歲沖，不如即用乙未爲妥。辰時不如卯時爲妙，以乙禄到卯也。在此時一面興工一面段甚便，須在戌上取土起手。

一、定磉用十一月初九壬申日最好。巳時、辰時皆可用，取丁與壬合也。

一、放階檐用十一月廿一日甲申日辰時好，同日用亦便。

一、豎柱上粱日用十一月廿一甲申，看通書雖有豎造所收，然此日乃十一月内之絶煙火日也，又與寅生人相沖，此不宜用。其十一甲戌日亦收豎造，但戌日值□星是伏斷，恐更當避。可再與徐尚吾斟一十全完美之日。第一要緊。

一、應段五架粱及穿架開柱眼之類，只看曆日上好日，再查通書無火星日，便可用之。不必合局也。

一、門臺之前須留餘地，此是正理，汝言甚可從。但廳屋前決無不用儀門之理。如面前無一墻，則兩邊皆不可用墻，近來宅子有如此散而不收者乎？造儀門而不用木椽，只如人家用石柱磚椽，此不過一墻耳，豈得以作層數算乎？若門臺之必用兩柱，大屋之止用五架粱，一皆如汝所言。但大廳在翻軒外用十八扇透地風窗門裝過，外仍用老廊六尺，決不用腰檻欄杆也。東邊臨河一門，不過爲便于登舟上下，只小小二扇足矣。此皆臨期可斟酌者也。

一、徐作我用之十餘年，未嘗有一毫壞我事，安可卻之。即汝欲用馬作，必須兩家同起，決無專用素不效勞之人者。潘作可專令起門臺，但與他説過，不好則前功俱不准，不如只安心專管兩邊側樓一帶及祠堂未了之事爲妥。

一、側屋且只填了地基。此屋須待我到家一段一段看地勢布置，每三間用墻頭遮住，只管面前行廊及屋棟處相齊，後檐只隨地爲淺深。然亦不可趁地勢斜來，只三間取直，寧可剩些地在外可也。

一、西邊側樓正當大樓棟下之處，須照我大灶之式，不用樓板，統造二間爲廚房，此屋即以分汝也。此處地基稍深，比東邊反多數尺矣。可于三十七房墻外留空地一二尺，可開一窗，略以通明，且可以容溝水之流出。此等處皆須臨事酌之者也。

一、買建杉已再三與何姊夫説了，須買三大船，作大中小三等買之，大約下價六七百金之間，發到家則八百餘矣。又須買油杉與里溪百二十者三四□，方足椽料之用。其樹寧可一期買，不可于柯橋零買也。

一、大料是第一要緊事。其磚瓦及石料，若發在百金之上，每人須再付數十金，總于寄回之内支用。

戊午曆

正月

元日。雪。賀歲畢，拈一題課兒輩。得五言律一章。「屠蘇飲漸後，白髮更盈顛。喜雪應雞卜，乘新理蠹編。問年松是叟，閲世水成川。獨有居園者，能忘順逆緣。」閲鄭端簡公《大政記》一卷。過蔗境，與爾器及兒子剖柑，因各賦元旦分柑七言近體。「十年官味澁如醯，剩得黄柑帶雪題。兒輩衹知談袖橘，吾家幸不被蒸梨。風霜獨老枝頭色，爓燦猶懸檻畔西。恰是春光方獻歲，可同斗酒聽黄鸝。」

二日。蚤起，櫛沐。得彪兒郡中招取報。午間雪稍止，登樓看雪。千巖萬壑，如玉峰參差，奇快欲舞。是日緝《兩浙著作》始，首輯杭州府。

三日。雪霽。謁先墓，歸閲《梅花雜詠》兩卷。

四日。入城，謁文廟。飯外家。

五日。五鼓起，督彪兒入試。午後看試卷，頗解人意。是晚發舟往甬東。

六日。微雨。渡娥江，行古虞道中。時梅雨方開，籬落間甚有韻致。

七日。密雲不雨。蚤至姚江，市書七種。内有于文定公《讀史漫録》，大有識力。《喬莊簡集》亦簡令有體。舟中讀之甚暢。午後雨甚。

八日。晴。日上春至鄞。謁王太蒙開府，予守吉時所受知者也。開府公積官三十餘年，門庭卑隘，榱桷〔一〕無增，族中子弟衣必易布，方敢進見。昔宋王文正沖澹寡欲，每見家人服飾稍加于常，即瞑目曰「吾門素風，一至如此」，亟令減損。故家人或有一衣近華，必於車中易之，不敢令公知。若開府者，庶幾有文正之風矣。是日瞻謁予座師玄洲公像。晚飲全長兄懋欽齋頭。

九日。蚤飯後，過候王弘臺公祖。是日會屠田叔，出示《國朝憨士傳》，云以寥寥故，尚未付梓。予笑謂此道吾鄉故不乏，即予之拙仕，亦其一也。他不暇枚舉，如吾鄉之楊廉夫、王元章、徐文長，此三人者，憨態不在顧長康下，不可謂吾鄉乏才。爲之撫掌。薄暮，全次公思若携酌天寧寺。漏下一鼓乃發舟，時雪已霏霏着篷帆〔二〕間。

十日。風雪俱狂。舟泊四明郵亭，推篷四望〔三〕，大雪瀰漫無際。欲覓友人作白戰不可得。呵雪水研墨作詩。復檢甬東所市書二十餘種，内有熊仁叔《象旨決録》，此我朝解經第一手，覓之數年，如渴得飲，急取讀之。時雪從篷隙〔四〕入，遍滿几席間，余以一氈褥擁身，都忘風雪，因跋爲辟寒編。

十一日。霽。日色與雪色，皓潔射人心目。是日立春，行人俱踴躍稱快。閲沈肩吾《易學》并劉濂《易象解》〔五〕二書，俱不及熊，而亦能間出所見。若張文潛與謝文節二先生集，余架中舊已有此，此特紙板佳勝耳。

十二日。大霧，舟如行滄海中。午至姚江，更入城覓書。見沈長卿《弋説》，要亦近日少年家所學李卓吾及袁中郎派也，然中間亦有自開眼界、硬豎脊梁處。秉燭爲閱竟乃寢。

十三日。飯後至上虞，令公出相訪，隨報謁。及渡娥江，已燈火相屬矣。

十四日。蚤至家。閲諸兒郡中録考案，俱在前列。督奴子園中掃雪，時梅花强半爲雪所損，甚爲悵然。

十五日。舉文昌社，甚盛。首事者爲駿兒與豸姪。

十六日。作《世苑概》並小引十四條，頗有佳趣。

十七日。學使者至郡城，諸兒俱入郡就試。

十八日。入城視鳳兒、豸姪試。

十九日。在城視麟兒、駿兒試。

二十日。得彪兒郡試案，倖居第一。小子踰分實多，深爲勉勵。

二十一日。天色頗朗。至恒圃，時雪水方漲，瀰岸浸堤。

二十二日。因得吉州郵致書，見學使者考案。名士居前矛者不乏，甚爲故人稱快。

二十三日。彪兒入試。是日雪寒甚，舟中擁爐坐，彪兒於燈下録呈試卷，閲之頗可開顔。

二十四日。雪止，而陰寒不減。午後步書肆間，索書得十五種。内三先逸書，有《珊瑚林》二卷，爲袁中郎所著。其首舉妙喜「格物物格」之語，猶諺云「我要打他，反被他打」，今人盡一生心思欲窮他，而反被他窮倒，豈非「物格」。如此拈舉，正恐子韶復趯倒臺盤矣。蓋妙喜不爲子韶死語所繫縛，故轉此一機，而杲公所引明皇揮劍之事，正從無交涉中轉見活機，乃中郎云云，何異作擔板漢語耶。内《半峰語録》一卷，有寂照老人題，亦多葛藤。

二十五日。返棹。《杭州府著作考》完。

二十六日。與宗黨昆從小集。是日輯《紹興著作考》起。

二十七日。從王堇父處借得孫簡肅公《嘉言便録》，如所云「人生未老而享已老之福則終不老，未貴而享已貴之福則終不貴」，真足醒世。

二十八日。同爾器弟攜駿、彪二子過何家看女。

二十九日。入城。賀監司吴□公祖。吴故爲吉安守，因共言吉州事頗悉。夜雨如注，達旦不止。

三十日。内兄王不敏及何甥來，留宿齋頭，談至夜分乃寢。

〔一〕 榱桷：原作「榱桶」。

〔二〕 篷帆：原作「蓬帆」。

〔三〕篷：原作「蓬」。
〔四〕篷隙：原作「蓬隙」。
〔五〕劉濂易象解：原作「劉易像解」，據書目稿本改。

二月

朔日。赴普慈庵放生會。爲吴徵君題《道園明月圖》。徵君名□，唐僖宗時屢詔不起，特稱文簡先生也。是日吉州布衣陳生應椿至，聞彼中士民去後之念，且備陳去年驟水，不減丙辰，而下流更溢，久注不退，罹患更甚。深爲并州感嘆。

初二日。借閲《魏鶴山文集》，遺缺者已過半。内有《周官折衷》三卷，可録出另行者也。聊一識之，以待再覓。

初三日。得鉛山公笪赤如寄至書。笪故公車時舊交，有兄弟之好。書中亦備言江右之輿情頗詳，不知十月太守，有何惠政，而人情乃爾。自是彼中風俗之厚，要亦清議常明故耳。併得寄録《皇明大政記》六卷〔一〕。此書爲玉山夏浚所輯，考據詳核，信而足徵，本朝一良史也。予得之姻家陶别駕處，然中缺十六卷，每閲之輒以爲恨，因托赤如兄轉爲抄補，乃能千里緘寄，真延津龍劍再合矣。笪公真信人也。喜□

者終夕。

初四日。作書報鉛山公。下午爲予妹商家姑手削苦節狀，以諸生有公舉旌節故也。

初五日。爲兒輩試事，入城報謝郡邑。是日得書七種，内有《仕學類抄》六卷，爲黔人劉□□所輯，多類學究事，而亦自苦心。

初六日。從王堇父借得《會稽掇英集》，乃閣中宋本，真不減趙子固見定武[二]刻，漱手展玩者竟日。

初七日。久雨初霽，神色開爽。

初八日。乘日色整書，并得借録元次山《漫叟拾遺》一卷。

初九日。至恒圃。

初十日。兒輩於市肆中買得《王辰玉集》一部。卷首數序俱佳，内陳仲醇一序敘生死交誼，頗爲酸楚。

十一日。天氣甚燠，體中小不佳。

十二日。輯《紹興著作考》完。

十三日。赴朱五和招。是日同錢麟武、商等軒、謝宛委共集宜園。園依山臨水，而軒楹委屈，結構不俗，亦越中一佳園也。蚤起風雨甚惡，余以宿約不可辭，賈勇赴席。比至中途雨止，而後聽溪聲更快。席罷宿舟中。

十四日。晤王墨池京兆，備詢其年來苦行修持曾否得力，因知趙州「除却二時粥飯是雜用心」，此語殊不易承當。午後西風大作，船出郭便不能前。晚泊霞頭。

十五日。蚤飯後方抵家，風色如昨。是日緝《嚴州著作》起。

十六日。霽。錢伯常過談齋頭，因言其婦翁王老爲鬼所祟，衣袖無火自焚，左臂如蟲嚙，皮骨都成空朽。聽之頗奇。余笑語伯常，子瞻每强人説鬼，姑妄言之。今兄不是妄言，若日得如許事，《夷堅志》不難續矣。

十七日。得舊寅沈五知寄至《國朝紀録彙編》。是書爲少司空沈清宇先生所輯，而侍御陳公刻之江右，國典叢談，大概畢集，但今上而後闕如也。

十八日。赴張葆生、王不敏招，集鏡波館。因携兒輩過阜莊。園亭新構，頗有小致，較雕飾藻飾者殊勝。是日文宗發郡庠卷科舉案，麟兒不與。此子苦心而屢試輒阨，爲之悵然。

十九日。得新淦王令君書。令君名立轂，爲恒叔給諫子，精通禪理，饒豐致，與余一交臂而輒不忘故人乃爾。

二十日。得黄貞父書，并寄至《吉州校士録》及《學約》諸書。貞父兄舉業爲近代名家，其取裁大較以豐骨法格爲主，閱所録文，文體爲之一變。至手札勉慰諄懇，尤不勝千里故人之念。

二十一日。天色晴朗。至恒圃，督奴子栽桑。余笑謂諸兒，吾遺汝輩十千頭木奴，自今日始矣。

二十二日。有賈人持蠹餘殘書來，市得三十餘種。内有陳植《木鍾集》〔三〕。此宋人解經史語也，頗類王伯厚《困學紀聞》，不免作頭巾氣耳。他如楊鐵崖《史義拾遺》及新刻張獻公《曲江集》，皆佳本也。

二十三日。春寒甚厲。蚤起，四山皆有積雪。先一日狂風驟發，聞近村有舟行被溺者數人，救之不能及，甚爲愴懷。

二十四日。寒不解而日色甚朗。下午，門人鄭光烈來。

二十五日。將午，舊永新令周君奠維見顧。周方以兩臺之糾，意殊不自得。余劇言吾輩升沉顯晦，事皆前定，即當道之手，亦特爲造物所轉，無足介懷。是日見惠《歷代相臣傳》。此書板在楚省，余覓之數年不能得，今甚愜渴嗜。是日兼得安成陳令君書，并郵至陳荆璧侍御手札。

二十六日。入城。報謁周奠維，並過友人家觀書。

二十七日。武林居停主人來招兒輩爲應試之寓。余因念戊子應試時，始主其家，即四子亦半未墮地，今復如阿翁昔年事。古人以三十年爲一世，有以哉。

二十八日。得方伯蕭九生公祖寄至《金華志》并《浙江通志》。余方輯《兩浙著作考》，正需檢閱，得之甚快。

二十九日。録完《會稽掇英集》，同兒子手校一過。

〔一〕皇明大政記六卷：按書目稿本著録「皇明大紀三十六卷　四册　四套　夏浚」。
〔二〕定武：原作「武定」。
〔三〕木鍾集：原作「木鍾臺」。按書目稿本「濬室陳先生木鍾集十一卷　四册　陳植」，據改。

三月

朔日。赴普慈庵放生社。是日輯《嚴州府著作考》完。

初二日。天氣晴和。園中桃李盛開，竟日坐花下，甚適。此亦十年風塵中未嘗之味。是晚得趙紫房公書。趙故吴郡守，余令長洲時所朝夕受事者也。并得鄒南皋手教，所云最慕福慧雙修之人，豈亦有慨而然乎。

初三日。將晡，得彪兒入學報，知并得應試。

初四日。太和王公雲岫及龍泉公有札相問聞。

初五日。入城視彪兒覆試。

初六日。還園。得坊間有《讀書一得》四册。取閲之，爲新安人黄訓所著。凡四部中所經目者拈取一二段，略附以己意，故名「一得」，雖時有獨解，然終不免爲夜郎王事業耳。

初七日。作書報趙兵憲，并答鄒南翁。

初八日。風色甚恬，至恒圃課農事。

初九日。天氣驟熱，衣單衣猶流汗被體。

初十日。學使者命新進諸生暫行謁廟禮，仍俟案到送學。此例亦起於前乙卯，今遂爲定規矣。

十一日。南池方成，督莊奴畜魚池中，忽報總河王大中丞已至蓬萊，遂趨謁舟次。是日爲余初度，同爾器弟及諸子晚酌。

十二日。得安福陳公書，并得鄒濾水寄至諸刻。是日宗師校越事竣，遂赴甬東。

十三日。清明。日色晴朗，農家以卜豐年。至恒圃督奴子插柳。

十四日。作書報黄貞父兄，并作書弔郭大司馬夫人。

十五日。輯《寧波府著作考》起。

十六日。讀王玄亭師《鈒鏤稿》，内載寄余青衿時書，不勝知己之感。作五言古詩一章，并作書奉訊。吾師壬癸間爲越郡司農，一時名士多在其門墻，而余之受知尤深，惓惓以千秋之業爲期，亦情見乎詞也。

十七日。展先中憲墓。是日得鄒生子尹書。子尹，故高才生，余守吉時所倒屣論交者也。

十八日。得監司臺沈何山公書。薄暮登舟，展先通奉墓。

十九日。午後渡臨浦，晚宿墓庵。時雨甚驟，與爾器對榻，頗以墓穴縈懷，夜不成寐，因口占五言，以識永念。

二十日。謁墓畢，會墓鄰諸父老，席間因詢及土名「四卦」何故。有言昔羅隱微時常買卜于此，每日止以四卦爲則，過此不復再卜。山趾下有泉一泓，清澈可飲，至今猶稱爲「羅隱泉」，是其遺迹。事之有據與否，余亦不能考，姑識之以俟修邑志者所採。

二十一日。發魚鱗闢，大風，午後抵家。時吉郡士紳遣使相詢者，劉憲副斗墟、羅給諫匡湖，及孝廉劉君學成，并諸生中知交者十餘人。因知青原道場，大有次第，一滴曹溪水，今當遍滿螺江矣。爲之暢然。

二十二日。入城。以兒輩送學有期，報謁廣文先生。

二十三日。又得吉水温令君及舊寅郡司馬李台在并鄒南翁手書，方知五賢祠之舉，念之令人愧汗。薄暮，得鳳兒科舉信。

二十四日。作書報螺川諸公竟日，腕爲之疲。

二十五日。竟日書齋，書盡一卷。

二十六日。赴茅氏題主，茅故征東時戰將也。是日，恒圃始下種穀。

二十七日。與友人登蕺山，賦懷古詩二章。

二十八日。作書答文水君及鄒、羅二先生，且爲通奉公求墓表於南翁。

二十九日。申太僕玄渚寄至《申文定公祠堂記》并遺集一部。

三十日。掃先外祖母墳。

四月

朔日。蚤起，得友人寄至書數種，内有《西溪叢話》，爲剡溪姚寬所著。寬亦南宋時名流也，語多雜出似説家。然《文獻通考》則以爲《殘語》，未知即此一種否。近午，赴放生社。

初二日。有人自武林來，傳許靈長年兄物故，不勝人琴之嘆。靈長與余二十年同調之交，復以庚子同舉于燕，情誼素篤，聞訃爲愴然者累日。

初三日。按院觀風試。時麟子以科考見遺，意興都懶，余促之就試，以振其餘勇。

初四日。讀《申文定公集》有感，爲賦詩四章。并題新祠十四韻，寄復太僕。是日并聞錢伯濟兄之變，爲太息者久之。兩日間兩聞故人之訃，人生真電光石火矣。

初五日。入城送邑父母請啓，爲兒輩送學故也。

初六日。天氣蒸濕如甑。薄暮，大雨如注。

初七日。彪兒送學。同二三縉紳後，張筵以款邑父母并廣文先生。酒方數行，忽報陪巡者已至郵亭〔二〕，邑父母遂倉卒別去。申刻抵家，具杯酌與爾器弟言別，器弟以赴試之都門。

初八日。緝《寧波府著作考》完。

初九日。從王堇父借得《東國史略》，蓋朝鮮歷代小史也。自箕子以後，僅再易姓耳，世祚類多綿遠，豈禮教之所遺乎？然中多附以神怪語，畢竟是夷方稗史。

初十日。寄慰萬惺新年兄，時居内艱，并作萬母輓章致奠。

十一日。作書寄譚聖俞。聖俞客歲買舟渡錢塘，訪余山陰道上，真有古人千里命駕之意，念之使人不忘。

十二日。日晡尚高卧。時得同年廣州林公書，并得寄至《廣東通志》，乃萬曆間郭光禄棐所修。略一檢閲，可爲寰宇通志之最，蓋此志出黄宫詹才伯手，即近所增入，亦自有條，而一府一志，尤便檢閲。若吾浙通志，創自督學薛方山，過於簡嚴，閲之頗有寂寥之嘆。且爲時亦六十餘載矣，而當事者未有言及於此。一方文獻，豈真迂闊事哉。

十三日。園中芍藥盛開，坐花下，命兒輩烹園中新茗賞之。

十四日。檢書。偶從舊家得《文潞公集》。敷奏之牘，十居其七，有奏必有批答，詞氣和暢，一如師友之體，不獨見潞公得君之專，亦見宋朝優禮元老之至。

十五日。得范元辰年兄寄示《天一閣書目》，并見貽司馬文正公《稽古録》。此書大約與吕成公《大事紀》相類，晦翁獨稱其簡要有體，恐亦公編摩《通鑑》後所成也。

十六日。晤王弘臺公祖于途次。王抱西河〔二〕之慟，心緒殊不佳，爲之惘然。

十七日。以彪兒入泮告廟，是日會宗族飲。

十八日。輯《金華著作考》起。

十九日。聞郭天谷、周斗垣二公祖至越，雨中特入城相晤。時二公以齎捧行，爲辭按臺也。

二十日。大雨竟晝夜。登樓遠望，四郊白水瀰漫。聞之父老云，數年來無此驟漲。

二十一日。雨連綿不止，水勢益進。

二十二日。雨稍霽，然天氣蒸濕，一日兩浴，猶汗淫淫不可止。

二十三日。曉大霧，日中略開朗，蒸濕如昨。午後大雨傾盆，庭除頃刻水高二尺許。晚發舟往西陵。

二十四日。蚤飯江寺。寺故江淹所捨宅爲香火者也，兩塔以磚甃之，今稍頹然，相傳爲六朝時物。將午，至西陵。輿人不致，遂散步莊亭，登望海樓。下有江孝子祠，祠中豎一碑，題「取石」二字。余因記江革有至行，時廣陵王僭擬無度，朝廷以革爲方正，特拜東越從事，秩滿以一舟歸，而傾欹不能渡，乃取西陵石數片實之。此與鬱林太守事若出一轍，但錢塘一渡，横絶江面不過十許里，而此舟不知發向何處。豈滄溟之變，即此洪流亦通塞不常乎？登望海樓，得五言二章。

二十六日。蚤渡江，寓張氏新居。張兄卿子與章華甫同居，兩兄皆快士，張更博洽嗜書，臭味相合。

逆旅中得此賢居停，甚暢。

二十七日。藩伯蕭九生公祖、鹺司陳望川先後來訪，余隨報謁。因得西昌兩曾生書。曾生大奇與文饒者，父子也，而皆負時名。亹亹尺幅，頗深故人之念。

二十八日。晤周斗垣公祖。以一柬寄候楊弱水。向聞楊有暴客之警，相念殊深。是日復會馬□□、荆璞巖兩年兄。時兩年兄方榷南北關。

二十九日。送爾器弟出關，即同飯門人周生之植家。

〔一〕陪巡：原作「倍巡」。

〔二〕西河：原作「河西」。

閏四月

朔日。午後赴鹺司陳公席，時同席者爲曾儀部金東。曾故吉州高賢，精禪理，爲世外之品。坐間俱不作寒暄語，頗得聞所未聞。

初二日。蕭公祖招飲柳洲亭，復與曾儀部公同席。是日風日晴爽，而下簾扃户，閉置一亭中，顯者設席大約多此苦。

初三日。弔同年許靈長司理。余自聞靈長訃，每念之輒哽咽不勝情，至是始撫棺一痛。見其遺孤亦已能應對答禮，差爲故人稱慰。午後，赴真法侯公祖招，時同席者爲同年范元辰。

初四日。過訪吴伯霖兄。伯霖有薖園，大可百餘畝，兩郎君讀書其中，余爲坐談者移晷。别後，赴周君翼平酌。晚從萬松嶺入城，明霞繡茂林中，景色如畫。

初五日。同居停張卿子及鍾瑞先覓舊書，得五十餘種，然蠹餘斷簡，居其强半，此皆平日所渴嗜者，甚爲暢意。中有抄録《闕史》二卷，爲唐人參寥子所輯，竟不知爲誰氏子也。

初六日。渡江。至莊亭日已停午，欲游湘湖未果。

初七日。蚤抵家。出所市書以示兒輩，因笑此行奚囊中不止李廷珪墨一丸矣。

初八日。過王堇父齋頭。時有亂書殘帙堆積案上，予取得數種，如張南軒、章楓山二先生集，皆理學家可誦也。

初九日。餞張葆生於梅庵。坐中出示李長吉《昌谷集》，爲曾謙所注，援引證據亦詳，終是莊子之注郭象。王季重一序甚佳。

初十日。偕王不敏兄過恒圃。時方插秧佈種，兒童送餉者滿道，田家之趣，亦其一也。

十一日。輯《金華府著作考》完。

十二日。入城。往坊間覓書，得葉水心及蘇平仲二公全集，甚喜。

十三日。偕鄉紳旅謁直指公。

十四日。朱公祖往奠座師朱文懿公，予同年葉君公倍〔一〕，以同門故也。下午，同諸年丈款直指公于商等軒宅。

十五日。歸園。是日趙青巖過訪。趙故南駕部，與予有同官之誼，因述南中察事顛末甚詳。予業已墮甑視之，然亦不免增一番世態交情之嘆。

十六日。輯《湖州府著作考》起。是日課兒輩藝，命題七。

十七日。蚤起。吴中林生若撫齎同年荆璞巖書來。若撫能詩，工駢語，曾以諸生謁予吴門。今之過訪，以璞巖與鹺使胡公祖有彙刻昭代小史之舉，故托林生相訪。

十八日。檢輯《國朝小史目》。

十九日。仍檢書目。

二十日。檢史目畢，爲條次凡例，名《昭代徵信叢書》。

二十一日。賀新郡公張泰符公祖。是日聞奴酋突發，撫順失事，大帥與全軍俱没，遼事幾不可爲，爲之墮箸。余自園居以來，終歲不閱除書邸報，至是亟索近報，不勝藿食之憂，取古人應卒制夷之略，爲作《遼事案》。

二十二日。以叢史書目，併作書報荆璞巖。

二十三日。得同年俞容自駕部書。俞故慷慨人也，書中惓惓以去年意外之處相慰，中引樂天居士「余固無如命何，命亦無如我何」，此真五濁世界中一服清涼散。

二十四日。作書報容自兄，并録寄《聞計十詠》。

二十五日。方伯王玄亭師同乃兄升齋公祖過訪小園。余令吴門時，師方以司農郎改南儀部，因得從虎丘、胥江間繾戀數日，别來更復十許年不復再瞻顔色。至是以角巾葛衣，一修故人之懽，契闊之餘，感舊更切，燒燭佐酒，遂至夜分。席中出所輯《意雅》相示，余爲展閲，頗倣《意林》之法，而精詳過之。師亦以《意林》未得寓目爲恨，余架中偶有副本，遂以奉覽。時坐中有長郎世兄者，向年一晤于武林，爾時方在丱角，今亦稱壯年矣。光陰之迅速乃爾。

二十六日。送王堇父北行。作家報寄爾器弟。夜雨達旦。

二十七日。大雨不止，水勢復漲。是日，作書報道州守梁大咸兄。梁與余爲同社同盟兄弟，又同上公車，别來踪迹，兩相疏闊，而自余家居以來，則音問不絶，余向有「四海交情逆境中」之句，殆爲此君詠矣。

二十八日。同陳範宇親丈奉款兩邑父母，漏下二鼓乃别。是日雨中得晴，賓主倍覺暢然。

二十九日。過恒圃，督莊奴捍水救禾。

〔一〕予同年葉君公倍：此處似有譌脱。

五月

朔日。夏至。是日，輯《湖州著作考》完。

初二日。作啓候藩參李鹿巢老師。李於庚子年爲儀司，余時以國子生就禮部試，拔余冠軍，遂幸獲儁。嗣後浮沉簿書，不相問聞者十餘年，至是始得以一言爲賀，不勝疏節之愧。是日，并作書寄居停張卿子。

初三日。會族中子弟從燕回者，知建酉已歸巢穴。

初四日。吴簿君過訪。簿君故吴門人，殊念余舊令之誼，故特令人益重并州之念。

初五日。一理蒲觴，坐中惟兒姪及鴻孫，真家集也。是日招林若撫，以别酌辭。

初六日。錢麟武招同錢伯常、陳範宇酌小隱山房。小隱故名王家山，宋皇祐間，郡太守楊公率僚屬過游其地甚樂，因爲主人易是名。當年亭榭以十許，各有標題，錢公輔爲之記。前人有詩鐫石壁，從苔蘚中尚可讀也。今此山屬麟武兄，山之左麓爲其尊公封樹，右構軒堂，幽邃精潔，明窗淨几，别業之勝，不減輞川。予爲賦近體二章。

初七日。至恒圃，時水已漸退，緑禾盈疇，見莊奴與各佃共集芸田，甚喜。

初八日。緝《嘉興府著作》起。

初九日。天色稍霽。是日，再檢閱《紹興著作考》。

初十日。再檢閲《寧波著作考》。是日課兒藝三題。

十一日。雨甚，且蒸濕異常。坐快讀齋閲楊廉夫《樂府》，盡二卷。

十二日。邀錢伯常、錢麟武兄小集齋頭，賓主共談甚暢。是日得譚聖俞手書，慷慨扼腕，道都門公議頗悉。天下有一人知我，死可無憾，此兄之謂矣，令人不禁知己之嘆。

十三日。蚤起得都運陳公望川書，爲其祖閣學芳洲先生致謝。芳洲公於己巳之變決策廟堂，計安社稷，功與于忠肅等，獨以易儲之際未能以生死去就爭，至今爲遺議。予讀其《續集》中代言之詔，有「進太子母爲貴妃，示重天下之本」，則公固已先計矣。善乎郭司馬之言也，「爲新主故主危，爲故主新主猜」。公所處之不幸，亦可悲矣。余守吉時，爲請之督學，崇祀鄉賢，復因都運之請爲序其集，故望川公以書致感，因并寄《來瞿塘日録》及《薛文清集》。文清故無全集，向年余曾覓一部寄鹺使崔抑庵公祖，今已登梓，公之海内，崔序尚及余名。

十四日。開霽。方有暑意。是日始聞新蟬。

十五日。輯《世苑》起。是後以畏暑不復出園外，科頭檢書，亦十餘年來未暢之樂。

十六日。輯《嘉興府著作考》完。

十七日。輯《台州府著作考》起。

十八日。得郭侍御振龍書。自余歸田以來，此兄惓惓慰藉者殆無虚月，此其第七札也。言吉中去後之情與南中公論甚悉，且力陳出山之期，情意懇切。侍御故長者，與余有道義交，相信極篤。然侍御例得與聞計典，而竟不能勝下石者之巧，余益信升沉之有定數矣。

十九日。暑甚。余納涼雙柏下，因思常潁士對韓持國之語，「袒裸靸屐，視木蔭東西摇，倚就之」，今日已身歷其境界矣。是日偶作書寄鄒南翁，頗以此樂自驕。

二十日。作《園居樂》二十章。

二十一日。作陸魯望皮襲美合刻序。兩先生有書癖，有詩酒園林之癖，余自附頗同素，故下語絶暢。

二十二日。作書報郭振龍，并寄孫瀟湘年兄。

二十三日。爲林若撫題《自可編》。

二十四日。得海門周師書，并寄《滁陽王文成公祠志》及《金剛經解》與《太上感應篇》。書中誨余以學在自信，相慰不淺。

二十五日。酷暑如灼。自望日以後無日不暑，雨止纔旬，而四郊頗有旱色，桔槔之聲達旦，聽之令人不能寐。

二十六日。作《世苑》小序，頗多快語。

二十七日。作書候畢東郊座師。吾師自持節巡方以來，聞問俱闊，今按事已竣，暫還子舍，故一修門墻之念。是日併作書候陳中湛直指。陳按江右時余方守吉，受特知者也。

二十八日。熱極。晨起即浴，猶汗下如雨。

二十九日。午後大雨如注，四郊頗稱霑足，暑氣亦稍解。

三十日。雨後天氣涼爽。是日緝書竟一卷。

六月

朔日。課兒輩藝五題，親爲點擲者竟日。

初二日。聞譚聖俞典試粵西。聖俞每與余言，吾兩人入仕來，未嘗一快意事。今此番聖俞可展其衡鑑矣，頗爲故人暢意。

初三日。曬書。

初四日。曬書。是日課兒藝三題。

初五日。微陰。袒裸坐池亭上，甚快，因成《恒圃雜詠》十絶。

初六日。《台州府著作考》完。

初七日。蓮池甚盛，坐青蓮藪，啜苦茗，相對立賞者竟日。

初八日。緝《温州府著作考》起。

初九日。曬書畢。數日來余躬率平頭奴三四人，刷蠹理朽，揮汗插架，由朝及暮，瞬息不停，真所謂我自樂此，不爲疲也。

初十日。

十一日。再檢所輯紹興諸府著作考，爲補十七條。此書已盡半年之力，而尚有遺漏如此，乃知著述一事，慎不可草草。是日課兒藝三題。

十二日。蚤起輯書。得陳襄範親丈郵致黄貞父督學書。此兄當校閲叢集之時，惓惓林下故人乃爾，即此一段整暇之度，那可易得，其掄才之精，不問可知。并得郭大司馬寄至《易解》，每卦總爲一論，此外有間拈卦爻之詞，雜引古人語以釋之，中亦多會心，可稱《易》之别種。薄暮，又得吴門管席之書，索火閲之，中多狂語自任，爲之一笑。

十三日。作書報貞父。書大略以學政只在寬嚴兩字，嚴于袪弊而寬于待士，嚴于請托而寬于持體，嚴于較閲而寬于憐才，直須使一片真懇之意灌注于鑒别予奪之中，此乃是七十子服孔子之意，亦孔子所以服七十子之道。予與貞父有千古之襟期，故率意言之若此。

十四日。暑氣甚烈，午後稍爽，至恒圃督農。

十五日。閲《自警編》盡五卷。課兒藝二題。

十六日。輯《温州府著作考》完。

十七日。微雨。是日方立秋，而後便覺有秋意。

十八日。雨後甚涼。閲李肇《國史補》盡三卷。

十九日。輯書。是日彪兒病暑，頗以爲念。

二十日。再檢《杭州府著作考》，爲補九條，得《新城》與《錢塘》二志檢入也。

二十一日。輯《處州府著作考》起。

二十二日。

二十三日。吉安舊役吏便道來謁，備道士民懷念之意，爲悵然者竟日。

二十四日。得南太宰沈公書，惓惓以出山爲期。沈公故主南察，而憐余于事後，何耶？

二十五日。再檢《金華府著作考》，補十一條。蓋最後始得義烏新志採入者也。

二十六日。秋暑更烈。是日麟兒赴郡試，彪兒體亦平復。

二十七日。作書報真法侯公祖，并致《歸田》諸詠。是日課兒藝三題。

二十八日。爲外父王翁作《高士傳》。蓋翁在日，每以表閭一事惓惓相屬，予藏于心不敢忘，今翁捐館已二朞，聊附於季子掛劍之意云耳。

二十九日。輯書盡一卷。

七月

朔日。題《道園紀略引》。道園者，唐處士吴文簡先生之遺迹也。其後人吴公鉉輯爲《紀略》，而索余爲之引。

初二日。聞開原又失二堡，爲之憤悶，賦《感時》三章。

初三日。入城，過外家。是日爲外翁諱日。便過郡學晤朱□丈，因得譚聖俞及韓鵬南書，故人之念，不淺綈袍也。

初四日。蚤起，得許玄祐寄至《松樞十九山》，閱之多小説家語，效顰洪景廬而輕聽漫書，多不可解。

初五日。得白門故人書，亹亹于察事之顛倒者頗核，乃知公議未嘗不在人心也。

初六日。托友人覓吴舫，是日至自越。此後可以筆床茶竈往來湖中矣，甚愜夙心。

初七日。棹新舫，同兒輩乞巧湖中，因戲成五言絶四首。

初八日。邀山人李南華書神扁四張，蓋夢中諸以所答神貺者也。

初九日。同李君檢藏書。是日課兒輩七藝。

初十日。輯《處州府著作考》完。處州於近來作者頗寥，而南宋以來名臣宿儒多出其地，盛衰循環，豈氣運所使耶？

十一日。輯《衢州府著作考》起。

十二日。至恒圃。緑禾遍野，與田父語甚暢。

十三日。風雨交作，至午後轉厲，及薄暮則大風拔樹，園中竹木擊戛達旦，一夕水高二尺許。

十四日。風雨晝夜不止，旦起視，橋欄飄泊都盡。

十五日。雨稍止。過恒圃視水，水已平堤。

十六日。作家報寄爾器，惓惓以背城借一爲望。

十七日。得麟兒郡取遺才案。

十八日。從錢麟武兄借觀瞿睿夫《武功録》，所輯皆萬曆間事。録名武功，而青衿與邑令相搆亦以採入，殊不可解。

十九日。入城。過書肆，補得《百家唐詩》殘缺者十三種。是日晚歸，見一龍冉冉掛雲際，龍尾時作屈伸狀。

二十日。再檢《嘉興府著作考》，因爲補六條。是日麟兒與豸姪先過杭就試。

二十一日。輯《衢州著作考》完。《衢志》修于嘉靖初年，文獻不備，檢閲無資，深以爲歉。

二十二日。再至恒圃視水，水不傷禾，深以爲快。

二十三日。課兒輩三題。是日輯《兩浙道家著作考》起。

二十四日。作書報周海翁師。因欲輯《浙學編》之舉，以向來理學、儒林分爲二門，似非合一之旨，故一取裁於吾師。

二十五日。作書寄吴伯霖與鄭孔肩。

二十六日。再檢《寧波府著作考》，有姓氏未確者六人，爲之改正。

二十七日。鳳兒、駿兒、彪兒赴省試。

二十八日。以舊橋爲大風所撤，因創小閣以便往來，是日命工興役。

二十九日。檢書。是晚漏下一鼓，得羅給諫匡湖寄至書，并得其和余《歸興》之末首。

三十日。輯《兩浙道家著作考》完。

八月

朔日。敬上神扁，宛若夢中所見。誠則必著，事固若此。

初二日。輯《兩浙名僧著作考》起。

初三日。秋分。是日晴爽，父老以卜秋稔。

初四日。作《敬詢兩浙名賢著作檄》，傳之同志。

初五日。輯書。天氣蒸熱如初夏。

初六日。得麟兒、豸姪書，知二子遺才已見録。一門子姪，俱列觀場，差慰懸念。

初七日。蒼頭從省城來，知典試尚未奉旨。三場之期，二百年來非大故不易。今太平無事，而七年之間已兩更期，亦時事之變體也。

初八日。督奴園中芟草。時將有武林之行。

初九日。晚發棹向西陵。

初十日。渡江。微雨。午間至兒輩寓，寓主人沈翁者，故人僕也〔一〕。余戊子年同内兄主其家，嗣此每赴省試輒主之。今沈翁之髮如雪，而余鬢亦蒼矣，追思三十年前事，恍在彈指間。且四子之中如駿、彪二兒俱生於戊子之後，今亦隨衆逐隊戰文場矣。

十一日。詢兒輩寓中課程并爲檢閲。

十二日。過書肆覓書，得十六種。内如宋人《方秋崖集》極佳，又抄本《越嶠書》載交南古今事甚悉，得之欲舞。

十三日。都運陳公來訪。余向以微服渡江，不令門役有偵帖，不知陳公從何處物色也。薄暮，有族中人攜酌來。是日始知典試者已得旨。

十四日。謁都運陳公。過江干訪吴伯霖。至圓通庵晤坐關僧，即向所爲募疏者也。

十五日。與鄭孔肩坐湖中小艇，快談極暢。是日同過黄貞父寓林，樹老石奇，是湖中第一境。沿堤至西泠，復至孤山，又攜手過葛嶺。閲閔氏硃刻書四種，精工之極。此簡編中清玩也，孔肩戲呼爲書妖。天色已暮，始從錢塘門歸寓。至寓，則居停主人已治具集兒輩待月矣。至漏下二鼓乃罷。

十六日。又過書肆覓書，得二十餘種。内有王明清《揮麈後録》三集共十卷。王氏《揮麈録》向所見止一卷，今其書乃數倍於前，因知前代之遺書，十九皆非全帙。更有新刻《朝鮮史略》，向欲王堇父本録之而未果，今見刻本，爲之絶暢。

十七日。赴周生席。飯後由金沙灘至集慶，瞻禮文昌祠。祠僧普秀出邀小坐移時，與余談往年造閣事極詳。蓋余以甲午讀書僧寮中，故三十年舊遊地也。復由靈隱過包氏園，復至傅氏莊，皆已有零落之狀。繁華銷歇，何必異時。至玉泉寺，問僧人索邵水部《三弘集》一觀，已不可復得。出寺門，由小徑至西泠登舟。舟中再酌數巡，泊船昭慶，燈火已熒然矣。

十八日。作書寄郭青螺公祖。適其冢孫金吾公以奉使取道于杭，聞其抱恙殊極，深以爲念，故草數言爲問。

十九日。過張卿子，出予《園居近詠》二十首示之。揚榷風雅，不忝索解人矣。

二十日。典試至。

二十一日。作詩五絶，書扇贈秀上人，以識舊遊之意。

二十二日。報謁曾襟簡儀部。坐中出示鄒南翁札，始知郭青螺公祖六月間已謝世矣。生平知己，相對惋痛者移晷。并得賀定齋諸公書，更以出山爲勸。是日典試者始入棘鎖闈。

二十三日。過鄭孔肩寓中。下午檢點兒輩入試事。漏下一鼓，即鳴金集諸生，亦見當事者之勤於事也。

二十四日。初場。天色開霽可喜。聞闈中旋風忽起，一巾同一題紙盤旋飄摇，沖霄而上，直抵雲際，極目不知其所竟。兒輩在場目擊，亦一異也。是日彪兒完卷最先，至寓始三鼓。駿兒、豸姪次之。麟兒、鳳兒先後至，時東方漸明矣。

二十五日。閲兒輩試卷，俱亦成章，爲之解頤。是日始知〔二〕留都試題。午後閒步登雲橋，於肆中得《沈下賢集》及《長興》、《西溪》、《雲巢》三集，皆素所渴嗜者，甚快。

二十六日。天色黯黯欲雨。過弔楊淇園師尊公。楊持節三吴時，余舉主也。

二十七日。兒輩試二場。是日鳳兒最先出。

二十八日。全世兄二哥來顧，語及遺才見遺事，爲之憮然。

二十九日。與曾儀部襟簡及淡居、玄津二開士小集集慶僧舍，復過靈隱，至包園。淡居爲紫栢和尚高足，而儀部又飽參老宿，此集可稱禪悦之會。

〔一〕僕：原作「樸」。

〔二〕始知：第二字漫漶，似是「知」字。

九月

朔日。兒輩試三場，天色寒甚。是日亦鳳兒先出。

初二日。攜兒輩赴鄭孔肩兄飯。時孔肩與兩郎君及余兒子輩俱有場屋之役，兩家父子兄弟集于一堂，藹然世誼也。余笑謂孔肩：「吾輩老場屋，則無景不歷，今兄更以進賢冠作舉子試，豈不令形影自疑乎？」孔肩亦爲之捧腹。下午赴都運陳公招。時曾儀部亦列主人席，余問儀部：「今日公爲賓中主，抑主中賓乎？」儀部笑而不答。復攜酌淨慈，同禮永明延壽禪師塔。過竹閣，再詢玄津。復登舟湧金門外，時已漏下二鼓矣。

初三日。亦赴席湖上。至昭慶，得《陳水南先生集》。水南先生名霆，弘正間爲侍御史，留心著述。其《兩山墨談》與《渚山詩話》皆膾炙人口。余向覓其集不可得，得之如見快友。

初四日。同鄭孔肩酌吴伯霖藹圃。圃廣可百畝，倚山臨池佳境〔一〕。伯霖、孔肩與余皆弱冠交，每戰棘闈，三人各自負得一當主者。乃余謬以糠粃先出，伯霖次之，孔肩以明經試第一，今復應省試。吴、鄭二兒方渤渤嚮用，而余已作歸田計，則信乎出處語默之間，即知己固不能强同也。

初五日。攜兒子輩渡江。是日知應天報捷，聞周無還兄已高録，深爲海門先生稱慶。賢者之後必昌，足堅好修之士。下午至西陵，小坐明化禪寺。薄暮放舟。

初六日。抵家，秋色已滿三徑矣。時晚禾已久熟，即至恒圃，督奴子刈稻。是日見南中小録，二三故人，入彀者殊寥寥。至山會諸士之試順天者，竟絶無一人登榜，則自是科始。

初八日。得吴公鉉借來《探驪集》。是日入城，報謁郡公祖。

初九日。兒輩治餚核二三，奴子駕吴舫，由道士莊至禹穴，泛舟猶夷。將至城，令蒼頭邀李爾癡山人來。余先數日已夙戒將禱于南鎮會稽之神，是日禱後方用飯。飯已，過金氏莊，山徑甚幽，溪溜一片石光潔可愛，惜棟宇不楚楚耳。出南鎮，至商太學耕烟圃。圃中修竹甚茂，而曲廊亦有佳趣。復至禹陵登舟，轉至朱太學宜園。宜園中有泉石之勝，而庭榭稱之，爲吾鄉園林之最，余每過必連留者竟日。時已薄暮，卒卒未暢。及返舟，則烟嵐滿道上，燈火隱隱林薄中，應接不能已[二]。歸家則夜分矣。是日謁鎮尊神，得五言律二首，過金氏莊居及耕烟圃與宜園各有詠。

初十日。過融光寺。寺僧淨光出伊蒲爲供，并訂遊山之約。

十一日。食新，薦先人前。是日麟兒從外家歸，象兒從何家姑歸，兒輩皆聚一堂。余自入仕後十五年不業農矣，至是始作歸田計，禾稻登場，亦一樂也。

十二日。同鄭光烈過恒圃。是日成《田家四時雜詠》二十八首。

十三日。雨甚。輯《兩浙名僧著作考》完。并檢内典經論諸序。

十四日。鳳兒、彪兒同鄭光烈至西陵聽榜。是日天色澄清，西風甚勁，一日加二衣，猶作寒也。

十五日。天氣更朗。日將午，彪兒捷報至，少頃即見全録。余四兒一姪入試，而幸售者乃在其少子，殊出望外。午後遣麟兒、駿兒渡江，因作手書訓彪兒，大概示以謙沖樸素，勉圖宏遠，毋令有少年得意之態。

十六日。作書慰金爾玉。更作一札示彪子。薄暮，居停主人送鹿鳴晏席至。得彪兒書，云晏回，及寓客散已漏下五鼓，而猶作手稟，頗井井有條，此子氣度亦即此可卜，爲之解頤。

十七日。以宴席告祖廟，重鉅典也。是日始見卷頭評語，知出於錢堅白父母之門。遣鳳兒渡江視其弟。

十八日。余作書慰鄭孔肩父子，時與彪兒相過從，具見世誼。是日，余所構水閣始上梁。

十九日。至恒圃。禾稻登場始畢。

二十日。錢伯常有札來，甚識通家之喜，且自誇看文字眼力過人。

二十一日。駿兒從杭回。得彪兒手稟，頗見遠大之志。

二十二日。製旗。

二十三日。李南華來書扁。薄暮雨甚。

二十四日。天氣稍霽。日停午，郡中所送旗曰「虎子先登」，以彪兒字虎子也。是日一鼓，發棹往省城，謁謝兩主考及院道諸公祖。

二十五日。蚤渡江，至省，謁胡小山公祖及林、張兩座師。

二十六日。得沈伯聲手書。伯聲，余老友，聞問相隔數年，至是書來志喜，尤見故人一體之情。

二十七日。從撫臺劉公祖處見江右舉士録。余所識吉安二三名士，獲售者得五人，深爲稱快。

二十八日。送張華老於北關。是日，鄭孔肩來寓中共飯，談至夜分乃罷。

二十九日。過鄭孔肩夜談。雨甚，簷溜竟夕不止。

三十日。宗族昆從之居杭者，舉公席以款兒輩。

〔一〕臨池：原衍一「臨」字，今删。

〔二〕不能已：原衍一「已」字。

十月

朔日。率彪子謁文昌帝君于集慶，并爲文昌僧作鑄鐘疏。

初二日。汪雪斑同年來訪，道上年南中事頗詳，自悔墮人計中。午後出江干，過訪吳伯霖。

初三日。渡江。兒輩舟泊錢清，余先以小舫歸。

初四日。宗黨各治饌舟中迎彪子，余止之不聽。日中抵家，祇謁祖祠并拜親族尊長。是日邑父母遣人送旗扁。

初五日。老蒼頭自杭歸，持直指胡公祖書并致郵符，頗惓惓以出山爲諭。

初六日。同彪兒入城，謁謝郡公祖及邑父母。是晚，發棹往虞江。

初七日。蚤渡娥江。午刻同彪兒謁謝房師錢堅白父母。晚宿文昌閣。

初八日。餞父母留款，席設鍾秘書拙園。别後復赴秘書及周奠維招。席散已漏下三鼓，夜宿舟中。

初九日。黎明渡娥江。至郵亭，適晤周無埶兒南歸，詢知周海門師道況甚佳。午後率彪兒謝金爾玉先生。彪兒三四年來皆從爾玉授經，師弟之誼甚篤，故自謁座師之後即首及之。

初十日。同麟兒、鳳兒至外家，時有外母之戚。

十一日。設席款省城與江干兩居停，并致酬勞之禮。

十二日。郡中迎宴。是日榷關荆使君、都運陳公皆致扁。

十三日。作文贈陳望川都運。陳公清操特至，在鹽司尤爲空谷之音，余甚心重之，故於其覲也，特作一文以相贈。

十四日。風色甚厲，雨達旦不止。

十五日。宴郡中諸公祖。是晚宿舟中。

十六日。天色開霽。是日爲彪兒加冠。

十七日。錢伯常來訪，并得笪赤如郵致書。

十八日。作文贈錢堅白父母。時同門諸君共具帳餞之禮，托彪兒乞言故也。

十九日。至恒圃，督奴子溉桑。

二十日。錢公以旗扁至，鄰邑舉此，蓋異數也。作一書報謝。

二十一日。應酬稍簡。檢一歲中所增書目，補入《經籍藏書譜》。

二十二日。小樓上梁。

二十三日。士紳公送郡公祖。是日得周海門師手書，深以兩家更益年誼爲喜。并寄《五燈法語》，蓋湛師所删剥也，去其機鋒語，亦近日略虚之藥石。

二十四日。爲彪兒書告祖文。

二十五日。告祖會親族。

二十六日。謁始祖及中憲公塋。是日，泰和曾生文饒來訪。

二十七日。雨甚。爲檢集《世苑》三十餘則。
二十八日。錢堅白父母至郡城，率彪兒造謁舟中。作書報管席之、徐仲美二生。
二十九日。同邑士紳餞張父母舒日。
三十日。黎明，安成鄒子尹來訪，并致其尊公四山翁書。是晚風雨交集，雨中發舟，往謁先塋。

十一月

朔日。五鼓抵下履橋，天色尚濛濛雨，侵明晴霽開爽。午刻謁先通奉公及先文林公塋。
初二日。爲融光寺關聖作重建殿宇募緣文。
初三日。蚤起，得楊弱水侍御郵致書，并寄端硯玉章之贈。
初四日。得蔡虛臺公祖書，寄至鳳兒闈中卷，業已爲本房所賞，而旋復失之。遇合之不可强乃爾。
初五日。錢堅白父母枉顧，治具相款，至五鼓乃别。
初六日。長至。集子弟祝聖，并謁先祠。
初七日。復檢《世苑》十五則。
初八日。款客。薄暮，遣家僮往省覓舟。
初九日。刻《曠亭小集》成。

初十日。至融光寺，集二三首事者，議經營建創事。
十一日。風雨晝夜不息。是日坐快讀齋檢書。
十二日。適母黨執昆從來顧，留款至秉燭乃散。
十三日。晤新喻公陳襄範親丈，聞江右棘闈之事頗悉。
十四日。治席款金汝玉先生。
十五日。至普慈庵。
十六日。得郭振龍侍御書，惓惓通家猶子之喜，并道其郎君卷亦見賞于本房。爲之嘆惜。
十七日。檢點行李。
十八日。發舟，率彪子謁告外母。
十九日。繇木柵至城，謁外父。薄暮乃歸家。
二十日。同彪子謁告外祖父母，晚宿舟中。
二十一日。郡公祖周愛日、王升齋來顧，治具相款。
二十二日。天色開霽。是日至恒圃。
二十三日。出訪同社。
二十四日。夜酌從子家。

二十五日。入城，報謁監司吴公祖。

二十六日。彪兒將北行，而長途不免縈懷，兒輩力勸同行，遂有出山之意。是日舟中作《曠亭小草引》。名曰《小草》者，真小草矣。

二十七日。檢書入架。作書報鹺臺胡公祖。

二十八日。得爾器弟燕中書，蓋始見浙録後第一札也。書中惓惓以豎兒之倖捷，當仰承祖德，培植元氣爲寄，真見至情。

二十九日。攜彪子謁融光□關聖祠，以耀裝行也。舟至太平橋，次兒鳳佳治具舟中。

三十日。麟兒往省，爲報謝諸公祖之式廬者。

十二月

朔日。蚤至普慈庵，與社中諸友言别。遂過融光寺，禮藥師經。寺中治伊蒲作齋供，同兒子輩及地方善信飯。

初二日。作書再訂鄭光烈，爲昔有同行之約也。

初三日。過恒圃。是日錢伯常來訪，拏舟竟至圃中。謂余將逼于出山，而猶戀戀作老農乎。相顧一笑。

初四日。麟子從省城回。

初五日。風甚勁，始有寒色。

初六日。得内弟王爾達少佐行李。是日始得定行期。

初七日。薄暮，聞商給諫冏卿之命，以八行爲賀。

初八日。作書寄鄭孔肩。是日麟兒具家宴言别。

初九日。作禮斗疏。午後遣人至武林覓舟。是日過别錢伯常。

初十日。金汝玉先生來送别。

十一日。鄭光烈來。余同彪兒謁□祖，告北上之期，并與親族言别。是日禮斗起。

十二日。午刻發公車。何甥治餞祖道，鳳兒、駿兒、豸姪俱同舟至西陵。

十三日。渡江，風日晴和。余便道過謁南宗伯沈公。宗伯爲余言南中内察時事顛末甚詳，且云公議即當時未嘗不明，不必日久事定，但一指障天，則明者不睹耳。坐語移晷。午後至武林舟次。

十四日。何甥、鳳兒、駿兒、豸姪皆别歸，余始放舟出關。晤關使者荆璞巖年兄，少談即别。是晚舟泊謝村。

十五日。遣家僮過候沈伯聲。雨中舟行甚鈍，未至崇德二十里停橈。

十六日。蚤至皂林。舟中閲鄭端簡公《今言》，盡四卷。

十七日。飯後過嘉興，令人訪譚聖俞。聖俞典試粵西，從粵西即入都報命矣。余遂掛帆行。司理段公惠一程，受之。晚泊平望。

十八日。午至吴江，作家報寄麟兒輩。

十九日。舟過姑蘇，風迅不停。夜泊王路庵。

二十日。渡滸墅關。關使者孫鳳林丈見顧，自述其尊公在諸生時，爲先通奉所識拔，且爲婚聘，亦異數也。惓惓以世誼爲言，足徵此公之厚。

二十一日。舟發滸墅關。是日立春，夜宿舟中，兩河居民爆竹之聲徹旦不休。舟中閱江右録程，摘取二策示彪子。

二十二日。午後過錫山。舟中檢束行李。

二十三日。蚤起，微雪霏霏，略有寒色。晡時風雪甚緊，平地倏高尺許。是晚舟泊毘陵驛。

二十四日。天霽放舟，行雪色中，平郊曠野，一望無際，雖千巖萬壑不及山陰道上，而茫茫銀海，更是一景。未至丹陽三十里泊舟。

二十五日。五鼓行，日中方至雲陽。值同年彭天承侍御舟，兩舟相觸，余作一札報侍御，乃解纜行。

二十六日。至京口。以春試之期頗迫，欲兼程從陸行。攝郡者謝客殊峻。

二十七日。始欲整裝從陸。下午過萬壽宫。

二十八日。呼輿人久不至，晚宿郵廳。

二十九日。渡瓜鎮。薄暮宿儀真公署，甚精敞可寓。時攝篆者爲郡司馬黄公，以酒餚見餉。同光烈、彪兒酌酒飽餐，笑謂光烈，吾輩公署中分歲自此始。

己未曆

元日。肅衣冠，從公署中祝聖。郡丞黄樵初來顧，隨往答拜。守署者促輿人至。時以春闈之期頗迫，即前往。四十里至陳堡橋，微雪霏霏不止。輿人不便於夜行，遂宿郵館。館傍一庵，數僧梵誦甚虔，因展具禮佛者移時。

初二日。行四十里，至六合縣，時城市中賀歲者肩摩于道。縣故無城郭，而民居繁盛，非彈丸地也。午飯署中，再行四十里，宿雷官集。

初三日。午至滁州。時海門周師以冏卿莅滁，招余及彪子與鄭生同飲衙齋。余别周師已兩歲，所欲面承明訓者種種。時世兄無還以次日上公車，束裝頗劇，酒數巡即言别。余因憶乙卯承乏職方，以春期閱武江北，追念今昔，爲之憮然。

初四日。蚤發滁陽，至關山，謁關聖神祠。自往來南北間，已四度此山矣。飯大柳驛。閲祝無功所書屏間詩，因憶昔年同張給諫過此，曾一踵韻，今已不復記矣。飯後再行二十里，至磨盤山。天雨不止，輿人皆沾濡泥潦中。薄暮始至紅心，宿民舍。

初五日。午至池河，尚密雲不雨，方行十許里，即風雨俱作。欲停輿則行李已先發，不得已，勞輿人以酒食，勉之前行。雨乃益甚，從者俱淋漓馬上，其夫役傾跌之苦，數步輒告疲。余心惻然，然勢不能止矣。索火燎于民居，夜行十五里始抵濠梁。時使客之車騎充塞公署，余僅得一茅店如斗大，主僕十餘，坐以待旦。

初六日。晨炊已畢，而夫役久不至，再三促之，以一二乞人來應命。余乃出錢去僱夫以行，渡河行六十里，宿黄莊驛。

初七日。宿雲橋。

初八日。曉行十許里乃霽，輿人俱欣欣有喜色。至宿州，日將夕矣。公署頗明敞[一]可居，余乃承暇作家報，及就寢已漏下一鼓。簷際作颼颼聲，少頃則窗隙盡白，推窗視之，已積雪寸許矣。夜寒甚，呼童子加衾者再。

初九日。平明起，天色已朗。詢之守署者，云去夾溝僅一程，途中無積雪，可行也。遂促輿人前進，方行十里至靈官集，冷風從輿隙入，着人面如刺。再行十里，風雪俱狂，乃暫避客店中。一老嫗拒客不肯納，恐暫住則無秣馬[二]飯僕之酬。余勞之錢，索火不可得。有徽賈烹松蘿茶一甌以進，啜之頗有暖色。余笑謂鄭生，茗能避寒，何必酒也。坐移時，風少息，雪亦旋止，遂行。宿夾溝驛。

初十日。午至桃山驛，飯畢方欲行，而損夫逸其三，追之不可得，余乃出錢募市民。大凡行李往來宿州，人夫必至沙溝乃得卸肩，中所經驛舍，止換馬及輿人耳。以一人之力，責以三百里之驅馳，宜其逸也。

守土者不爲之調劑，殊不可曉。未及徐州二十里，宿客店。

十一日。辰飯後至徐州。時同年高中白爲兵備使者，卧病在攝，以名刺來迎。至公署，令人訪周無還，則先一日行矣。同彪子過謁侍御萬惺新父母。侍御交誼有古人之風，與余庚戌在都門握别，已十年矣。晤間不勝闊隔之嘆，留余與兒子同飯齋頭，略飲數杯，復登樓小坐。樓南望雲龍諸山，頗豁胸次。因念乙巳春余得寧國令，取彭城，侍御留款者數日，時方築一塔於南山，侍御同余笑飲塔下，宛在目中。是日托同鄉錢參軍寄一家報。

十二日。曉發彭城。行里許，同年萬侍御以袖刀、牙章貺彪子。時兒輩已前行，余停輿作一札以報。午餉柳泉。至利國驛，已燈火遍市廛矣。時驛官已劣，轉以無賴拒使客，索薪水亦不可得，遂令奴子市米作晚炊。因笑謂兒輩，孟浪出山，乃爲傖父所揶揄，正所謂自取之侮。

十三日。行五十里至沙溝。主僕皆饑渴甚，少憩郵館，市胡餅充饑。再行三十里至臨城驛，始舉午餉。因追憶癸卯時與京口張伯樞同上公車，宿旅店中，有偷兒入伯樞舍，竊取其行篋。時伯樞一蒼頭極蹻捷有膽力，即從穴中追擒之。余輩皆從夢中起而鼓勇以助。次蚤，同市人共鞭之數十，乃舍而去。余每過此，輒語從者有戒心。是晚宿官橋。

十四日。辰刻至滕縣。午飯畢，行三十里，嶧山在望。余自公車以至計吏，五度取道嶧山下，而不及一登陟，將高山仰止之謂何。月下行十里，宿鄒縣公署。

十五日。行八十里至濟寧。此行雖藉郵符，而逆旅之況，坐待夫役，輒至移時。私計前途若爾，則兒輩春闈之期恐亦不及。時王太蒙總臺督河濟上，余以舊屬吏晉謁，欲藉一使以導之。兼程至州城，已日下春矣。是日以元夕，雖街市兒童金鼓雜遝，而燈事爛熳則不及江南遠甚，益信齊魯猶存樸茂。薄暮，監司臺周孟岩來會。

十六日。蚤謁總臺。余守吉時，極荷深知，比入謁，惓惓故吏之情，垂注更切，令人益篤國士之感。且郵符既藉飛檄，計沿途可得速發矣，旅況爲之頓暢。別後行九十里，宿汶上。

十七日。發汶上，飯東平州，至陽穀少憩，則日已晡矣。乘月行二十里，宿東阿縣。是日彪兒念輿人告疲，策騎獨行，失道他往，久未抵館驛，令人四顧，迓之乃歸。

十八日。曉行四十里，飯銅城驛。壁間有述新嘉驛中會稽女子所留詩。自徐以北，每郵亭多述此，不知何以令人惋惜乃爾。要以其無聊自恨之致，令人不禁作有情癡耳。然余家會稽，未聞有女子能詩者，或詞人有托之咏乎。晚宿茌平。

十九日。起，禱於關神祠。祠在茌山驛之右，軒敞〔三〕莊嚴，宜神之靈爽也。午飯高唐州，至恩縣已漏下一鼓。

二十日。午至德州。時同年林映蒼司儲德安來顧，劇語者移時，强余留飲署中。余以兒子試期甚迫，悵然言別。儲部處邸報甚詳，余自渡徐後始得借觀。以迫暮不能及景州，宿南流至。此名甚異，詢之士人〔四〕不能解。

二十一日。至景州，日尚未停午。飯後行八十里，至富莊。秉燭閱壁間詩，諸態畢備，客況悶悶，讀之不覺軒渠。

二十二日。曉行三十里，至單家橋，飯獻縣，宿河間府。

二十三日。午至任丘，再行四十里，宿鄚州，日尚未晡。同鄭光烈及兒子登文昌臺，臺甚弘敞，田大司馬所構也。一老僧樸實可語，指點成祖靖難兵過鄚州城，州城門戒嚴，繇城西渡。云傳之父老者，其言頗悉。

二十四日。曉行三十里，至雄縣。時令君方趨郡□，不能供行李之往來。有同年張定甫家居邑城中，因遣一价道意，乃促得輿夫以行。又六十里至新城縣。抵縣時已漏下一鼓，昏夜中不能辨路徑，而新城君又少年莅事，故欲摧抑過客，以示節省，覓一公署寄宿亦不可得，輿人躑躅者良久，皆相繼棄置街巷中。及借得一館，塵埃積床上尺許，詢之守館人，云二三年無過客宿此矣。不敢就枕，因與兒輩共坐達旦，此亦逆旅中一别境也。余於汶上郵亭中，見書壁者有云：「節省宜施于要局，而不當以冷局爲標。裁減宜出于上官，而不當以驛官爲市。」亦豈有慨之言乎？

二十五日。呼奴子作蚤炊罷，輿馬杳然無至者，不得已，令人持一名刺往。云令公方高卧，不可達。又候之許久，始徐徐有二三藍縷丐兒來，少頃亦相繼至，乃得發。行時日色已過午矣。晚宿涿州民舍。

二十六日。縣涿州至良鄉，爲程僅六十里，而夫役故多乞兒，途中時時逃去，亦時時索錢市飲食，不聽則欲棄輿走，蓋是時署印非正官，故人情多放縱若此。午後至良鄉。縣令周五臺，余同社友也，以公務出，余遇諸途，因道速行之意，遂得人夫以發。過良鄉而不至經宿坐守者，亦異數也。晚宿二店。是日見外計報，同年劉特倩以三月陽羨令，深得民心，而以此起謗。慎勿爲善，非虚語也，爲之太息。

二十七日。過蘆溝橋，天色方曙。余步橋上，令兒子縱觀皇都鉅麗，自此始日上春已。至都城，卜寓得城外紫金寺。

計家中北發至抵都，舟處者十五日，陸行者二十有八日，道路風塵與世態炎凉之狀備之矣。因次第筆記，寄示兒輩，知阿翁途中之況若此。

〔一〕明敞：原作「明敝」。

〔二〕秣馬：原作「抹馬」。

〔三〕軒敞：原作「軒敝」。

〔四〕士人：疑應作「土人」。

附　數馬歲記抄

編者按：《澹生堂集》卷十二載「數馬歲記」，撮述萬曆四十年壬子十月至四十一年癸丑十二月間事，約六千字。開篇云：「壬子十月，余奉部委，視馬江南北，故事僅以檄往，遂得乘行役以遂休沐之私。」祁氏時任南京兵部車駕司主事，管理馬政，壬子十一月末離南京，歸山陰梅墅，至次年十一月底返金陵，鄉居一載。以下摘抄「數馬歲記」涉及書籍之段落。方括號内爲編者所加説明文字。

【萬曆四十一年癸丑三月三日九里山修禊】晚宿舟中。次蚤，内弟王汝正邀過禹陵，遂乘便訪城南諸園，如陸氏野趣、朱氏宜園者，不下數十家，皆有小致。因歎吾越年來園林之勝，不減吴下，亦足占一時好尚矣。遂與肅之〔一〕及二三同調爲搜書之會，期每月務得奇書及古本若干，不如約者罰。

【三月十四日往游武林，二十九日渡江返山陰梅墅】是行也，得七言律四章，絶句十章，古詩二章。時余攜重籍數篋，易書五十六種，復購得三十二種，共計一千二百餘卷。所最當意者，薛仲裳所裒集六朝文集及黄豫章舊本與《法藏碎金》、《法苑珠林》也。以四月二日還園，因取馬貴與《經籍考》、鄭漁仲《經籍略》[二]及焦弱侯《國朝經籍志》，間參以己見，次第四部，親率兒輩，手自插架。所著有《藏書約》一卷，《購書》、《鑒書》之法各一卷，集録古人讀書、藏書者共二卷，藏澹生堂中。此後非有事，不復出園矣。

【五月十九日入紹興府城】二十四日還園。時方盛暑，親友過從者甚稀，余得一意杜門作蠹魚癖。每晨起，袒裸靸屐，視木蔭東摇則徙而東，西摇則徙而西，竟日可不輟卷。自謂入仕十餘年來未嘗之味。然自六月至七月皆不雨，幾於赤地。余郊居，桔槔之聲達旦徹耳，心甚慘之。至巧夕乃微雨，人人有生色。次日雨大霑足，溪水驟漲。余卧枕上，聞閭巷屐齒聲，若聆鈞天也。時兒輩葺曠園初成，余戲爲《行園略》一卷，《行園注》二卷。七月望後一日，同錢伯常謁海門周師於剡溪，往返凡十五日。

【八月】復作《行園記略引》，刻《園記》中。自四月杜門檢次羣籍，五閲月矣。以同年公席出者五日，以往剡出者十五日，餘俱得擁書百城，酣暢自適也。至此復得書一百三十餘種，計一千八百有餘卷。而吴門一故人所寄舊本《容齋隨筆》，及文國博所題閲《一統志》，更足珍愛。時余將有白門之行，乃以九月六日辭先墓。

【十一月二十六日至武林】二十八日，沈宫詹仲潤招飲。蓋余庚子遊成均，時宫詹偶見余行卷，已爲非蓬蒿中物，亟邀與伯聲共研席者再歲。余素有中郎之感。至是相晤，復縱談古今，且得詢其司空公藏書款目〔三〕甚悉，唯恐其言之盡也。次日訪張肅之于寄園，因小酌。言別時詞客集坐中者四人，人各有咏。又次日，友人鄭孔肩攜酌寶城寺，酒半行，復赴梁愢田方伯飲。至寓已漏下二鼓矣。時同年樊致虛比部方理刑淮上，取道武林，因會于楊修齡侍御坐中。侍御出《潞水客談》見示，共策西北水田之事。

〔一〕肅之：張汝霖字。

〔二〕經籍略：應作「藝文略」。

〔三〕按書目稿本，當即《湖州沈氏玩易樓藏書目》。

密園前後記 有引

余自幼不欲襲人成迹，凡事多以意爲之。作室亦然，大較不用格套耳，而世輒謬以余之構園有别腸。余何能爲，要以地之四整者，每縱横之而使相錯；地之迫促者，每玲瓏之而使展舒。此亦童子時多聞於學究先生，如板題活做、長題短做之類也，余安有别腸。雖然，有小道焉。園宜水勝，而其貯水也，即一泓須似于瀰漫；園宜竹多，而其種竹也，雖萬竿不令其遮蔽。園之内，一丘一壑，不使其輒窮；園之外，萬壑千巖，乃令其盡聚。若夫地不足，借足于虛空；巧不足，借足于疏拙；力不足，借足于雅淡。余前雜記言之詳矣，因合以今之《注》《略》，而爲《密園前後記》。

行園略

蟻垤之能聚也，蜂房之能容也，彼其疏密得體，脈絡有條，故能往來不窒而屈伸自如。余園雖掌大，然而其中之紆廻委折，夫固有條理焉。親友時相過從，便欲周覽。余既不能一一追隨，而平頭奴又不解事，每致客入而不能出，或得之東而遺之西也。暇日聊述《行園略》，以供客之游屐。

當密園之西南隅，有門翼然，青山當户，流水在左。循此而入，爲飛香陌。渡芙蓉汧，躡欹石而行者，爲試屐砠。由試屐砠左折，或上或下，漸抵女墻，東望水中一丸，則爲白榆嶼。向嶼沿堤而行，便折而西，爲曠亭。曠亭臨芙蓉汧上，主人每據胡床肅客於此。出亭而西，爲蕉林。蕉林者，植蕉數百本，當曠亭之西照也。由蕉林而北，石磊落環錯亭後，爲牡丹崒。崒之東，巨石嶄然若壁者，爲分雲坡。拾級而上數武，有朱欄素壁，矩止規檐者，爲刪月榭。榭之稍南，爲奏濤砰，稍北爲聽鸝塢。聽鸝塢者，密園東入徑也。由牡丹崒而西，爲響玉干。夾干而障者，爲拂翠屏。循屏而北，爲朝搴。朝搴者，密園北入徑也。客欲從東入者，由聽鸝塢而下，若行壺中，更數十步，爲呼鶴竇。出竇而豁然曠覽者，空明渚也。渚之西爲杜若沚，沚之西爲叢桂陀。陀與秋水臺相接，而碧梧城一帶亘其後。下臺而南行蘼蕪徑，由徑而東，循墻一望，爲柳浪陼。陼之中分而渡者，爲濠上。從濠上再折而過，有石磴四敞而據波心者，爲舞鶴橋。橋西望，一縷如織翠者，碧蘆岸也。從濠五折而橋盡，橋盡而小嫏嬛在焉。門之右爲香雪疄，其左爲木蘭阯，阯寬廣當東境三之一，藥欄皆雜卉也。有樓三楹，主人以庋書者，爲輪廖樓，四敞玲瓏，可便檢閱。樓之下爲竟志堂，客至此，須少坐移時。出堂後，修蘭繞堦除者，爲蘭畹。由蘭畹而稍上，爲繡苔硎。從硎而東，爲柿葉堆。從堆而上，危石齒齒，中分一徑者，金粟嶺也。由嶺復折而西，爲疊玉砰。砰之坦者三，度坦爲撫松硉。由硉振衣而上，爲拙似崗。崗之前爲若泐，泐之後爲嘯竹塢。塢之東爲酪奴隩，面隩有版屋一椽，爲清磬齋。由清磬齋循金粟嶺趾而南，更入一小境，爲蒿室。出蒿室，由木蘭阯之東，與秋水臺相望者，爲鬬霞林。林之下爲紅雨渼，沿紅雨渼而南，一扉不常啓者，爲衆香國。啓扉而入，爲一擊軒。軒之前爲摩尼藏，藏左爲聞樨寄，此主人與二三方外友相叩宗乘處也。前一門臨水，爲獨往客，從此可登舟矣。而興有未闌者，復從一擊軒入，由鷗情坦而西，經卷施溆，仍由濠上渡舞鶴橋，循香雪疄，入愜愜齋，轉紫芝軒，軒南向空明渚，頗盡東境之勝。過此則一廊由西而北，復折而西，高下紆迴，行數十武，而出淡生堂左，園之東南隅盡此矣。欲從朝搴入者，入而西，爲櫟蔭。從櫟蔭而東，爲緑梅館。緑梅館之上爲梅樓，樓之後爲詩城。詩城者，主人與同社唱和之詩俱集四壁也。由詩城更上，爲密閣，閣可遠望百里許，而獨不能以一覽盡園。下密閣，出藥房，爲檜巢。兩檜自開園來蒼翠彌茂，歲寒之友，生平無復與比。自檜巢至壑舟，皆西偏也。一水向西北環繞者，若境盡於此，而忽有小橋出壑舟後。渡橋而北，爲甲秀畦，畦亦略樹桃李，而四時之蔬芋爲最。當畦之中，爲抱甕亭，亭前疏竹濱水，雜以古梅、亂石數枚。箕踞可坐者，爲漢陰。漢陰與拙窩相望，至拙窩，即出澹生堂後矣。窩之西爲不繫齋，齋之西爲但居。但居西向兩檜，而北藉以花茵。南一室駢枝而出，似離而屬，似合而分，不栱不楹，頗盡構室之巧者爲夷軒。夷軒者，主人向所讀書處也。出夷軒即澹生堂之右，園之西北隅盡此矣，而東與西皆會於堂。由堂之東而出點玉軒，則又一境也。由軒北折，爲醉筠廳，三摺而至澄鮮亭。亭與點玉軒，蓋南與西互向，而中分青蓮藪者也。亭之後爲愜林，修竹千竿，即主人向所稱竹徑，今成圃矣。亭之前盈盈隔水，爲小羅浮。渡羅浮而北，花木間錯於堤，循堤入廊，廊盡而爽然四豁者，爲快讀齋。快讀齋者，主人今所讀書處也。齋之右如贅疣然者，爲脈望窩，讀罷則假息於此。與齋相並而隔以一垣者，爲弄石龕。龕之南，西向一土阜，而盡據有其竹者，爲自嘯軒。軒之前，一井澄碧，不減中泠者，爲泉石。由泉石而西復南，上十許級，爲西觀。西觀者，三面皆茂竹，而獨以西向一面，晚眺落霞與山色相變幻爲最奇。下西觀，皆阜上行也，□而南〔一〕，一石梁跨茂竹中，如下臨深谿者，綠雪澗也。渡澗而入，爲平等庵。庵之後爲妙香寮，寮方廣不盈丈，而介於平等庵與自嘯軒之間，客至此不復知有寮矣。寮之出入，不能越庵而自爲户，自庵而東，爲面壁靖，則拙似崗之西矣。此園之東北隅也。大都由叢桂砰入者爲一境，而隔以分雲坡；由朝搴入者爲一境，而隔以綠梅館；由醉筠廊入者爲一境，而隔以點玉軒。此其大略也。夫余之園，非能言園也，姑以傍家爲子弟修業地耳，其不能有佳，固然也。且强半皆書生時所構多，聊且竟工，其不能無拙，又固然也。要以園之拙者，固不可令一目而知，即園之佳者，亦不可使一覽而識。惟一境窮而一境始見，則所謂一尺之棰，日取其半，萬世而不竭者，是余之園也。

〔一〕□而南：第一字原書漫漶，似是「進」字。

密園前記

余少有玄晏之嗜，結廬儲書，沉酣自適，每謂蠹魚殊大解事。忽爲祝融所祟，浮家泛宅，往來鑑湖。辛丑上太常歸，念無一枝可棲者，偶於家左得廢園如掌大，縱不及百赤，衡倍之，古檜二章，已據三之一矣。檜而外，環爲小溪，溪繞籬與池合，三隅皆水，水據地又二之一矣。參差紆折，小構數椽，幽軒飛閣，皆具體而微。可歌可嘯，可眺可憑，又可鎮日杜門，夷然自適也。園固無長物，地不足則借足于虛空，力不足則借足于心巧，華美不足則皆足于蕭疏，翳然泓渟寥瑟，會心處政不在遠矣。夫古人所急急山陰道上耳，乃吾園一騁目而道上無不在眉睫也。人之親而有于我者，孰有親于耳目哉。今不爲吾園有者，豈不爲吾目有乎。彼探奇陟幽之士，且日窮其足而不勝也。吾固不疲吾力以奉吾足，又不必疲吾足以奉吾目，安然有之而不爲勞。是園之爲予居者儉，而余之居其園者侈甚矣。余之不能盡園也，而又何求足于園哉。遂呼筆各識其適，令貧而好事者知構園自有别境，何必與大力者爭阿堵之雄，則余縱不稱開山居士乎，亦不失園靈勳臣矣。

澹生堂

園之內翼然而敞者，堂也。然而縱横僅數武，素桷茅榱，不問名卉，碧梧緑篠，枵然一榻，佐以一屏一几耳。主人之堂居也，食無重甌，飲無重斝，卧無重褥，執役無重僕。此亦天下之至淡矣，而要非主人之所謂淡也。夫天下之能累淡者，非濃也。人情當其所沉酣而自溺，若蛾之赴火而蠅之集羶，視天下之至味獨此矣。及一旦入于中而染指也，則未有不呀然悔其如嚼蠟者。是當其方濃，而淡自在矣，蓋熱鬧世中，本自有一種冷淡滋味，特爲艷心人所乾没耳。釋言食密，中邊皆甜。天下之無中邊者，惟澹爲然，此其味寧從舌根入者乎。夫不從根起澹者，是以生淡世，而非藉世以淡生者矣。不然，將從境求淡，何必濃爲累乎。少陵所謂「感時花濺淚，恨别鳥驚心」，即天下之清況，皆爲熱心人煩惱藪耳，何從别得清凉世界一洗肥腸也。主人日溷世中，日咀世味，求一入口而甘，了不可得。所謂「未能脱俗，聊復爾爾」者，斯主人之淡矣。或曰：居士之顔堂以淡，而取景抑何貪也。山川之不爲居士設，明矣。然樓之取景，朗朗則湖山獻態；堂之取景，幽幽則丘壑留情。獻態則一巒一石，無不供吾几案。而留情則若隱若露，時掩時藏，如窺簾内美人，可望不可即。又如五陵裘馬，掩映疏林中，恨不得一把臂也。夫方畝之内，或眺或憑，山川供其幻弄，則居士雖淡于構園，而亦巧於構虚矣。主人忻然曰：審如客言，巧于構虚乎，雖巧而謂淡可也。

壑舟

余家鏡湖，故澤國也，往來必以舟，然登舟則苦眩。余欲習于舟而不爲苦，乃倣吴艇，構小室于水濱。

室無恒度，水高浸則室若負重載而僅浮者，及水落石出，室巍然如樓船矣。啓窗四顧，淡霧初開，□鱗微涌。江天忽狂，雪山百尺，余據斗室，若一葦覆却，陳乎前而不入。至于落照暝色浮動，碧廬紅蓼，自有漸無，夜分闇然，泱漭凝寂，驚鱗時躍，纖玉忽騰。追思昔年，呼漁舫宿明聖湖中〔一〕，子夜起擣韭烹鮮，風味故不減也。且與之出，與之入，而不與之偕汩，則世途之溷余者，皆自崖而返，世自此日遠矣。夫方其在室也，恍之乎其在舟也。及其在舟也，則反視爲在室矣，余眩遂霍然已。舟且成，家季招之曰：「大兄作舟良佳，惜無迅風飛颿，令大郎倚船長嘯耳。然恐有力者負之而趣，則奈何？」余笑謂阿器：「汝兄不慮有力者之負，而慮阿奴作火攻耳。雖然，舟乎室乎，藏乎負而趨乎。余與子憑虛舟而涉之可矣。」

〔一〕明聖湖：原作「聖明湖」。

密閣

堂之右，似耳之而非也，爲密閣。重欄曲楯，最上一層爲龕，以奉如來，左右環列大藏。次則就日爲皮而四敞之，以貯古籍。其下則一衲、一盂、一蕉團供趺坐而已。觀號千秋，不能如賀鑑之捨宅；樓高三級，聊托于都水之棲真。纔一憑欄，千疊雲山，恍隨盻睞，萬家烟火，盡入樓臺。始信一切殊勝，皆心所造矣。且園之中有閣，閣之中有居士，居士之中藏六根而具四大，夫誰與吾爲密乎？抑密在汝邊也，夫邊則中，離汝之與密，猶爲二矣。夫子亦曰「退藏于密」，豈索密而後退藏乎？則密果何在也？須知絶親疏，離背觸，二時動用，一夜繩牀，無不與居士俱者密也，而説似一物即不中。今乃以之名吾閣，不幾于以指摽月而擬繪虚空乎？雖然，指不掩月，閣何妨于構也。虚空無受繪之處，則縱横互説，於密義了無損失矣。不禁饒舌，更説偈言：徑尺一面孔，眼耳分界限。復有五濁軀，肝膽各爲宅。猶身居閣中，而與誰親愛。無間凡聖身，覿體自相見。如火本自熱，非以熱就火。我作如是解，密義了然在。

玉醉居

余每閲張功甫《玉照堂梅品》，醉心久矣。凡卉非以艷見憐，則以香見賞。夫艷則目爲境奪，香則聞因觸移。目境與鼻觀相競，方爲物玩，安能玩物乎？梅獨以韻勝，數點微開，真境自別，雪鱗滿逕，幽度侵襟，非有會心人，鮮能神賞者。且其標韻孤特，此子宜置一丘一壑，斷非金谷園中可競葩爭艷者也。余傍池構一楹，池之前得散地半畝，雜植玉蝶、千緗、緑蕚、紅梅各數種。每至玉鱗映月，疏影横斜，不覺神思俱往。室與梅圃，中分以池，池可數武。夏月蓮花盛開，蒼幹斜眠堤畔，宛若老居士忽擁艷姬，風流特異傖父。余嘗謔謂細君，吾爲老梅作柯，納一嬖矣，若得毋傍恚乎。因失笑噴飯滿案。尚欲遍索異種，快吾梅癖，恨力未給，聊時噉青梅以飽饞口，然未能如范汪每噉盡一斛矣。

梅樓

古今高士，梅子真尚矣，次之則嚴先生。然先生廉于身而不能廉于名，遂令郡邑溪山無不被以嚴者，而子真之寄名獨吾里耳。余既世居隱士里，而子真所棲神者爲梅峰絶頂，又吾先大夫卜藏處也，則予於子真緣不淺矣。夫子真之僅有吾里也，猶余之僅有吾樓也。樓方廣可二尋，高四之。樓無境界，以目力所極爲境界。北望大海，滄茫與碧落合環。三面皆山，雨後微開蔚藍。滿目秋江，落日蒸爲明霞，渺渺乎覺身與世之不相及矣。吾師乎，吾師乎，余與子真安得無天際真人之想乎，恨不攜謝眺詩，搔首問青天耳。得古詩四章，每登樓，輒令童子朗歌一過，不覺聲與松籟相刁調也。

櫟蔭

入密園，一古木當户，離披不見畏日，絜之數拱，要亦社櫟之流也。余幼時見老奴强作解事，每夏日灌園，輒枕鋤卧蔭下，心頗樂之。及園緝而櫟遂據爲吾有矣。暑月謝客，袒裸靸屐，平頭小奴枕簟後隨，視木蔭東摇則徙而東，西摇則徙而西。涼風四襲，逗勿肯去，疏枝日隙，摇映簟間，熟眠忽覺，恍如身卧隱繡中。此亦天下之至美也，豈其爲不才之木乎？夫世之能全其天者，非真才不能。今以數百年之木，亭亭物表，傲然風霜，斧斤不能及，繩削不能施，此寧以不才免乎？夫不才則未有能免者矣。齷齪小儒，遂爲蒙莊所訾，輒云無用之用爲用大矣。夫無用則真無用耳，而櫟之餘蔭，且可以適吾身也，則櫟固能用人而不爲人用者，豈不爲櫟冤乎哉？但恐復見余夢，便笑密士爲不密也，則余將杜口不復下一轉語矣。

夷軒

壑舟之後爲檜巢，後半舫出檜巢左，如行磵底，復竇而入爲夷軒。至夷軒，則翛然小邃，別開境界矣。軒不楹不栱，亦無向背。度可受明者，隙而爲牖。度可側足者，竇而爲户。方廣不能當樓五之一，然啓扉而視，則各據一面，令人卒然不辨南北也。其最寬者，僅可支榻，主人故素矐，自堪容膝。軒之内，禪榻經行，蕉團趺坐，煖室聊避風伯，幽齋可却炎君。爲靖爲庋，爲龕爲寢，名相差具，似于精構而實非精也。稍列文几，佐以浮罄，略陳彝鼎，間展名碑，大令、中散之遺亦時把玩，似于嗜古而實非嗜也。蕉陰弄碧，檜色垂蒼，竹風颺茶竈疏烟，梅月映書窗殘雪，似吾軒之獨清而非爲耽也。展簟而卧，山光滿裾，隱几嗒然，雲容拂席，心骨俱冷，緣慮盡空，似吾軒之獨享而非爲溺也。庭際寂寥，忽聽數聲鸝唤，林光淡蕩，更加兩部鼓吹，名士風流，高人襟韻，似吾軒之獨饒而非爲矜也。流水出吾堦除，鯈魚遊于几案，一泓濠上，樂同莊叟之觀，片石林間，顛下米君之拜，似吾軒之獨致而非爲癖也。主人性畏涉世，世亦見憐，門屏之間，剥啄都盡，鎮日危坐，清夜焚漱。興來成癖，時懷五岳之遊。意到著書，不作千秋之想。順逆境中，頗能自在，缺陷界上，不碍縱横。主人之自稱夷度，意在此乎？

檜巢

園之勝以檜，岐根而雙挺，亭亭雲表，奇秀特異，翠鬣蒼鱗。問之父老，俱云兒童時已如此，則當爲千年物矣。向北爲緑雪齋，齋之左爲長青館，已盡檜之二面矣。余意猶未能釋然于二君也。兩檜相去可丈許，擇其桷稍壯而坦者，貫以横木，緪以鐵鐐，承以木板，就檜爲蓋，編繁枝而四幕之。其下略芟冗條，度餘柯可置足者，級而躡之如梯然，中以一隙入，望之則宛然巢矣。每巨風作吼，耳畔常帶江濤聲，與風上下而不虞顛覆。春日振翠，恍如身在青靄中。至火龍司候，五蘊煩濁，而此中泠然，沁入毛骨，煩襟盡滌，若襲羽服而遊清虚。金風瀟颯，井梧盡飄，滕六薦威，羣芳槁瘁，而兩君故扶疏自如，正所謂秋冬之際，尤難爲懷矣。信哉，園之勝以檜，檜之勝以巢，而居巢之妙，尤能杜機。每覺禽獸時來親人，則機競漸銷更可自驗。夫鷦鷯巢于深林，不過一枝，余已巍然兩檜，余之侈于鷦鷯多，而吾又何求。

臥讀書度

臥讀書架，創自唐初，有賦無制。友人鄭孔肩，呼工而告之故，旁立二栱，縱横貫以梁，二短二長，合之則四稜也。既成，跨腹上，人從其下臥，如市上坊也，而顛無宇，足無牙，旁無複。栱高二赤，衡如之，中衡一梁，凹如匜，立書如牘出於匜，可當一面矣。中梁之則度其高足以容腹爲度，腹高則上如腹止，栱亦如腹增。後梁一仰，倚書可十指展也。前梁一俯，倚書如下就眠，眠不盱也。余嗜卧類孔肩，而不耐恒讀，每開卷尺許便欲再易，如庾子嵩所云了不異人意也。然就枕則懶于數起，且長日閉門，無從呼童子爲更换。乃以意度之，環榻左右，障以木壁，壁可啓閉，如藏室也。飾以文木，塗以凝脂。初登榻無不視之爲榻障者，徐而次第啓之，則百卷環列矣。雜著快意書，每晝卧則信手就庋抽讀，眉稜稍重則抛書熟睡，睡已復取讀之，嘗有竟日轉展枕上者。精神稍王，便誇南面百城；意倦欲眠，輒托北窗一枕。孔肩之架，得余之庋而更適，所謂新婦得配參軍者矣。因爲之銘，聊以識適云爾：翕而藏之，見壁不見書。啓而闢之，見書不見壁。方蝶舞之栩栩，何知蠹魚之爲適。蓋卧則宜榻，讀則宜庋，目之開斂稍異，而榻與庋若頃刻以變易。嗤余者謂之書淫，疑余者謂之睡癖。寧知余固弛擔于坦途而假息于安宅，豈耽耽斗大之一園而彈丸之一室。

竹徑

從青蓮藪南望爲梅圃，圃窮而竹徑出，修然千箇，蕭瑟迎人。徑不及畝，而恍如長林，渺瀰無際，渭濱千畝，日在胸中。余謂竹饞不獨與可，梅與竹犄㹱而互挾蓮以競愛，然蓮與兩君，不知誰更鍾情矣。嘗與友人偕衲子納涼林中，時嫩蓮數枚，初出水面，余忽大叫：「老比丘今日毁色戒矣。」衆愕然以目。余笑指：「此非孌童罷浴，妖姬臨鏡乎。恐當勝隔壁聞釵環聲也。」夫世之癖于竹者多矣，每以比節比德，傲雪凌霜，爲竹重也，幾令此君膚燥欲死。予謂竹之佳致，政在隨風播弄，不作矜持耳。風日獻伎，纖枝摇蒼，恣態衡出。臨風而聽之，琤琮成韻，不減坐胡床作三弄矣。明月當空，萬户俱静，每吟「月落空庭影許長」，未嘗不捧腹也。予愛竹而頗能解竹性，栽培概以竹迷日爲最，保護亦無别法，但願家人無爲解子猷足矣。終日嘯咏，真倦爲之舒，愁爲之解，無聊爲之而洒然。坡翁有言，「百滚油鐺中，恣把心肝煤。遮箇在其中，不寒亦不熱。」世人之解遮箇者鮮矣，不妨暫向茂林中乞片時清凉扇子也。

密園後記

客有執《行園略》以行園者，時舉以問園丁，園丁弗能對也。復還以叩余，余不勝舉矣。且舉其一時而不能悉其朝暮也，即悉其朝暮而不能概其四時也，乃復爲《行園注》。

芙蓉汫

家傍鑑湖，每誇一曲，無邀君賜。引湖水一綫，貯芙蓉汫中。泓澄縹碧，朱魚鱗鱗可數，若在玻璃試屐砠環錯而浸于汫，微風蕩漾，水石成韻。夏月水芙蓉盛開，多向石隙中透出，更自嫵媚。余謂即此濠濮間想，便已不俗，何必礪齒洗耳稱高也。

曠亭

主人構園之明年，遂以一令爲簿書所牽，每思家園，時夢遊焉。及庚戌以量移歸，三徑了不可覓，惟有茂草密乎芊芊。主人呼奴而責之：與其使爾之荒吾圃而曠也，無寧自曠也而飾以一椽。乃即石成基，因水引泉，縱可十赤，衡僅再旋。顔亭以「曠」，跼蹐如拳，客俛而入，無不展然：曾是蝸殼，而能寥廓乎天淵。主人不語，肅客而上。方據胡牀，四顧在望。不窗不户，無取重門之洞開。可眺可憑，何有四壁之能障。窺碧落而彌青，掬泓渟而若漾。穆穆松風，宛奏萬壑之濤。飄飄柳岸，似叠滄江之浪。即晤言於一室，已賞心于萬狀。客方首肯而意愜，謂亭名之宜曠。忽昂首以縱觀，更歷歷乎千巖萬壑之環向。出岫之雲，既變幻于無心。青山之色，亦隨風日而醖釀。插緑玉兮摩霄，望赤珪兮若覞。景即空以成勝，奇日新而驚創。坐攬八百里之湖山，豈羨輕綃之布帳。客既應接之未遑，心搖搖兮若蕩。於是憑檻而眺，窮目遠征。適澤國之秋霽，乃鏡水之泓澄。鬭明霞以瀠蓮棹，濯叠嶂而拭翠屏。波容入檻，瀲灧浮楹。誦長天之一色，坐小亭而飛觥。恍上下以隨波，不減浮家汎宅。更與世而日遠，可遂泉石膏肓。雙眸頓豁，神骨俱清。不特思褰裳而濡足，抑且欲御風而獨行。至於坐談移晷，萬慮俱空，據梧若喪，隱几獨容。牀散帙而不檢，琴罷絃而聽松。任閒雲之舒卷，閲飛鴻之翔風。覺身世之常寬而不迫，悟宇宙之有通而無窮。斯則所謂神怡心曠，而又何論境界于野促之中。客乃爽然自失，振衣而起，「異哉，人之居園也在籬落之間，而子之構園〔一〕也托虛空之址。豈固别具夫巧心，抑亦自有夫至理？」主人始笑而語客：「夫境以目成，曠由人使。虛空可以粉碎，客也向聞其言。芥子之納須彌，吾又何隱乎爾。」

〔一〕構園：紙殘欠下一字補作「園」。

奏濤砰

黄鸝可砭俗耳，蛙聲足代鼓吹，蟋蟀可供簫管，而總不如松濤之韻，可滌百斛俗腸也。砰之上，有松十許樹，僅可呼小友，猶不敢以支離叟相加。然其絶俗之姿，固已有亭亭獨上者矣。

删月榭

「片石分雲出，良工帶月删」，此于鱗得意句也。余有片石似雲，遂于坡上爲删月榭。榭前規後方，稍檻之雕欄，西向以受新月。月每入榭，若金在範也。夫良辰佳夕，世多見賞于月盈之候。余謂月之可賞，猶在初時，一至彌望，清輝日減。人能處世長若未圓之月，定不至末路索然。

牡丹崒

世以牡丹多富貴態，與素心人獨不相宜。昔人有言，「君自見其朱門，貧道如游蓬户」。恨不以此爲牡丹下一轉語耳。亭後有石數十枚，頗自磊落。石中多隙，余取百餘本植之。如名姬艷媵，偏令配作樵子婦，即脂粉不除，亦自有山林風味。

醉筠廊

人所喜言，盡言其不足者也。故山人之樂談朝政也，要路之樂談棲逸也，衲子之樂談家務也，俗士之樂談禪理也，田父之喜弄書袋語也。皆生平恨不得嘗其味，故益浮慕而心熱。余性啬于酒，取沾唇輒爲所困，殊恨生平未嘗此味。每以味扣之善飲者，輒爲所笑。夫亦以酒不在味而在趣，故自引人着勝地，日沉湎其中而不自知耳。主人赧焉，乃以「醉」名廊。若曰，主人不能醉于酒，而醉于竹也。試問善飲者，醉竹之味何似，其能舉似余否？主人將以此解嘲矣。

澄鮮亭

亭後倚脩竹，而三面浮青蓮，藪上片水涵空，閒雲覆草，會心處已不在遠。隔藪土崗横列其前，高數尺許，植梅百餘種，所謂小羅浮者也。向爲點玉軒所擅，今與亭中分矣。每至花飛香雪，韻遠冰姿，固已沁人心骨。即鐵幹倚墻，大似老僧面壁。所謂春淡冶其微莞，夏沉濃其幾醉，秋潔淨其初沐，冬慘澹其若睡者此矣。余向有咏梅百首，「落砌正堪高士卧，拂墻疑是老僧來」，殆實境也。藪畔芙蓉，大可數拱，一樹千花，浮映水面，時時弄色，百態取妍，紅粧倒影，更有别樣旖旎，令人不禁作有情癡矣。加以繡陌叢臺，海棠浥露，梨萼蕣瓊，木蘭丹桂以飛香，紫荆海榴以散彩，煦日揚葩，輕風獻媚。蓋四時之序常新，而吾之亭日取之而不盡者也〔一〕。以之名亭，有不止「空水共澄鮮」者矣。

〔一〕 而不盡：原衍一「而」字。

愜林

當主人之爲竹徑也，僅數百竿耳，及一住十載，頓成茂林。始謂渭濱千畝，日在胷中，徒爾戲言，幾成實語。且竹密筍肥，更堪燒筍供客，始知彭澤令大是失策。當日三徑若以栽竹，久乃更佳耳。林間一棗樹，亦百餘年物，棗實懸枝頭者，離離若火齊，大是可愛。適友壻張葆生共坐林下，余指此爲少陵詩料，正得一語，乃「棗熟不妨鄰婦撲」，惜無佳對耳。葆生遽應曰：「何不云『竹深寧待主人招』乎？」余笑曰：

「主人正欲以袁尹自居，不能讓客。」遂相捧腹而别。

自嘯軒

自嘯軒西面皆竹，然與愜林更爲一境。愜林之竹環醉篘廊，自脈望窩而止，軒之一望如琅玕者，皆緑雪澗一派竹也。微風戛擊，鏗如響玉，宫商間作變徵，噓雲秋雨淅瀝，尤自楚楚。子瞻有云，「累盡吾何言，風來竹自嘯」，遂以名吾軒。

泉石

軒之堦除下，一井久不治，而尚有微泉汩汩從石隙中出。余命工濬之，澄碧可鑑鬚眉，水味大異，與中泠在伯仲間，豈所謂「水向石邊流出冷」乎？故名「泉石」。或曰，主人自謂有泉石膏肓，然否？

快讀齋

江文通願幽居築宇，棄絶人事，苑以丹林，池以緑水，左倚郊甸，右帶瀛澤，青春爰謝，接武平泉，素秋景澄，獨酌虚室，侍兒三四，趙女數人，彈琴詠詩，不知老之將至。文通亦快士，但既欲幽居築室，棄絶人事，趙女數人，置之何地。余有齋一楹，當澄鮮亭之左，脩竹清沼，曲檻朱欄，蕉葉拂我素几，花香浮于文席，四窗玲瓏，一榻獨據，頗有自附于文通，而令癡奴三四人輪次檢書，更謂絶勝趙女耳。暑日扃點玉軒，人迹不能至，即兒輩亦經旬不令省問。科頭袒裸，卧北窗下，信手取書，開卷輒讀。凡可喜可愕、可羨可慕、可憤可怪之事，頃刻之間，千態萬狀，呈獻于前。其可下酒，不獨《張良傳》也。即稗官璅語，濫耳不經，亦正如子瞻强人令説鬼魅，姑妄言之，亦足絶倒。余謂窮古今、亘宇宙縱心娱意之事，更無如讀書者，名曰「快讀齋」，更復何疑。兒輩乃乘間請曰：「名理非苦索不通，至言非沉思不解，當其苦而不甘，安得言快？」余曰：「孺子殊不解事，爾不見邢子才乎，有書多不較讐，自謂『誤書思之，更是一適』。李節謂邢『思誤書何由便得？』，邢曰『若思不能得，便不勞讀書。』知此意者，乃可與言快讀。」

脈望窩

《酉陽雜俎》謂，蠹魚三食「神仙」字，則化而爲脈望，仍穴書中，其狀若髮規，捲四寸許，如環無端。得此者夜持向天，從規中望星，星使立降，可乞丹度世。主人讀倦，反不能寐，安得如蠹魚飽噉「神仙」字，便成脈望耶？

弄石龕

龕與快讀並，而又爲一境，此長兒麟所讀書室也。麟子喜作脂粉態，四壁丹堊，雜以青碧，爛焉若繡。

而當窗英石數枚，綴成一片玲瓏，峭削頗極天巧。雜樹枯梅、短茨二三種，大有林泉之意。當窗久坐，便是置身丘壑間。

平等庵

坡翁自言，「上可以陪玉皇，下可以陪卑田院乞兒」。語雖近謔，而自是至言。居園猶之涉世，惟有一片平等心，乃能隨地安穩。然而心之不平，多在差別。庵前一沼，終年貯水。余每自試：淫雨連綿，簷注達旦，蝸涎滿壁，礎潤如淋。當此之時，余方厭水，而視此沼中猶如横流澤洞、波濤瀰漫，而恨不能決注之爲快。及乎酷暑蒸人，坐榻皆如甑灼，就陰不足，移席水濱，猶爲未愜。當此之時，心甚樂之，則此沼便如平波一派，輕風徐來，涉洞庭而望曉霜，惟恐其水之涸矣。夫水之自性，樂固不盈，厭亦不涸，而欣厭一生，顛倒乃爾。况于世界多岐，絲紛緒亂，以我不平，反悲世路，寧不大惑哉？嗟乎，山川之妍美，閱古今而不盡，草木之榮謝，供四時而若新，然特爲平等者所設施，而終爲顛倒者所湮没。古德有言：「月色静中見，泉聲幽處聞」，悟此者可以居園，可以涉世矣。

漢陰

亭嵌圃心，崖臨水面，疏梅修竹，人寂境静。小圃無譁，羣芳自笑，督奴芟草，尋常功課。如斯燒芋摘蔬，齒牙餘甘猶在。儘憑身世浮沉，安識人間機械。即桔槹之俯仰，無不可隨。何抱甕之逡巡，徒爲自苦。更笑漢陰丈人，尚慮機心械事，猶落第二義矣。

秋水臺

臺東向一派，盡空明渚者，襟次頓豁，而碧梧一帶，環臺之後。浸以澄潭，映以素壁，每至皓月當空，纖雲無翳，波光與素壁交映，浮空而梧幹鮮妍，若緑衣之凌湘浦，似與「秋水長天」之句，更增一色。余每謂松如老友，儘可聽其支離；梧似少年郎君，正宜賞其修潔。惜孤山處士，妻梅子鶴，獨不薄交碧梧郎耳。

最勝軒

敞四面而爲軒，獨當空明渚之西，香雪疄與杜若沚，環其左右，而梧城碧蔭，隨落照拂几席間，不必視木蔭東西摇倚徙就之。軒後近即緑雪澗，遠則慪林，萬箇琳瑯，迎風成籟，恍如濤湧廣陵，笛弄北渚，每與素琴相和。居園之勝，以此爲最，今爲駿兒讀書處。

舞鶴橋

斜浮渚面，可攬可游。四據波心，非臺非榭。從其便渡，强半似橋。河水空明，雲光黯淡。數行垂柳，霧鎖烟縈。幾樹疏林，神開目朗。或明霞之鬭彩，或秋水之澄襟。寒潭清澈，波冷蘋香，滿徑秋容，黄花紅蓼。于斯時也，塊磊何必頻澆，面目便已盡洗。至于女墻四望，村落遠藏，峰頭微露青舒，菡萏翠削芙蓉，正如佳客當前，更自引人着勝地。及乎月色澄波，碧山蓁樹，暎射多姿，水光入席，人影在地，恍如身坐冰壺中矣。每至浮白撫掌，詩成朗吟，雙鶴舞鳴，如同合節，且戀戀主人，更不顧翅懊恨，豈以沖霄之姿，甘作耳目之玩乎？昔衛濟川有六鶴，日以粥飯啖之，三年解字。濟川檢書，只令鶴啣取，一一無差。余更蓄之年餘，便當以兩鶴代癡奴矣。

小娜嬛

小娜嬛者，循此而入，則主人所藏書處也。昔張司空博物洽聞，謂得于娜嬛洞天，所睹記要亦司空之圯上黄石耳。余謂著書者，著世外之談易，著倫物之内難，蓋畫犬馬與鬼魅之别也。余固無世外書，亦不作世外語。書藏輸廖樓，更别有記，此不具載。

鬬霞林

沿渚之東，雜植絳碧緋桃以百本，每盛開時，與晚霞鬬彩，互相映發。坐舞鶴橋望之，令人襟袖俱燦。至於亂紅零落，池水盡若潑脂，故曰紅雨渼。

蒿室

余嘗撿《稽瑞録》，周德隆，草木茂盛，蒿可爲室。余幸生明時，蓬蒿中自應不乏異材，而且不能如有力者市美材以構室，遂取木之似蒿者略成棟宇，而朴素不減茅茨，自謂古色近世所無。清磬齋出蒿室之後，人境更寂，不必避喧，喧自不能及也。主人常以二語書之齋頭，「數聲清磬是非外，一片閒心天地間」，直自會心。今爲鳳兒讀書處。

拙似崗

余每見有力者壘石爲山，莫不捐重值以聚石，持厚餼以酬工，所費不訾。及其成也，賓朋過覽者，不曰此其不減于真山也，則曰此其勝之，再詼之則曰人工可奪天巧，更無並其奇者，然而不能不稱之曰假山。夫假之不可以語真也明矣，而勝山者不可以語真山又明矣。余園後一土崗，林木都茂，稍嫌其肉而不骨，乃取石之磊落浮出土上者，度其疏密，次第嵌置其間，使石之在崗猶其在山而止，絶不爲巖洞鏤劃之態。行園至此，莫不訝然，此地安得有山。彼直以爲山矣。何者？彼習見夫世之窮工極巧，以爭奇于一丘一壑者，不若是之拙也。又習見夫吾鄉之草木蒙叢土石間錯者，僅若是之質也，故直以爲山耳。夫世以侈故巧，巧則求勝，彌勝而彌遠。予以嗇故拙，拙則近常，彌常而彌似。甚哉，巧侈之不如拙嗇也。吾于爲山益信矣。

附 題祁爾光《密園記》

余家長水，見似丘者而喜矣。爾光家山陰道中，偏占山水之佳，而獨入崖穴之趣，羅勝穿靈，搆密園貯書其中。每羣坐笑語，一及圖書山水，爾光絶快。聞奇石怪卉與秘書，爾光髮飛膚跳，而不能自禁。《密園紀》成，示余曰：數畝之宫，花石過半，堂室未就，丘壑先營，人以我癖且癡也，質之子。余撫几曰：丈夫浮湛人間，楚楚自憐，若出燥宦，情入横生，業此則癖且癡耳。君既知密矣，退藏實法，隨緣洗心，面面山陰，曲曲轉暢，願勿忘此諦，謂之開萬山、破萬卷可也。予請以一葦從之。

（録自譚昌言《猬石居遺稿》卷二，上海圖書館藏明刻本）

附録

序跋題辭

祁爾光澹生堂藏書約序〔一〕

司馬公曰：「積金以遺子孫，子孫未必能守。積書以遺子孫，子孫未必能讀。」程伯子亦云：「翫物喪志。」予以爲非通論也。貧於金可，貧於書不可。書非金也。孔子可疏食，可水飲，而删述六經，韋編三絶，至老矻矻。故莊生謂孔子西藏書於周室。翫物誠喪吾志，非物也而翫之，何志之喪。書非物也。孔子多聞而從，多見而識，從且識，志氣如神。故《易》謂「多識前言往行，以畜其悳」。孔子之教子孫也，非道德則詩書。語子思曰「心之精神之謂聖」，教以道德也；語伯魚曰「不學《詩》禮，無以立，無以言，不爲二《南》則面墻」，教以詩書也。不盡捐書也。故能得學《詩》學禮之子，又能得《中庸》之孫，則積書何負於人家哉？此祁爾光使君所以有《藏書約訓》也。予因之縱論宇宙，自有書契以來，羣玉之山，先王有策府，崑崙之椒，王母有竹簡素絲。周外史有三墳五典、九丘八索之書，《書》西序東序有大訓、河圖之書，《禮》有瞽宗、上庠之書。秦灰後漸消歇，漢武始開獻書之路，建藏書之策，置寫書之官。至成、哀間，聚書三萬三千餘卷，得一淮南河間中壘，便是赤帝龍帑。梁初堇二萬三千卷，元帝增至七萬餘卷，雖遭江陵之亂，而蕭氏入唐，八葉拜相，便是蘭陵鳳跂。隋嘉則殿實有書三萬七千卷。至唐開元，博集羣書，增至八萬九千卷，經籍大備。即玄、文二主，已自能詩，適之、端卿、吉甫、文饒，皆李氏子孫能讀者。宋建隆初僅萬餘卷，及平諸國，得蜀書一萬三千卷，江南書三萬餘卷，共五萬六千餘卷〔二〕。至紹興喪亂，見在書猶四萬四千餘卷。微獨高、孝能文，即德麟、景貺、汝愚輩，皆趙氏子孫能讀者。雖然，此猶曰天家秘閣也。李鄴侯架插三萬軸，而子繁世封於鄴，爲隨刺史。歐陽永叔聚書萬卷，而子棐能讀父書，爲世清卿。曾子固聚書二萬卷，而弟肇、姪紆，以文章翰墨冠冕江右。杜暹聚書萬卷，祈子孫讀之以知聖教。丁顗置書八千卷，且曰「吾聚書多矣，必有好學者爲吾子孫」。由是言之，父兄患書不聚耳，未有書聚而子孫不慧者。杜、丁二氏信之確，司馬、伯子計之過矣。祁使君以士紳之家，聚書至三萬卷，其教子孫曰「能讀者以一人盡居之，不能讀者以衆人遞守之」。盡其力聚書，而以能讀、不能讀俟之天，此善聚善教之方也。予不佞，宦涂四十年，車迹幾遍天下。兩度七閩，六載秣陵，四年虎林，三年成都，皆可聚書地。篋中亦不下萬卷，分貯四子。歸田後請大藏內府，又六千卷，共藏梵閣。會使君來守吉州，相與登閣劇談之，而更以《約訓》屬予一言。使君子弟，吾子弟也，庭訓已悉，羣公誠言亦庀，予復何言。第聞大家子弟，鳳毛麟趾，不患不讀，患不善讀。善讀之則爲繁、爲棐、爲肇、爲紓；不善讀之，則爲趙之括、爲劉之歆、爲王之處仲、爲謝之靈運。是在吾兩家子弟自擇之耳。萬曆丙辰五月五日，治生泰和郭子章撰。

〔一〕《藏書約》稿本載郭子章手書，題作「祁爾光公祖澹生堂藏書訓約序」。

〔二〕五萬六千餘卷：「五」原作「三」，據郭子章手書改。

題澹生堂藏書約冊

山陰爾光祁子篤信慕古，博洽羣書，所聚至萬餘卷，備自珍惜，且將藏以俟後，諄諄命之，戒令勿墜。或有疑曰，得無戾司馬氏之訓乎？予曰不然，《易》稱「多識前言往行以蓄德」，欲積德，匪讀書何從入。此「積德」二字，即從書來。訓辭亦書類也，遺之未能讀，未至損志而益過，能讀則取益自宏，貽謀者能無意耶？雖然，能讀之中，更自有等：循文守義者次也，得意在語言文字之外者上也。吾嘗謂讀書窮理，猶飲食養生，日用饔飧，自不可廢。然而明道有「喪志」之譏者，猶飲食之人云耳。故食在知味，書在通微，中真有脣脗不能宣、方册不能載，而慈父不能傳者。即書非書，默契而已證，此方謂之能讀書。祁子與予談名理，悟徹已深。所藏者書，而所以藏者不盡于書。其所期于後人者甚遠，故予爲引其端。萬曆癸丑重陽日，友人剡城周汝登書。

題祁爾光藏書約

余識夷度未第時，志已不後古人。兩令劇邑皆治，一辦顧郎南曹。夷度之郎南曹，正夷度之古處也。生平無閒劇，手一卷不置。規方畝爲密園，園有堂，顔曰「澹生」，庋書其中，爲之《約訓》，以示其子姓。間舉似余曰：「聊以識吾志爾。」余擥之憮然。先司空則亦有藏書，率手自裝潢，晚亦有書目，目十有二部，園顔「樸」，樓顔「玩易」。今不肖於十二部何如，且無慮十二部，其於以玩易，亦稍有參伍否。生平亦無閒劇，無時廢書，然較是語焉不詳，習焉不察，轉以此自傷父母心，當箸廢食，還饒一把汗。故知藏書難，爲藏書家子姓更難。必也藏器於身。夫袚袺襘禕之屬非身也，而形而下者皆謂之器。書亦器也，然能爲不括之藏者，莫書若也。吾知夷度有深于藏者矣。形偶今人，而超然與古爲徒。斯志也，雖世世萬子孫，可述而識也。萬曆乙卯秋九月，太僕之子沈漼書。

題祁爾光藏書約

夏官祁爾光家蓄書數萬卷，爲《訓約》貽子孫，凡四則，曰讀書、曰藏書、曰購書、曰鑒書，采古人遺言遺事實之詳矣。余聞之秦淮海云：「少時讀書，一見輒誦，暗疏亦不甚失。然負此自放，喜從滑稽酒人游，旬朔之間，把卷無幾日。故雖有强記之力，而常廢于不勤。比來悔前所爲，聰明衰耗，不如曩時，每閲一事，必尋繹數終，掩卷茫然。故雖有勤苦之勞，而常廢于善忘。」爾光自少逮壯，即研精問學，所居官當孔道，應酬日不暇給，手披口誦，未嘗暫歇，訪求鈔寫，不遺餘力。杯酒談笑中，莫非論辯咨詢之地。是以操觚染翰，出入今古，爲一時詞宗。蓋自昔文章之士，博聞强記未必能兼，兼之者又未必善作，爾光有三焉。謝公不云乎，「我常自教兒」。此訓之所不載，余并識于末簡。大泌山人李維楨本寧父。

題祁爾光藏書約

爾光嗜書成癖，張肅之初不相知，謂城西梅市有窮措大，節衣饔飧，開園市書，以爲怪。夫貧士力不能構園，分不當購書耶？古來惟貧士致書甚難，嗜書彌篤，讀書亦彌廣。何則？貧士見書，如餓見食，染指于鼎，嘗之而甘，不盡不止。故惟貧士能讀書，富貴者不能，彼不知書味耳。爾光通籍十年餘，蕭然一貧士，余未知密園何狀，然一畝之宫，千門萬户，度亦貧女巧梳頭耳。獨藏書一事，性命以之，以貧購書，復以購書故益貧，欲不爲窮措大，得乎？讀爾光《藏書約》，用盡一生心力，聚斂良苦〔一〕。諸郎想見爾光丁寧告戒，欷歔欲涕之狀，故宜世其家學矣。范文正公既貴，夫人猶不忘帳頂燈烟墨色。諸郎異日即鵲起，亦無忘窮措大舊時齏鹽風味。世間豪傑聖賢，皆窮措爲之也。若夫藏書讀書之法，爾光言之盡矣。年弟楊鶴敬題。

〔一〕 聚斂：原作「聚此」，據楊鶴手書改。

澹生堂藏書約訓題辭

昔人云：「今人出語不奇秀，蓋胸中無百字成誦書耳。」昔人讀書〔一〕，耑以全副精神付之，尚作此語，其視今人，又當如何。趙宋刻書尚少，子瞻手抄《漢書》，每至四五過，使人舉三字兩字，後損至一字，輒能諷記如流。乃當梨棗極盛之日，不能捐貲廣購，購矣而令蠹蟲碩鼠分宅其中，如所謂觸手如新者且不可得，況望沈酣枕籍，作書淫傳癖生活耶？夫張司空之三十車，李鄴侯之三萬卷，猶云措大習氣。蕭世誠驅馳戎馬，草創江陵，而所藉典籍，爲古今第一。唐文皇甫釋矛槊，即摹求天下奇書，寧可諉之帝王好名哉？即以酗淫之隋煬，其棄社稷如飄雲冷風，而獨不能忘情于廣陵之藏，至於見夢。阿嫲收得，必歸洪流而後愉快。豈非慧業文人，無問貴賤聖狂，其性命所寄，有生死不爲移易者耶？故謗訕者擬於冶色妖狐，而侈譚者加於百城南面，非虛也。山陰祁爾光氏，背負天風，胸吞雲夢，久已稱五經笥矣。猶復聚二酉之秘，庋之一室，且著爲訓言，以期永永。平泉花石，贊皇之誓，何其悲苦也，而不移瞬幾易姓，則無亦玩好瑰異之物，賢不肖皆染招焉？所誓是，而所誓則非也。若書則不然。富者不解讀，貴者不暇讀，庸愚貧賤不辦讀，獨名人韻士，饑以代餔，喝以代漿，豪奪巧取之態，或庶幾免焉。故在今日哀之難艱，而守之則差易，予以爲爾光之鰓鰓諄諄，猶過也。昔江左諸王，以文氣瑞晉，慶與淮水俱長，問其所業，衹青箱一脈耳。爾光所居，政其舊里，他日以佳子孫方瑯琊者，非祁氏其誰。萬曆癸丑陽月下澣，新野馬之駿書。

〔一〕昔人：原作「若人」，據馬之駿手書改。

題祁爾光藏書約

今人以經義爲學，略通帖括，便拾青紫，藏書無當也。又各開畛域，侈談性命，皈心玄寂，期求出世，於書益無當。書何用藏哉？欲藏書者，必好古博雅，游心竹素，不囿流俗，始克役精用神，博訪旁搜，精校深藏，以爲家寶，而貧士爲難。雖然，書不易藏也，必也架高樓以防蒸濕也，剖部局以分甲乙也，謹啓閉以杜鼠蠹也，慎假借以虞隱頼也，則有大難者以存乎其間。而讀書者亦未易易也。心君不正，則惑於外道；目鑒不明，則眩於贋鼎；耳聽不聰，則膠於舊説；腕力易脱，則繆於朱黄。就經而論，《周官》、《儀禮》，《公》、《穀》、《左氏》，國家不列學官，科舉不以程士，《王制》、《月令》，可以爲經乎？就史而論，君實最爲詳贍，元晦亦號精嚴，而少微、諸燮，氣脈不接，可以爲史乎？就子而論，《三墳》、《麻衣》、《子華》、《文子》，阮逸作俑於前，商英繼踵於後，可以爲子乎？就集而論，先秦兩漢，寂寥邈矣，六代李唐，所存幾何。唐荆川所謂今人必有一篇墓誌、一部文集，匪徒災木，且以誤人。可以爲集乎？蓋綱維在經，羽翼在史，旁通在子，游藝在集，廢一不可，而頼鄉、葱嶺，更所別議。真僞可混淆乎？正閏可和同乎？所當亟辨者也。祁先生娓娓數千百言，垂訓周帀，援古真確，真能藏書者也，真能讀書者也。假令與唐韋述、宋尤袤相提而論，俱稱博雅好古，非區區拾青紫、談心性、求出世者比。且也家訓身教，漸染浸灌，必多賢子孫嗣續先業，詎與平泉花石等觀耶？循環諷誦，敬題其上。癸丑小春晦日，吴郡錢允治書于松窗小隱。時年七十三。

編者按，以上七則，據中國國家圖書館藏《澹生堂藏書訓約》萬曆刻本録文，參校南京圖書館藏《澹生堂藏書約》稿本所載諸家題辭手迹。

題澹生堂藏書約訓

揚子曰：「不學無憂，其如禽獸何？」讀此語，古人之用心於學也，其有憂患乎。自經子史沿革至今日，即善學者僅窺其一斑，而一斑中未窮作者之意，掩卷茫然，夫何益哉。余讀爾光藏書諸説，惓惓開示來學，其用心可知。余以學無止法，上則性命之微旨，次則古人之靈爽，又次則治亂得失之樞機，與禽魚鳥獸、山水草木之氣化，皆吾一人領之，非津津於此，安能使其有餘味。且一種擅濃之境，乘吾之怠而與吾戰者又最便焉。則古人憂患之心，愈可知矣。是以深於學者，聞見從多，精神從嗇。多則日見其不足，嗇則日見其有餘，尤爾光氏無盡之藏也。萬曆癸丑十一月望日，晉安商家梅書於吴門忘憂館。

藏書約訓題辭

會讀書，不會讀書，先儒兩言盡之矣。士大夫起家經史，一入世途，便絶不相親。間搜稗官小説以矜舌鱗，抑或獵聲歌韻調之富以爲適，而本子盡荒，蠹孫日長，更無論會讀、不會讀何矣。余十餘年前偶至年友爾光密園，見其堂翼如也，徑戛如也，水泓如也，竹木蕭疏，桂蔬雜治，有幽然之致焉。既登其樓，而諸峰環拱，嵯峨掩暎，所稱「笑拈鸚鵡青天上，倒摘蟾蜍明月中」者，樓有之。獨異其四壁不堊，而製自然之架以藏書。余顧二三兄弟曰，樓以適情也，而此非適情也，蓋有志者之所爲也。越又十餘年，而爾光向之以經史起家者，今直欲家于經史矣。賢者之所爲，未有漫然而無所寄者，竹頭木屑，儲之有用，而況于書。書如能言，必曰吾願爲永叔之萬卷，不願爲次道之善本、曹曾之書倉也；願爲孔璠之青藍、邴原之金玉，不願爲若水之疊床架置、不見天日也。天下無愚懵僊人，亦無風流辠過。垂裕後昆，莫寶于書。爲父兄者，寧逆料子弟之未必能讀而儉貽之。每見富家子藏珠于櫝，匣玉于笥，而于書則委棄朽腐之不惜。一金之償必責也，假書于人，已而并所假之書俱忘矣。又紈綺子弟暇時取雞毛箒刷書，而其僕輒相戒：主人正觀書，毋溷也。恒以是爲劇談一笑。此豈真子弟之過？其父兄之不寶，而胡寶爲？爾光居官立身，可垂裕者多，而性復耆書，經史百家，卷至□萬〔一〕而不休，不但爲名山石室之藏，而寓意微遠，咫尺玄門，永貽不朽之業。異時必有乳長七尺，指密園主人而問之者，其子若孫之爲李、爲歐陽更多也。余亦擬作斷簡中一小蠹，而苦無入門。爾光剩飯甚多，而余力不能購書，有問輒蒙然張口，如坐雲霧。爾光每不吝引手，則亦惟爾光之一發菩提心也。年眷弟姜逢元題。

〔一〕□萬：上一字原空。

藏書約訓跋〔一〕

不購書而曰藏書，是矜所有之蒼璧小璣，而未睹積玉之玄圃也。不讀書而徒購書，是入郇公廚，芬芳侵鼻而卒不以望腹染指也。購有方，藏有法，而讀有眼，書乃得其所歸。吾師祁先生，澄懷味道，於一切泊如，而耽書一癖不減伯倫嗜酒、子猷愛竹。自余得事祁先生以來，如在茂苑、在馬曹，至煩且劇，而有隙必書，無書不究。故洪鐘叩之必鳴，明鏡懸而屢照，動言成論，措事符經。若此者乃真能讀書，幾於無可購，無用藏，抽之腹笥，富於武庫。即是家訓，上下千秋，縱横百氏，離合參伍，瑣細周匝，直寫家書，一一了了，真涉學之寶筏，好古之玄鑑矣。萬曆癸丑十一月既望，門下氏陳元素題。

〔一〕　擬題。

藏書約訓跋

「何必讀書然後爲學」，似見性語也，而子斥其佞，思深哉。夫學之不講，每始于不讀書。書通天下人之耳目，學所以通天下之志，世有矻矻編摩而不求其放心者乎。吾師祁先生，深有味于魯直之言，曰勿令讀書種子斷絶。諸凡約訓，惓惓教天下後世之藏書者，既明且至，其意不獨在子弟也。先生受學古剡周師，吏治一本經術，人即不知其學之所在，第觀澹生堂訓語，亦思過半矣。蒙因先生提絜，最後事古剡，剡中先生贈以膝下。我師之額，小子敢不勉焉。諺云：「得訣歸來好看書。」幼安常坐一木榻，萬卷不足多也。料先生必爲我色喜。長洲門人管珍敬書。

藏書約訓跋〔一〕

讀祁師藏書約訓，何其蒐覽之閎而考覈之嚴也。蓋有自爲焉。祁師雅性沖夷，泊無他嗜，雖登仕版而世味了不縈心，齋居淡如也。淡故虛，虛故能容；淡故靈，靈故能通。其視經史子集，若日星之麗天，經緯無所不分；若江河之麗地，源委無所不窮。其閒稗官野史，田謳牧唱，比事興情，載在編册，端哀真贋，洞若燭照，眼前便足千古哉。佩斯訓者，藏斯修斯，游斯息斯，精神之所證合，臭味之所潛通，不脛而走，無翼而飛，若有人天爲之呵護耶。彼王氏之青箱，李永和之百城，不得專美于前矣。吳郡門人朱篁謹跋。

〔一〕擬題。

編者按，以上五則，刻本未載，據南京圖書館藏《澹生堂藏書約》稿本所載諸家題辭手迹録文。

祁司馬藏書約跋

山谷云：元濟在東坡雲霧之中，風氣殊勝。由此觀之，人豈可不擇交游親戚耶？先生令長洲，溥被災，百萬枯魚手掌中，用古人一字一句不著，先生咄嗟立甦。以此知先生真能讀書。今官司馬，盱衡軍國疆圉大計，繼自今晉陟卿貳，儲韜略，必不索取蠹簡中。即先生上下經史，數年來與蒙商量宓犧，胸中真有完書，而不以示人。頃先生使事還里，及涖白下，纔數易朔。鱗鴻往返，必辱千言，如決西江之水，然惟黽勉勸讀書，而亦不輕以示。蒙頃方下堯峰，好音自金陵來。紫氣浮動，私計函關五千，開椷莊誦，僅約藏書，以此知先生之神遠矣。蒙自屈首受書，當其得意，如逢故人，疑難交送，方據梧兀思書，輒掉臂不顧。而先生與爲賓朋，與爲姻婭，苑囿以居之，徒侶以樂之，明月以談之，清風以來之，而書亦欻且笑于先生之側。書于先生，如嶺出雲，如竹解籜。予于書，如臧牧羊，如山登鵞。噫，書亦可不擇交游親戚耶？

陳仁錫《陳太史無夢園初集·駐集三》，崇禎六年刻本

澹生堂藏書約一卷　知不足齋叢書本

明祁承㸁撰。承㸁，字爾光，山陰人，萬曆甲辰進士，官至江西右參政。板心作「藏書訓」。前載序文，稱「藏書約」。爾光既以所藏之書，編以經、緯二目，復雜取古人聚書、讀書足爲規訓者列於後，而並示以購書、鑒書之法。凡《讀書訓》二十三則，《聚書訓》三十則；《藏書訓略》，《購書》二則，《鑒書》五則。雖爲其子孫而設，而實可爲天下法焉。鮑渌飲得錢氏述古堂藏本，刊入叢書，而以曹秋岳《流通古書約》一篇附於末，其說可以輔是編之不逮也。

周中孚《鄭堂讀書記》卷三十二，商務印書館，一九五九年

書藏書訓略後

《購書》、《鑒書》兩篇，持論精審，不獨藏書者不可不知，即讀書者何可不知。雖然，祁公此説，猶就歐陽公所謂有力之彊者而言。世間不乏有志讀書，而困於家計，限於僻處，求通行本而不可見，又安所謂購之、鑒之。當代爲書不可得之時，約舉最要之目。夫書莫重乎經史，人盡知之。正經凡十三，正史凡廿四，統有全部，在寒士亦殊未易。吾謂十三經中《毛詩》、《三禮》、《公羊春秋》爲不可少，次則《孟子》，以諸經注者漢儒，師法傳授，經學正宗，即數經而精研貫通，此外各經不難旁推引申。史則《史記》、《兩漢書》爲要，時勢雖有異同，而三代法制一變不可復，漢實爲之樞紐，則後來之事變，兩漢其端倪，然則能通三史，不啻已涉全史矣。篇中謂漢唐以前殘文斷簡皆當收羅，非善讀者不能作此語。吾謂本朝乾嘉時諸老先生考論經史著作，咸足增長識見，尤宜留意。欲别四部流派，則近人所撰《書目答問》其概也。欲擷四部精華，則《四庫全書提要》具備也。凡此各書，不過二一萬錢足矣。雅有此癖，兼歷其境，撮舉其至簡至易，以質同嗜。迫於不得已，非敢吐棄一切也。閱《藏書訓略》一過，因書所見於後。

汪之昌《青學齋集》卷二十二，民國二十年刻本

跋祁承㸁澹生堂藏書約

《澹生堂藏書約》一册，爲山陰密士祁承㸁所著。前有自序一篇，以下分《讀書訓》、《聚書訓》、《購書訓》、《鑒書訓》四類，而《讀書訓》、《聚書訓》前又各有小序一篇，末後附曹溶《流通古書約》一篇。《讀

書》、《聚書》兩類，各摘取古人好學事，類次爲編。全書精粹則在《購書》、《鑒書》兩類。《購書》謂「眼界欲寬、精神欲注、心思欲巧」，持論宏闊，足當博古通今之目。《鑒書》謂在「審輕重、辨真僞、覈名實而權緩急」。而於四部之書，歸重讀史，於書目之學，最取《通考》之《藝文略》〔一〕。持論俱當乎人心。惟《讀書》、《聚書》編中所引前人故事，咸不著出某書，而亦不分朝代先後，至以范文正公列朱穆之前，宋綬爲宋次道之父，而子前父後，未免編次草率。又荀爽幼而好學，潁川爲之語曰「荀氏八龍，慈明無雙」，以龍與雙爲韻。《漢書》中此類品評甚多，無不用韻者。此易作「慈明爲最」，更誤之甚矣。

〔一〕藝文略：當作「經籍考」。

再跋澹生堂藏書約

《鑒書訓》云：「有憚於自名而僞者，魏泰《筆録》之類是也。」按《提要》，《東軒筆録》條下，引王銍跋范仲尹墓誌，稱魏泰場屋不得志，喜僞作他人著書，如《志怪集》、《括異志》、《倦遊録》，盡假名武人張師正；又不能自抑，作《東軒筆録》，用私喜怒，誣蠛前人；最後作《碧雲騢》，假作梅堯臣，毁及范仲淹。則是魏泰所著書，假名他人者，《志怪》、《括異》諸編，若《東軒筆録》乃泰自出名，不知何以云憚於自名而僞也。又按文瑩《玉壺清話》卷五，云文瑩丙午歲訪辰帥張不疑師正云云。不疑晚學益深，經史沿革，講摹縱横，文章詩歌，舉筆則就，著《括異志》數萬言、《倦遊録》八卷。觀其餘藴，尚盤錯於胸中，於余武陵之別，慨然口占二詩云云。文瑩與師正熟習，言皆得之目睹，則《志怪》等書，實皆師正所自著，又疑王銍之言爲未可盡憑也。

三跋澹生堂藏書約

《明詩綜》卷五十九：「祁承㸁，字爾光。紹興山陰人。萬曆甲辰進士，授寧陽知縣，調長洲，遷南刑部主事，轉兵部，歷員外、郎中，出知吉安府。京察，謫沂州同知，稍遷宿州知州，入爲兵部員外。歷河南按察僉事、副使，江西右參政。有《澹生堂集》。」《靜志居詩話》謂「參政富於藏書。將亂，其家悉載至雲門山寺。其手録羣書目八册，今存古林曹氏。所儲已盡流轉於姚江、禦兒鄉矣。」雖書籍之爲物，終無聚而不散之時，而以參政儲藏之富、鑒別之精，一生心力所萃，盡付之不知誰何之手，不亦重可惜哉。又按祁氏之在明季，門材最盛。祁彪佳以故應天巡撫殉國難，又祁駿佳精小楷，弟豸佳書畫摹董文敏逼真。又彪佳子理孫、班孫，兄子鴻孫，亦竝有聞於時，則詩書之澤長矣。《明詩綜》卷六十九：「祁熊佳，崇禎庚辰進士，官南平知縣。」

張宗泰《魯巖所學集》卷十一，民國二十年模憲堂刻本

跋藕香拾零本澹生堂藏書約

右《澹生堂藏書約》一卷，明祁承㸁撰。按，承㸁字爾光，浙江山陰人。萬曆甲辰進士，歷官江西右

參政。晚號曠翁。有《澹生堂集》。喜聚書，澹生堂，其藏書之庫也。子忠敏公彪佳，亦喜聚書，嘗以朱紅小榻數十張，頓放縹碧諸函，牙籤如玉，風過有聲鏗然。今流傳書目八卷。其藏書章曰「子孫永珍」〔一〕，曰「曠翁手識」。又有藏書銘一印，其文曰：「澹生堂中儲經籍，主人手校無朝夕，讀之欣然忘飲食，典衣市書恒不給，後人但念阿翁癖，子孫益之永弗失。」其好書可謂至矣。此約刻入長興〔二〕鮑氏《知不足齋叢書》，分子目四，曰《讀書訓》、曰《聚書訓》、曰《購書訓》、曰《鑒書訓》。約簡而明，足爲藏書者法。後遭喪亂，其家悉載至雲門山化鹿寺，因之遂散。黄太沖先生入山檢點三晝夜，載十梱而出，其精華悉歸之，其奇零者歸於石門吕莊生。莊生有詩云：「阿翁銘識墨猶新，大擔論斤換直銀。説與癡兒休笑倒，難尋幾世好書人。」「宣綾包角藏經箋，不抵當年裝釘錢。豈是父書渠不惜，祇緣參透達磨禪。」祖父積累有年，一入子孫之手，無不煙銷灰滅，凡收藏家類然，不但澹生堂也。光緒丙申十月，江陰繆荃孫跋。

原跋本於《史通・雜述篇》所引各書，均見《隋經籍志》。《晉安陸紀》當作《晉隆安記》，姚梁之《後略》當作姚最《梁昭後略》。惟「趙采之録忠臣」，諸書未見。《隋志》：《忠臣傳》三十卷，梁元帝撰。《金樓子・著述篇》曰：《忠臣傳》三帙，金樓自爲序。《藝文類聚》引《傳》總序曰：「孝子烈女逸民，咸有別傳。至於忠臣，曾無述製。今將發篋陳書，備加討論。」則元帝以前，別無録忠臣者，當云「蕭繹之録忠臣」，與自序「烈女逸民孝子」並列亦合。荃孫再跋。

繆荃孫輯《藕香零拾》，宣統二年刻本

〔一〕子孫永珍：當作「子孫世珍」。

〔二〕長興：當作「長塘」。

澹生堂藏書約

祁氏承㸁《澹生堂集》第十四卷爲《讀書志》，凡《藏書訓約》、《藏書訓略》、《庚申整書小記》、《讀書雜記》、《牧津輯概》、《世苑概》、《詢兩浙名賢著作檄》、《著作考概》、《夏輯記》，共九篇。《藏書訓略》中復分《購書》、《鑒書》、《讀書》、《聚書》四章。鮑氏《知不足齋叢書》所刻名《澹生堂藏書約》者，乃此卷中《藏書訓約》、《藏書訓略》二篇，而以《藏書訓略》中《讀書》、《聚書》兩篇，别出爲《讀書訓》、《聚書訓》兩篇，以冠於《藏書訓略》之前，遂使原本面目盡失。繆氏《藕香零拾》亦刻此書，悉仍鮑氏之舊，二公殆皆未見《澹生堂集》也。

《陳乃乾文集·讀書識小録》，國家圖書館出版社，二〇〇九，原載《人文》月刊第七卷第六期（一九三六）

淡生堂聚書訓序一卷藏書訓略一卷　一册

明祁承㸁撰。承㸁字爾光，山陰人，即淡生堂主人也。長子彪佳，南都失守，絶粒端坐池中死。次豸佳，國亡不仕。淡生堂之書，鼎革之際，蕩然無存，以視鐵琴銅劍樓、天一閣，真有幸有不幸矣。讀此約，慨何如之。

張宗祥《鐵如意館手鈔書目録》，油印本

澹生堂藏書訓約四卷　明祁承㸁著　不分卷一册　萬曆丙辰（四十四年）刊本

《紹興先正遺書》本《澹生堂書目》首附《藏書約》、《庚申整書小記》及《整書略例》，繆筱珊嘗刊祁氏之《藏書約》及《藏書訓》、《讀書訓》。此書則爲萬曆原刊本，《讀書訓》、《約》及《整書小記》等均備於一編。諸藏書家皆未著録，誠秘笈也。首有郭子章、周汝登、沈漼、李維楨、楊鶴、馬之駿、錢允治諸人題序，亦他書所未見者。葉銘三攜明刊殘書百數十種來，余選購數十種，價甚昂。此書亦在其中，獨不闕。余得之大喜，快讀數過，若與故人對話，娓娓可聽，語語皆從閲歷中來，親切之至。蓋承㸁不僅富於藏書，亦善於擇書、讀書也，惟甘苦深知，乃不作一字虚語。余所見諸家書目序跋及讀書題跋，惟此書及黄蕘圃諸跋最親切動人，不作學究態，亦無商賈氣，最富人性，最近人情，皆從至性中流露出來之至文也。繆刻多錯字，《紹興先正》本亦多所删削。稍暇當以此本重印行世，以貽諸好書者。

鄭振鐸《劫中得書記》，上海古典文學出版社，一九五六

傳記資料

大參祁父母夷度先生傳

公諱某，字某，別號某。遡祁之源，實自晉大夫祁奚肇其脈。繇汴徙越，越之福巖爲始祖。五傳至茂興公，生耕樂公。其子雲林公，生直庵公，首以明經起籍。其次梅川公[一]與復庵公，先後成進士。梅川公以柱下顯名，出守兩大郡，埋輪所及，聲藉藉不泐。嗣蒙泉公，得晉爲司李，明允補諫垣，歷階通奉大夫。其叔子贈中憲秋宇公，娶英德侯沈公翁洲女，實生參知夷度公。方太恭人初娠時，假寐夢得黃冠一，搴帷入，頗恐，覺，未幾即降。比長，有折柳戲誤爲敗井所窨，墮有頃，莫有偵者。豈天不欲泥公，俄有物翼其兩足以出，公弗悸。公性岐嶷，幼爲乃王父掌上珠，或驚曰祁之長文，每使屬對立應，詞必恰合。宦遊所經，問誰驂而著□者，公也。尋蒙泉公方赴赤蚪之召，陝以右不勝桐鄉之思。閱兩朞，贈公苫塊骨立，尋修文地下。噫，公乃不滿三尺耳，十齡耳。俾白楊白馬見則驚，驚且瑋之，啬贈公年而豐贈公之後，吾於天乎有感。贈公方寠三月，沈太恭人遺身甫誕，兩孤不足以存一孀，呱呱此刻，揮淚亦此刻。就外傳，偶出以見長人，憐才者啖以牛心炙，至鑒公腹綦坦，因甥之。百蹇修不足當禹屏公陽秋耳。然門户雖寂，而徭役尚繁，公必先其事。踰年，爲紫溪蘇公所賞，名始蔚。又踰年，爲慕渠蕭公優甄，積其蔚邑郡，全浙不仲任公，則子雲、子建公。武林貞父、孔肩輩，皆心折焉。嗜古而嬰疾，疾甚則研精於禪定。好購書，好賓客，家益落弗問。至火其書，仍自若，罪弗及奴子。祝融能烈公名編，不能燼公鴻寶，但慧在而注睫，轉睫獵秦漢以上精髓，觸汗不已。恭人早世，公復不喜閟牖下，戒行李北遊，入成均。挾其如波如雲之文，就毅庵黄公試，見輒擊節。庶常貴介，輪滿于邸，非問奇者去。庚子秋入試，登賢書，向之見重于祭酒先生者，今轉爲畢東郭〔二〕先生國士。人以喜，公以泣，憶贈公、恭人語，涕之無從，不以貴而釋也。辛丑下第，歸自廣陵，病幾不起。夜半有靈神授以圭，詰旦乃愈。公寤，更以性命理大，遡本于王父之宗，則王文成爲上譜，因執弟子禮，莊事海門周先生，析疑討幽。閱三禩，甲辰成進士。公自念獲一第，以天下任己，平則撫，變則拯，殷憂與鞠躬并。故進匕飭則赤脚無齒者先，他弗御也，一素袍、一布被、一蚩蚩僕、一遨遨輿焉。每追悼孀恭人一生茹荼，際今日弗籲于上，茹荼之目得瞑乎。因濺血著一疏，請旌恭人節，不計年及格否。蓋雖痛恭人于冥而飾意，售則懟忠可虞。時以甲次補寧國令，此固學道家首建地也。惜寧積嶢埆成邑，民有急則麕驚從事，然侵山者横而成螯，巧揑者恣以入淵，社倉不足以實吏胥，艑運未能以平悍卒。公下車布其政令，揉其鋭，抑其恣，剿奸以正額，建倉以待糴，合寧之弱、寧之强，張之弛之。新宣廟以崇文，時髦思奮，公不難設飲饌筆札，以增膠序之采。暇則屏騶從，隨意具蔬食，數問寧民疾苦，且飭六諭以勉。有隱牒而匿其梗者，覺捫舌去。或告曰，寧尚有不悛之猾，其父耻而沈若身不悔。公之感人如此。迨丁未入覲，榜以卓異，繁長邑借箸于公，上命嚴甚。公問俗，奢誕幾何； 胥吏舞文，鄉户告瘠逋亡幾何； 詭寄冒荒、宦户不任役幾何。首著六款，自箴箴人，己澹而疇爲染指，己肅而疇爲扦罔，己敏惠而疇廢閣、疇剗削。裁革當而風節嚴，逐馳〔三〕渤海，震耀關西，與公實鼎而分其孅。此而市不畏折閱，父老不畏煩役，即薦紳亦不能冒其例。七邑當事者奉檄恐後，督撫兩臺並將崇公之議而録公之心。拭汗成績，不以獨瘁謝也。無何，歲戊申，忽陽侯祟甚，四十晝夜不少止，巨浸不減懷襄。公乃剜臆欲粒其民，時且先爲稽米法以俟平糶，復爲輸粟，大則免役三年，素封聞者無悋，彼角距者自戢其性，凡賑災民、賑貧士，功可按籍而計。庚戌再當覲期，臺省寵以卓異，行高其冠蓋。公無擅，僦蕭寺一榻，攜所藏龜山、無垢書，雞鳴風雨，諷咏不輟，未嘗一履要門。是故清華之譽，竟翻于貝錦，南北部甘如素履。雖然，珠玉也塵之，棟梁也櫟之，雲漢也汶之，固不受，果若人言乎？是人物不評劉，而月旦不標許也可。嗚呼，士自有品，豈得以口舌愛憎貴賤之哉？公即日與同咨凡同譚公，共駕一葉而南，嚴霜苦雪，誓若一心。嗣後憶密園恐其蕪，再憶藏書虞其散，不惜捐餘俸以潤密益，購名書以曠所觀。仕澹而千卷不啻濃，公真大學問人也。尋詣部受事，事誠簡也。棘庭保無夜哭乎？公立洗其冤，以數十人計。飲冰半載，稍擢南駕部，貢舫其司也。差有長短，與夫貢器貢鮮，貢水鮮、土鮮不一，公俾三老安其役，中涓不得攬其權。迄今讀《司舫衲言》，信可令諸貢籍者，歸首美于倪公，歸嗣美于公，不居然召杜耶並祠之便。公未幾再膺職方副郎，極知菜傭而當干城不祥〔四〕，況半爲衛弁冒破，公汰之盡。時天子方側席求賢，公領刺吉安。吉之地可封，吉之人士可教，吉之先達如青螺郭大司馬、南皋鄒大總臺益可相證嚮，吉之鷺洲書院可卒業。爲六諭數千言，陽以消左道之惑人，鋤豪豎之跋扈，陰則俾一時名士聞風攻玉，見約發硎。俄而章貢災，水之狎而浸者無算，至于室廬漂没，婦子蔽江下。公隱此，懸重金，餌營兵，始回其將斃，再賑其餘生，矯請府粟。公之德則大，然猶痛未定也。驕陽隨其後，公竭誠禱祠回其虐。吉有好雀角者，望公庭輒生惡。治吉方瓜，江左之誦公政如沸。會同舍郎淫于墨，懼中考功法，擠誣自固，此而廉穢殊則，比周某者將不利于公矣。公聞久，既不以飛書亟自雪，想當道定有山巨源在。已而計報至，呶呶者大遂其私。時公一手完訊牒，一手持計報示家人，隨命旦日趣裝别，而絶不恚所誣何故。時南臯先生慰語甚温。公剪炬作序作疏，設講席謝諸縉紳，中坦外夷，笑啞啞不置，諸縉紳豈能以宦情語强之解。乃者歸轅在道，士與民共泣而攀之，竟至塞路。意夫青原一片石，堪作峴山分績，故四賢古祠也，借公而割半座，五其位置。舟歷富春滸，景客星則就拜，遇代之憂者必解頤以釋之。抵山陰，密園不荒，恒圃將搆，幾欲與田畯課晴量雨，充其蓑穮。則將所藏書周攬博極，酣極得下酒物一段，便欣然浮白。稍痦，仍雙踋，理無生業。有問字者至，不謀皮而謀口謀心。戊午秋，攜諸子公應浙試。季公方韭譽賢籍，有驚才，海内士相詡以玉尺，公澹而茹之無矜容。公與季公並策蹇抵京師，乘便投牒，補沂倅。倅纖豈煩國華，公乘暇究宋明道西夏制馭諸策，枕戈自課。將二載，稍遷宿州守。宿當南北衝，綰轂之省九，所轄驛凡四，其間里之尪人，驛之殘騎，阻皇華借冒者充斥，公乃宵旰裁定。時修甲繕兵，拳勇習騎射，必倍餼。即丁河决，不忍以宿民應彭城，爭勿往。白蓮告警，知公幾先之哲，厝于磐石。壬戌，季公舉進士。無何，煤徒事起，不以告者之口傷餓人，餓人直泣感相散。兵符焰餘也，何庸三讀《符離紀》，神先爲往。時當道聞公譽賢，所部並著能聲，乃晉職方郎，與諸公共以經國爲盟。大司馬咨以東事，或黔蜀旁午，公能殫血誠，裁議審，如紅花、盧龍與盧峰，其餘宣武營、秦王島、義院口，並酌而佐。其議至于料黔要害，如指畫主客之形甚晰。時且應餉必輸，應力必鋭，軍容整而談天者，説劍者弗克假以重，此廟算之最勛也。公又稽古有獲，舉凡漢南北軍、唐府兵暨九邊財賦會計，咸有成檄，堪佐樞府用。嗣後寧遠捷而收功于一擊，豈倖也哉。爾乃需邊才孔棘，詔令諸臺省舉所知，或按《牧津》以薦，或執《符離紀》以薦。迨公備兵于磁，乃與二千卒先誓後發，先六款十條，後繼飆不遺力。想公一日籌磁，自蘇文忠、李兖州、种清澗良法彙以展錯，故爲郭開府之長城，而亢毛帥，減厨傳，省儀從，裁冗役冗馬，兼炤所鎮之乾者，永諭于珉石。比河朔天降旱，再降蝗，再以霪，發城版過半，民即巧逋，非餤則魚。公爲例外之賑，活者若忘亭毒而著爲頌。至後朝歌一獄，有蓮孽四十二人，幾幾膏首于鉞矣，公坐嘉石，讞諸狀，則痛而生之。期年士民跣步，籲上臺借公久治河北。新上嘉其疏。將行，聞猶子某某魁浙，公歡笑累日。會循資擢江右參知，時銓部茂舉藩臬二十人，公首焉。繇來治水、治旱、治大攝諸變則膺賜宴，得當獨録，川功有據，則受上賞必渥。奈藩臣去國，不恤以其身。路病，有篤年誼者商五石散，起公色。抵舍而文酒泉石以爲娛，門不掛干旄久矣。第上方勤寵勞，公則有脂車已耳。豈意痾轉劇，而削牘報兩臺，口不暇給，即五子公在側不能强絆。石火三十年，精髓不肯爲藩憲留，并不肯爲嗜萬卷、嗜佛、嗜清白者假歲月以竟其志。至此繞榻經行唯五人，易簀而西方往者必公也。公之神行，與五世大夫並妥一祠以食其美。又與孀恭人、孀姑並著奇節，詡詡而式臨者，密士殆笑而歸于化歟。有《澹生堂集》若干卷行于世。蓋遡學道之本而文成通其遠髓，稽服采之熾而所部布其飛碑。室密而心愈凛，收以《書約》何其嚴；志澹而道彌弘，剔以旱澇倥傯則倍肅。且痛定不戕一靈而務登于袵，救拯之苦心未有盛于此者也。至于廣錫類，撫弱弟，行愛于五丈夫，無私而兢兢以藏書立之訓，宜爾蟄蟄兮啓建鉞之偉業，莫與儷已。

史氏曰：公來長洲，首崇教化，貽書相詢。佪愚漫答云，貧兒十日傭而得百錢，其子竊之，酒肆稱伯矣；貧婦百日績而得一縑，其夫被之，閭巷稱郎矣。蓋締交自此始也。公坦夷而嚴重，無暱民，亦無媟士，廣勸積貯。大祲之年，過小齋，斷葷徹樂，竟夜愁黯。吾友朱叔經祖文袖公《西夏》一書，手加評隲，置予篋中。盛夏曬書，瞻對如面。每過大梁、磁州，亂行南宿荒野中，及半肩行李到山陰深處，與父老雜坐，詢公行事，輒唏噓不能去。公既有法以貽民，而代之遏揚又在我后之人。樹之風聲，穀我士女，此邦之人，何其幸也夫。

陳仁錫《無夢園遺集》卷六，崇禎八年刻本

〔一〕梅川公：原作「川梅公」，乙。

〔二〕畢東郭：當作「畢東郊」，即畢懋康。

〔三〕逐馳：原作「遂馳」。

〔四〕不祥：原作「不詳」。

大參祁父母夷度先生墓表

叙曰：學遡古宗，禮樂有聲于伊洛；仕昭至性，謨猷益懋于山陰。地鍾禹德之休，生諸賢而琳球常潤；月乘貞嫿之瑞，降一士而瓌瑋殊輝。食報之奇，繇于樹厚；晉階之密，肇自夙丕。有明大參知曰夷度祁公者，諱承爜，字爾光。譜馥于祁奚，炳炳晉乘；源深于上汴，脈脈福叢。自五傳以來，代有偉才，郡鳴義俠。耕讀久而博士始聞，風節遥而議垣彌著。公甫十齡，輒攖百孽，折柳幾墮。而生嗜書，及宵而旦。羽客夢以異徵，千里啄其英物，此慧啓泰鴻，而凝重所自騭也。博上古中古之遺，五燈不晦；探今生往生之秘，二乘旋開。幼而敦禮，孤不忘蓼，爾乃心惋于大士前，神愴于藥王下。遭火不戒于豎子，進饘更廩于殘帷。用以豈弟釀其血誠，荻丸邀其冥眷。夙登賢籍，早拜令侯。慈節未旌，九閽隕涕，崇恩靡及，一室摧心。公時首補寧國令，毋以簡忽，毋以逸侈，驚民使馴，弱民俾淑，負山不豪，所訊明允。踰年茂績，繁轉長洲。經冊緯冊，亂絲理也；孰户荒户，鴻鴈集焉。課兩邑之文英，學道行愛；新二都之宣廟，遡統尋源。譽滿清華，忠將報瀝。第要路嘌嘌，難醒密士；所繇落落，不悔家學。逾嚴面壁，弗辭孤標，內映至期，乃得南中比曹，越歲又調南駕主事。慈周肺石，洗沉冤數十人；察見司舫，禆帑金三萬計。瑫不中飽，運有良規。于是清勾則迂傭縮步，泣驗則佽飛先登。頌不脛而合，祠不請而符。至夫出刺于吉安，乳水心契，于茲逢原，卵翼情深，繇來飲馬。鷺洲聲徹，手疏可宗，左道思窮，治諭攸鑒。士體飭，公無矜；秀業明，公益勵。況章貢災，民乃魚矣。公重金以呼卒，而發穀以賑民；且驕陽肆，民轉燼矣。公跣步以禱天，而灑血以搶地。尋而路莽讐方，攀轅正切，理無照膽，拂袖允宜。園居得詠，益濬先憂；圖史盟幽，尤中後勍，公忠壓懷，曠然邃式。爰有充閭，嫡大賢派。矯矯天飛，章章帝賚。至如補沂州倅，及遷宿州守，當蟣中恪，秉巨內虔，皇華不阻，郵政聿新，乃宿不受蹂躪，國不能橫征，公其保障哉。白塔當原壽春，符付之一炬；一東宜貸泗上，獄縱其諸饑。且夫《琅琊篇》宛載芳蹟，《符離紀》寔迸精忱。至如晉秩于職方副郎，圭璧人倫，綵綸國望，蜀遼賴有北門，黔越益多東箭。公猥當選練，寧遠坑匈奴之魂；審視清勤，朝廷隆司馬之寄。政以牒勖，仁以性成，猛逮前賢，急程後胤。《壁觀》通簿書于微，《牧津》證名畫于渺。邊才倚重，人不能私；河朔要衝，公豈獨靳。又遷河南臬僉，備兵于磁鎮，見公先檄於聲，先誓于發，軍投戈而乃作氣，虜退舍而乃寒心。黜毛帥疏則餉有餘儲，減厨傳儀則驛遺禁石。公何難。旱苦孑遺，蝗不毒境；浸憂莫輓，版以撼城。從焚溺而生者，公之留遺也。繼仍轄河北少參，再擢江西大參。茲者地限江河，及瓜殊効；職均藩臬，迨夕惕思。爰留川功，用佐樞府。書盈四部，通逝者之如斯；　業藉百年，願賢者識其大。　是蓋擬脂車其尚迫，乃竟犯混康而溘露者乎。　享年六十有四，崇禎元年冬月寢疾，卒于□□里。

合寧與長與南比駕二部及吉而沂而宿并中州江右者：　思繫孔邇，靈觸桐鄉。　德飛邑郡，頌浹省臺。　輟歌輟舂，雙梟何方。　古爽書淫，崚嶒墨莊。　擁褐服采，無異誓肌。　憂多于懌，飲冰披肝。　城府不有，嫉猜渾忘。　嚴毅中肅，樂易時揚。　良知精髓，光煥縹緗。　案牘摘發，游刃化馳。　悠然東山，唯古人師。　片語落花磚，不數智永。　半游過台雁，同泛子猷。　五色雲開，羲獻之堂。　一輪月暎，秦望之乳。　因有無垢呼爲勝朋，文成揖爲畏友者矣。　某年某月日隧于化鹿山之陽原。　將以滌塵垢，完問學，濟國經野，近安遠恬之身，而歸于奄忽。　名世挺生，擢冠柱史。　正色而從諫轉圜，按轡而奸宄截蘖。　興除彰癉，長洲苦役將貽以來牟。　慰在天之靈，能無慊乎？　復暨伯仲氏快讀未見之書，競奮六月之息。　吏尚廉平，洵有天道哉。　於戲，緬公大誼，則彤筆躍而欲鳴；　稽其殊猷，則隃麋酣而思舞。　雲深霞蔚之區，崕豁峰攢之會。　令千秋下仰止者神溢于立馬，樵蘇者意悚于寒楸。

銘曰：　燁燁公族，爲晉巨卿。　汴流遐邈，徙越隸萌。　五傳開美，聞人樂耕。　代衍忠節，門垂直聲。　公誕瑰異，夢符上清。　舞象穎發，破萬卷精。　賣劍購書，如鄴百城。　得雋食厚，應王之楨。　撫字所部，夙夜心行。　或平補救，或亂止訇。　斡天[一]諸囏，早潦權衡。　河東惠風，質民端生。　秦銅盈把，劑世靡爭。　坦以自適，猜無相傾。　捐金砥瀾，子來吉兵。　拯溺功高，譽浹上京。　入而比駕，咎繇孔明。　岳牧仰屋，公建孤擎。志干寒雪，乃表白珩。侃侃大猷，左公右卿。暇則著書，素履怦怦。傑然松老，臨卬崢嶸。孀誼薄天，貴即乞旌。帝重年格，潸下陳情。冠掛禹穴，逍遥禪盟。心狎泉石，疏常滿籯。皎乎大儒，礴礰水精。建駿綦廣，康功不寧。幾幾猷念，逝水莫停。豐碣倚雲，深鏤鴻名。懿實戛古，舊知銘成。抒毫抒素，上燭長庚。詞峽欲傾，風雷相驚。遐哉喜起，祠者盈盈。山高楸密，靈長卯塋。

陳仁錫《無夢園遺集》卷六，崇禎八年刻本

〔一〕　斡天：原作「幹天」。

江西右參政夷度祁公墓碑

今海内稱博貫能吏治者，則山陰祁公夷度公云。壬戌，予見公長安，以詩文大事許予。寥寥宇宙，知者幾人。公予知己也，而今乃爲公碑耶，慟哉。公姓祁氏，諱承㸁，字爾光，號夷度。其先出晉祁奚，徙汴、越。六傳耕樂公，以策制倭。復三傳而梅川公與復庵公登進士。梅川爲御史，復傳闇齋公，復傳蒙泉公。蒙泉公以進士給事右轄于陝，子四，三爲贈中憲秋宇公，是生公爲塚子。令寧國，調長洲，又南刑曹，又車駕司主事、職方司副郎，守吉安，倅沂州，又守宿州，又職方司副郎，又職方郎中，又南臬僉，又晉少參，尋爲江西右參政。公早孤，能自立，家有火祥，北遊成均，歷諸驥濕，煎熬刮砥，好古書。及其政事儲戎，能不依權勢，孚惠于民。當今天子欲于諸臣中求學如公，厝之政事，戢暴禦寇，以敉家邦，而公歿已。能不歎公之不究，爲天下惜乎？公嘗主南駕部與守宿矣，中涓方憑舊焰，諸猾者牙蘖其間，無敢誰。公典貢艘，能以三等九則瀴鉗之，額錢私稛，束手不敢噬取。練兵于宿也，伍無滯饟，器用給于士，利戈無懦。二東流民據宿，白塔山騷動，公得賊牒焚之庭，故爲泗上行能禽其大憝。公在符離，妖賊不敢窺，公實攝之。而後十餘年，公嘗備兵磁州。當是時，寧遠圍，剳于丘，民走死，天子赫然命以二千兵來援。公拜稽首，誓于將士，無丁，選中男，理弓矢射法，董勾卒嬴越于給芻擾亂之間。欲赴敵，奴因以退。公之大節如此。他如兩宰邑，老吏憚驚，長洲清田萬頃，水毀活人，亦以能名。在職方，盧峰、秦王島諸處以新兵增備，革冒司農餉，洎[二]諸弁驕惰者，公不以色授人。先是守吉時，同舍郎啣公，于是倅丁沂州，歷于宿矣。或絀或遷，即遇陰蠆而猶能不阿如故，蓋未嘗自絀云。公之擢少參、江西右參政也，天子方任用公，而公服官勞成疾，以崇禎戊辰十一月初一日終，年六十六。公著書百五十卷，於世利無所嗜，敬忌謙退，一當大事，毀譽錯愕不少動。鄒公元標雅相善，曰：公卿材也，今兵革半天下，而我師輕窕易折，公若在，授重寄以經術爲之，蓐食焚次，豈至如秦晉郕鄘勇之釁而禍之深耶。國家養數臣不收一臣之報，而一幹濟臣可勝百庸禄之用，雖未大用，其眎自恕以偷利一時者，不懸絶哉。公庚子舉人，甲辰進士。五子。長麟佳，國子生； 鳳佳，貢生； 駿佳，恩選貢； 彪佳，壬戌進士、興化推官、福建道御史； 豸佳，丁卯舉人。孫男三，鴻、同、興。

銘曰：奕葉流光，惟有厚韜。蟬聯于永，仕版于翱。公幼墮井，鬼掖窞遭。夢神授圭，病用不嗷。善事寡母，厥有其勞。置彼義田，蕪關倉廒。茂苑皇磚，疾病同切。陽侯爲暴，築圩以濟。爰讞爰欽，匪敢刻斃。左術咒人，公繩其猘。章貢澩傷，則救而惠。維男與婦，出死流涕。尸祝青原，瑯琊牧疆。黔蜀旁午，兵律有章。鳴求退劄，麻鎮濫粻。公曰不可，所省用臧。倣唐廂兵，遐不謀長。九邊財賦，豪無攸戕。毛帥裁餉，于磁厥妨。非公止之，軍食其殃。營房械庫，學田且懿。藩臬不倚，公實自器。自古人爵，幾復書智。朝被華服，暮庋書笥。以臆决事，臨文斯悖。學匱術無，恧而利嗜。公之博通，我曾師事。乃仕乃優，克立大端。不尸厥職，厝書于官。大矣華問，襮裏奚彈。天下望公，翼爲尚寬。勢長聲生，乃爾蓋棺。密園竹石，慘煙緊冷。厥子以慶，昌以鴻景。松栢肆肆，孝孫來省。不愸于國，心焉怲怲。曄曄不玷，俾熾億炳。

王鐸《擬山園選集》卷六十三，順治十年刻本

〔一〕洎：原作「泊」。

祁承㸁　字爾光，又字越凡，號夷度。行忠廿。生于明嘉靖四十二年癸亥三月十一日巳時，卒于明崇禎元年戊辰十一月初一日酉時，享年六十六歲，葬會稽化鹿山。

汝森　長子。領萬曆廿八年庚子科順天鄉薦第□名，登萬曆三十二年甲辰科第□甲第□名進士。初任直隸寧國縣知縣，調知長洲縣事。陞南京刑部主事，調兵部，陞員外、郎中。出知吉安府事，左遷山東沂州同知，陞直隸宿州知州，又陞北京兵部員外郎、河南按察司僉事。尋加參議，陞江西布政司右參政兼按察司僉事、寧太兵備道。殁祀名宦、鄉賢。後以子彪佳貴，贈階中大夫。後又以子彪佳殉節卹典，贈光禄大夫、少傅兼太子太傅、兵部尚書。

娶長賢街王氏　號宇屏公之女，生于明嘉靖四十三年甲子八月十九日巳時，卒于明崇禎十四年庚辰〔二〕三月初四日亥時，享年七十七歲，合葬會稽化鹿山。以夫貴累封恭人，後以子貴晉封太淑人，後又以子彪佳殉節卹贈一品夫人。

生五子　長麟佳，太學生。次鳳佳，貢生，贈奉直大夫、兵部員外郎。三駿佳，選貢。四彪佳，登進士，副都御史巡撫蘇松，乙酉殉節，贈光禄大夫、少傅、尚書。五象佳。

生一女　壽姐，適峽山何繼洪，兵部尚書號沅溪公之孫。

《山陰祁氏家譜》，中國國家圖書館藏清鈔本

〔一〕 十四年庚辰：當作「十三年庚辰」。

祁承㸁　字爾光，行二十，年三十四，三月十一日生。貫浙江紹興府山陰縣，匠籍。國子生，治易經。曾祖錦，贈中憲大夫、按察司副使。祖清，通奉大夫、布政司右布政。父汝森，監生。母沈氏。永感下。兄承煇，監生。弟承爜；承熢，貢士；承勳〔一〕。

《萬曆三十二年進士登科録》，上海圖書館藏明刻本

〔一〕 承勳係承㸁胞弟，餘皆堂兄弟。

祁承㸁　夷度，易一，辛未三月十一生，山陰縣人。曾祖錦，中憲大夫、貴州副使。祖清，通奉大夫、陝西布政。父汝森，太學生。庚子順天十五，會九十，三甲一百十五。工部政。本年授寧國知縣，丁未調長洲，庚戌升南刑部主事，辛亥調南兵部主事，甲寅升員外郎，乙卯升郎中，升吉安知州，丁巳京察，己未降山東沂州同知，辛酉升宿州知州，壬戌升兵部職方司員外，乙丑升河南僉事，丙寅加參議，丁卯加副使，升江西參政。

《萬曆三十二年甲辰科進士履歷便覽》，上海圖書館藏明刻本

祁承㸁一首

承㸁，字爾光，紹興山陰人。萬曆甲辰進士，授寧陽知縣，調長洲，遷南刑部主事，轉兵部，歷員外、郎中，出知吉安府。京察，謫沂州同知，稍遷宿州知州，入爲兵部員外，歷河南按察僉事、副使，江西右參政。有《澹生堂集》。

《詩話》：參政富於藏書，將亂，其家悉載至雲門山寺，惟遺元明來傳奇多至八百餘部，而葉兒、樂府、散套不與焉，予猶及見之。其手録羣書目八册，今存古林曹氏。寺中所儲已盡流轉於姚江、禦兒鄉矣。

聞警

醫巫閭下水東流，填盡枯骸剩作丘。當局豈皆肉食鄙，傍觀寧盡杞人憂。既知殘弈惟爭劫，坐視危檣欲覆舟。可是樞臣饒遠策，故將鎮静作良謀〔一〕。

朱彝尊《明詩綜》卷五十九，康熙間白蓮涇刊本

〔一〕「聞警」出自《澹生堂集》卷五，原爲「遼警二十首」其十三。「枯骸」原作「殘骸」，「剩作」原作「尚似」，「豈皆」原作「定非」。

《澹生堂讀書記》書名索引

説明

（一）本索引收録《澹生堂讀書記》内出現書名，按首字拼音排列。
（二）「藏書訓略」大段引用《少室山房筆叢》、《史通會要》，引文内書名不立條目。
（三）條目均照原文，簡稱加括號釋補。

澹生堂藏書目

整理説明

《澹生堂藏書目》，明山陰祁承㸁（一五六三—一六二八）編，稿本八册，不分卷。藍格稿紙，四周單邊，無魚尾，版心上方刊「淡生堂藏書目」（書目正文部份）或「淡生堂藏書譜」（序例及四部類目），中部墨筆記部類、葉次（如「經一」）。書目爲帳簿式，分上下兩欄。每葉上欄十六行，記書名。下欄三十二行，記卷數、册數、函數、版本、子目等項，作者或編者姓氏記於下欄底部。第一册冠《澹生堂藏書約》（引言部分）、《庚申整書小記》、《庚申整書例略四則》，即本目序例。册一經部、册二三史部、册四五六子部、册七八集部，各部前冠本部類目。第一册封内附簽條，載丁丙題記。第八册書末有徐維則跋。書目爲萬曆四十八年（一六二〇）編定，祁氏生前有所增補，標以續收字樣。收藏印鑒有「澹生堂／經籍記」（朱文長方印）、「曠翁／手識」（白文方印）、「子孫／世珍」（朱文圓印）、「山陰祁氏／藏書／之章」（白文方印）、「嘉惠堂／藏閱書」（朱文長方印）、「朝陽／晚翠／之章」（白文方印）、「八千卷樓」（朱文長印）、「江蘇第一／圖書館／善本書／之印記」（朱文方印）等。書影參見《南京圖書館珍本圖録》（江蘇人民出版社，二〇〇七，第一〇一頁）。

《澹生堂藏書約》，稿本二册，萬曆四十一年成書。藍格稿紙，四周單邊，無魚尾，無行綫，版心上方刊「淡生堂經籍」。半葉七行或八行，行十六字。第一册爲《澹生堂藏書約》（引言）及《讀書訓》《聚書訓》，第二册爲《藏書訓略》，下分「購書」「鑒書」二章。稿本前後附明人手書序跋題辭十二篇。鈐有「八千卷樓／珍藏善本」（朱文長印）、「八千卷／樓藏／書印」（朱文方印）、「錢塘／丁氏／藏書」（白文方印）、「江蘇第一／圖書館／善本書／之印記」（朱文方印）等收藏印記。《藏書約》稿本文字，已收入新編《澹生堂讀書記》。

以上《藏書目》稿本八册及《藏書約》稿本二册，清末入藏錢塘丁氏八千卷樓，現存南京圖書館。

《澹生堂藏書目》抄本尚有多種傳世，如許元溥舊藏起元社抄本（大連圖書館）、宋氏漫堂抄本（國家圖書館）、錢氏萃古齋抄本（國家圖書館）、顧廣圻跋本（上海圖書館，闕集部）、沈氏鳴野山房抄本（天一閣）、汪氏藝芸精舍抄本（青島博物館）、李盛鐸舊藏本（北京大學圖書館）等等。光緒十八年（一八九二），會稽徐氏鑄學齋首次刊刻《澹生堂藏書目》（簡稱徐本），爲《紹興先正遺書》第三集第三種，係借用八千卷樓藏稿本校刻而成。徐本無凡例、校記。與稿本兩相對照，知其體例多有改易，如將全書析爲十四卷、歸併續收諸書置於各卷末、著録先册數後卷數，删去標有「重」、「重入」字樣條目等等。

《澹生堂藏書目》稿本第八册書口上部爲銀魚洞穿，明別集（「國朝詩文集」）書名殘損三百餘處，全書後經加襯重裝，少量紙殘傷處有補筆。康熙間漫堂抄本、乾隆間萃古齋抄本已是殘後所抄，光緒間鑄學齋刻本有所訂補，闕失仍多。大連圖書館藏起元社抄本（簡稱大連本），猶是蟲蛀前過録。此黑格抄本八册，半葉八行，白口，無魚尾，四周單邊，左邊框外側下方有「起元社」字樣，鈐「許印／元溥」、「泰／峰」兩枚朱文方印，抄成當在明末清初，許元溥、郁松年（號泰峰）遞藏。大連本無序例及四部類目，第八册尾脱「國朝湖廣四川雲貴諸公集」以下數葉（稿本著録七十餘種），其餘大體完好。可據大連本補回稿本蟲蛀欠字十分之九，約三百處。稿本第六册「叢書家類」末脱一葉（著録兩種）、第八册「續收浙省諸公集」内脱一葉（著録十五種），亦可據大連本補全。北京大學圖書館藏李盛鐸舊藏本（簡稱「北大本」），八册，半葉八行無行格欄綫，有朱、墨二色批校，鈐「麐嘉／館印」朱文方印。該本「淳」字作「湻」，「曆」字或避或不避，抄録時間似在清末民初。天頭常見朱筆某字「鈕補」、某字「鈕乙」，《三山全志》條上注「此條本無，鈕校夾注在旁」。第八册書末朱筆摹寫方印「貞節／堂圖／書印」、「顧廣／圻字千里／號澗濱」。可知該本或據鈕樹玉校袁廷檮、顧廣圻藏本傳寫。北大本明别集部分基本完整（「續收浙省諸公集」内脱葉未録），可補稿本殘闕。

今爲《澹生堂藏書目》第二次整理出版，旨在儘量恢復稿本原貌，同時完善體例，方便讀者使用。整理凡例如左：

稿本各册原無大題。今統一題作澹生堂藏書目，第一册至第八册分别題作經部、史部上、史部下、子部一、子部二、子部三、集部上、集部下。

稿本四部前所冠本部類目，與正文實際類目頗有出入。整理本參酌異同，新編總目。計經部十一類五十六目、史部十六類五十八目、子部十三類五十七目、集部七類二十五目，凡四部四十七類一百九十六目。二級類以下不分目者（如「正史類」）、三級目多條實際合併者（如「會編并纂略」、「琴附絲竹」），均按一目計算，「續收」項不計入類目。

稿本上欄大字，下欄雙行小字。整理本統一改作單行，字號一律，原屬上欄之書名頂格。

本書主體爲三級目録，亦有少量第四、五級目録。例如《代祀高麗山川記》，屬史部-國朝史類-行役-使命。稿本内二級類目標題在上欄，三、四級類目標題在下欄。整理本内各級類目以不同字體標識，以示區别。

需出校記者，校記列於條目所在目録分類後。

稿本紙殘闕字處，可補者加方括號［ ］。空缺者用□表示，每格估計一字。誤字加圓括號（ ）表示删去，方括號［ ］標識改正之字。

編者補充之類目標題，加方括號［ ］號表示。例如易類下補標題［疏義集解］。

稿本内書名項下手書「重」、「重入」字樣，及書名上墨筆標「┓」號，凡一百七十餘處，均表示重複收録。整理本保存全部條目，統一標注【重】字。

子部三兵家類續收末、五行家類陰陽末各有一處明顯裝訂錯葉，據上下文移回原處。

稿本常見筆誤，如「金獻彙言」應作「今獻彙言」、「百名家書」應作「百家名書」、「記録彙編」應作「紀録彙編」、「吴梓」應作「梓吴」、「庚巳編」應作「庚己編」、「范大成」應作「范成大」，一律徑改。異體字酌情統一。

附録《澹生堂藏書目》稿抄刻本題識跋語，彙集顧廣圻、劉喜海、李冬涵、丁丙、徐維則、徐友蘭、瞿鳳起諸家文字。

《澹生堂藏書約》、《庚申整書小記》、《庚申整書略例四則》已收入《澹生堂讀書記》，爲免重複，此處不再收録。稿本四部前原冠本部類目，現以《四部類目》之名收入《澹生堂讀書記》，此處亦不重收。

整理本書，承蒙吴格先生始終鼓勵支持，徐憶農女士、薛蓮女士、毛文鰲先生、陳曉珊女士、Cathleen Paethe 女士給予幫助，統此謹表謝忱。

鄭　誠

二〇一三年八月初稿

二〇一四年十一月修訂

附記： 本書重印之際，訂正訛誤數處，附録增補天一閣藏《澹生堂藏書目》鳴野山房鈔本馬用錫跋文一通。承蒙董岑仕女士、龔纓晏先生、饒國慶先生熱心襄助，謹志謝忱。二〇一九年十一月廿九日。

目録

澹生堂藏書目總目

經部

易類

古易　章句注傳　疏義集解　詳説　拈解　考正　圖譜　著卜　易緯　擬易　續收

書類

章句注疏　傳説　圖譜　考訂　外傳　續收

詩類

章句注疏　傳解　考證圖説　音義注釋　外傳　續收

春秋類

經傳總　左傳　公羊　穀梁　通解　考證　圖譜　外傳　續收

禮類

周禮　儀禮　二戴禮　通解　圖記并禮緯　中庸　大學　續收

孝經類

注疏并叢書并外傳

論語類

章句疏義　解説　別編　圖志并外傳

孟子類

章句疏義　雜解并外傳

經總解類

傳説　考定并圖説　音釋　經筵　續收

理學類

性理　集録　遺書　語録　論著　圖説

續收

小學類

爾雅　蒙書　家訓　纂訓　韻學　字學

續收

史部上

國朝史類

御製　敕纂　彙録　編述　分紀（洪武　建文　永樂　仁宣英　弘治　正德　嘉靖　隆慶　萬曆）　武功　人物附續收　典故附續收　時務附續收　雜記（稗史　巷談）　行役（使命　宦轍）　風土（皇輿　異域）

正史類　附續收

通史類

會編并纂略

編年史類

通鑑并綱目并紀并記事

約史類

史抄類

節詳并摘略

史評類

考正并論斷并讀史　續收

霸史類

列國并偏霸

雜史類

野史并稗史并雜録（三代　漢晉六朝　唐　宋　元）　續收

史部下

記傳類

裒輯　垂範　高賢　彙傳　別傳　忠義　事

蹟　行役　風土　續收

禮樂類

國禮　家禮　樂律　祀典　續收

典故類

故實并職掌　續收

政實類

時令　食貨　刑法　官守　事宜　續收

圖志類

統志　通志　郡志　州志　邑志　邊鎮　山川　題咏　攬勝　園林　祠宇　梵院　續收

譜類

統譜　族譜　年譜　世家

録類

試録　姓名　書目

子部一

儒家類　附續收

諸子類

墨家　法家　名家　縱横家　雜家

小説家類

説彙　説叢　佳話　雜筆（唐　宋　元　明）

閒適　清玩　記異　戲噱

農家類

民務　時序　雜事　樹藝　牧養

子部二

道家類

老子　莊子　諸子　諸經　金丹　彙書　詮述　修攝　養生　記傳　餘集　續收

釋家類

大乘（般若　寶積　華嚴　涅槃　重譯　單譯）

小乘（阿含部　單譯）　宋元續入經　東土著述經

律儀　經典疏注　大小乘論　宗旨　語録　止觀

警策　詮述　提唱　淨土　因果　記傳　禪餘

文集　續收

子部三

兵家類

將略　兵政　續收

天文家類

占侯　曆法　續收

五行家類

占卜　陰陽　星命　堪輿（營宅　卜葬并理氣）

續收

醫家類

經論　脉法　治法　方書　本草　傷寒　婦人　小兒　外科　續收

藝術家類

法書　畫　琴附絲竹　棋　數　射附投壺　雜伎

類家類

會輯　小纂　隨筆　續收

叢書家類

國史并經史子雜并諸子并小説并雜集

集部上

詔制類

王言并代言

章疏類

奏議附續收　書牘附啟牋四六

辭賦類

騷并擬騷　賦

總集類

詩文總編　文編　古樂府　詩編　郡邑文獻

家乘詩文　遺文考識　制科藝　續收

餘集類

逸文附摘録　艷詩附詞曲　逸詩附集句摘句

詩文評類

文式并文評　詩式　詩評　詩話附續收

續收

別集類

帝王集　漢魏六朝唐詩文集附續收　宋詩文集附續收　元詩文集附續收

集部下

別集類

國朝詩文集御製集附續收　閣臣集附續收

分省諸公集（南直附續收　北直河南山東陝西山西　浙江附續收　江西附續收　福建廣東廣西附續收　湖廣四川雲貴　續收）

澹生堂藏書目　經部

易　古易　章句注傳　疏義集解　詳説　拈解　考正　圖譜　著卜　讖緯　擬易

[古易]

三墳　一卷　一册　外又載《古今逸史》《范氏二十種奇書》《漢魏叢書》

周易古文　二卷　二册　楊時喬輯

周易古本　一卷　一册　羅大竑

古易筌　二十九卷　鄧伯羔

古易彙編　詞意集十三卷　象數集十三卷　變占集二卷　共八册　又一部同上　虞仲翔等傳　李本固輯

羲經十一翼　五卷　六册　傅兆文

以上俱古易

[章句注傳]

周易真文　二卷

周易傳義　二十四卷　八册　一套

易經本義　四卷

周易本義通釋　十卷　四册　胡炳文

易經程傳　十二卷　程頤

易經大全　十四卷

易經旁訓　三卷

京氏易傳　三卷　一册　京房著　陸績注　又載《漢魏叢書》《范氏二十種奇書》

周易例略　一卷　一册　王弼著　邢［璹］注　又載《漢魏叢書》《范氏二十種奇書》

鄭康成周易注　一卷　鈔本　又載《玉海》

楊慈湖易傳　二十卷　四册　一套　宋楊簡

楊誠齋易傳　二十卷　八册　宋楊萬里

今易銓　二十四卷　鄧伯羔

易解一卷　載《楊升庵雜録》

以上俱章句注傳

［疏義集解］

周易注疏　九卷　八册　一套　監版

又　周易注疏　九卷　八册　閩版

周易解詁　三卷

周易今文集説　九卷　九册　楊時喬

周易集解　十卷　五册　唐李鼎祚　易解附録一卷　俱載《秘册彙函》内

易學四同　八卷　八册　季本

來矣鮮周易集注　十六卷　十册　一套　來知德輯

以上俱疏義集解

［詳説］

周易義海撮要　一卷　一册　房審權編　李衡撮要　又載《淡生堂餘苑》抄本

蘇氏易解　八卷　四册　蘇軾

又　東坡易傳　九卷　一册

朱子易學啟蒙　四卷　四册　朱文公
易學啟蒙集注　五卷　五册　楊時喬
周易玩辭　十六卷　四册　抄本　項世安
吴草廬易纂言　六卷　四册　一套　吴澄
周易説旨　四卷　四册　羅倫
周易象指決録　七卷　六册　熊過
周易筆意　十五卷　三册　陶廷奎
學易記　五卷　三册　金賁亨
易象大指　八卷　四册　薛甲
易象解　六卷　二册　劉濂
周易億　四卷　王道　載《王文定公遺書》
周易傳義補疑　十二卷　六册　姜寶
周易生生篇　三卷　三册　蘇濬
周易義訓　十卷　十册　任惟賢
九正易因　十卷　四册　李贄
易經象義　十卷　四册　章潢
易大象測　一卷　一册　又　易贊測　二卷　二册
俱萬尚烈
易大象説　二卷　二册　載《金聲玉振》
周易就正略義　五卷　二册　陳嘉謨
周易指要　三卷　一册　方社昌
沈氏易學　十二卷　六册　沈一貫
郭司馬易解　十五卷　六册　郭子章
乾坤二卦集解　三卷　一册
易經繹　五卷　二册　鄧元錫
易測　十卷　四册　曾朝節
易説　九卷　六册　徐即登
洗心齋讀易述　十七卷　十三册　一套　潘士藻

易經疑問　十二卷　八册　姚舜牧

易筌　六卷　六册　一套　焦竑

像象管見　六卷　四册　錢一本

易知齋易説　一卷　一册　李登

易像管窺　十五卷　八册　一套　黄正憲

周易宗義　十二卷　十二册　一套　程汝繼

周易繹旨　七卷　四册　俱吴炯

又　更定易繹旨　七卷　四册

周易略義乾坤至比八卦　一卷　一册　劉一焜

易參　五卷　五册　喻安性

易會　八卷　四册　鄒德溥

易筏　六卷　六册　張燧輯

易彀　三卷　一册　陳履祥

澹窩易因指　八卷　八册　張汝霖

易略　三卷　一册　陸夢龍

鄭孔肩易臆　三卷　一册　鄭圭

讀書心印　七卷　五册　俱朱篁

居易齋讀易雜言　一卷　一册　朱篁

易賸　六卷　三册　王應遴

易解俚語　一卷　林子分内集　林兆恩

以上俱詳説

［拈解］

王荆公卦名解　一卷　俱王安石　載本集

王荆公易象論　一卷　載本集

易童子問　三卷　歐陽修　載本集

張横渠易説　三卷　張載　載本集

李泰伯易論　一卷　載本集

讀易私言　一卷　許衡　載本集
劉石潭易傳撮要　一卷　劉髦　載本集
張文定公易說　一卷　張邦奇　載本集
羅念庵易解　一卷　羅洪先　載本集
升庵易解　一卷　抄本　楊慎　載《餘苑》
崔氏說象　一卷　崔銑　載本集
王龍溪先生大象義述　二卷　二册　王畿
周易六龍解　一卷　一册　俱管志道
六龍剖疑　二卷　一册
讀易劄記　二卷　李貴　載本集
韋編微言　一卷　一册　蘇濬
大象觀　二卷　一册　劉元卿
張氏三易　七卷　三册　張獻翼　約說三卷　雜
說二卷　臆說二卷

廣易通　二卷　一册　許子偉
易經比類　一卷　一册　沈瑶
易象通　八卷　一册　朱謀㙔　又載《天寶藏書》
易象鈎解　四卷　二册　陳士元　以下二種俱載
《歸雲别集》
易象彙解　二卷
馮元成易說　二卷　馮時可　載本集
鄒聚所易教　一卷　一册　鄒德涵
湛源子三讀易　一卷　一册　鄒德泳
易林說疑　二卷　二册
以上俱拈解

〔考正〕

古易考原　三卷　一册　梅鷟　又載《淡生堂餘苑》

抄本

周易舉正　三卷　一册　唐郭京著　又載《范氏二十種奇書》

周易例論　二卷　二册　俱楊時喬　二種俱載《周易古今集説》内

歷代傳易考　六卷　二册

讀易韻考　七卷　四册　張獻翼

古今圖書合考　一卷　章潢　載《三才考》

周易韻叶　二卷　一册　程元初

以上俱考正

［圖譜］

删定易圖序論　一卷　李覯

周易全書圖説　一卷

劉呆齋周易圖釋　三卷　劉定之　載本集

圖書易旨　一卷　一册　俱金隆　山陰人

圖書定則　七卷　二册

圖文別録　二卷　季本　載《易學四同》

圖書就正録　一卷　一册　魯朝選

周易圖　一卷　一册　陳林　官版

易經全圖　一卷　一册　胡賓

易圖雜考　三卷　章潢

伏羲圖贊　二卷　二册　陳第

來氏易注圖説　一卷　來知德

郝陵川太極圖説　一卷　金郝經　載本集

太極枝辭　一卷　唐樞　載《木鐘臺初集》

樊氏周易圖説　一卷　樊良樞

河圖洛書解　一卷　袁黄　載《袁氏叢書》

大易象數鈎深圖　三卷　三册　抄本　趙元輔等編
易數鈎隱圖　三卷　一册　俱劉牧　以下四種俱録《道藏》書内
易數鈎隱圖遺論九事　一卷
易象圖説内篇　三卷　三册
易象圖説外篇　三卷　一册　俱張仲純
理數通考　二卷　二册　郭澹
以上俱圖説

［蓍卜］

麻衣正易心法　一卷　陳希夷述　載《范氏二十種奇書》
周易古占法　二卷　一册　程迥　載《范氏二十種奇書》
關氏易傳　一卷　一册　關朗著　趙蕤注　載《范氏二十種奇書》
蓍法别録　二卷　季本　載《易學四同》
易卦類選大成　四卷　三册　張其惿　以下三種已入占卜家
焦氏易林　四卷　四册
周易占林　四卷　四册
易筮變通　三卷　雷思齊
易學象數舉偶　四卷
龜卜考　一卷　楊時喬　載《古今周易集説》
卦畫原　二卷
變占考　一卷　一册　盧翰
以上俱卜筮

［易緯］

周易乾坤鑿度　二卷　以下四種俱載《范氏二十種奇書》

鄭康成注乾坤鑿度　二卷　共一册

元苞經傳　五卷　後周衛元嵩述　唐蘇源明傳　唐李江注

元苞數義　二卷　一册　宋張行成著

以上俱易緯

［擬易］

諸儒擬易通考　一卷

太玄經　九卷　二册

太玄經本旨　九卷　二册　葉子奇注

太玄闡　一卷　屠本畯　載《淡生堂餘苑》抄本

潛虚　二卷　一册　司馬温公　載《范氏二十種奇書》

參兩通極　七卷　范守己　載《御龍子集》

卦玩　一卷　并《易防》俱屠本畯編

易防　一卷　俱載《山林經濟籍》内

以上俱擬易

續收

周易古文　一卷　一册　杜啟志輯

卜子夏易傳　十卷　二册

王輔嗣注周易　十卷　二册　王弼　又一部同

周易集解　十七卷　八册　唐李鼎祚　又附王弼例略一卷

周易要義　十八卷　四册　長孫無忌等
周易義海撮要　十二卷　八册　宋李衡輯
胡安定先生周易口義　十卷　八册　門人倪天
　隱輯《文獻通考》名《易傳》
漢上易傳　共十五卷　十册　朱震　易圖叢説
　一卷
河南郭氏傳家易説　八卷　八册　郭雍
李愚谷先生易解　二卷　一册　李舜臣
吴園易解　十卷　二册　張根
大易粹言　二十卷　十二册　曾穜
紫巖居士易傳　十卷　八册　張忠獻公浚
易小傳　十卷　六册　沈垓
王同州易學　一卷　一册　王湜
童溪先生易傳　三十卷　十册　王宗傳

了齋易説　一卷　一册　陳瓘
李子才先生用易編　二十卷　六册　李杞
易序叢書　十卷　三册整　趙汝楳
周易輯聞　易雅二卷　輯聞六卷　筮宗三卷
　共十一卷　趙汝楳
楊氏易原　九卷　三册　楊忱中
周易本義集成　二卷　二册　熊良輔
周易翼傳　四卷　四册　胡一桂
李省中先生周易旁注　三卷　二册　李恕
三易備遺　十卷　三册　朱元昇
蒙齋學易記　九卷　九册　李簡
方淙山讀周易　十卷　六册　方實孫
周易傳義折衷　三十卷　八册　趙來
易稗傳　一卷　一册　林至

許魯齋讀易私言　一卷　許衡
易辨　一卷　一册　臺坊
周易經傳沿革　四卷　一册　董真卿　附《程朱説易綱領》
周易象辭　二卷　一册　俞琰
古易便覽　一卷　一册　昝如思
以上俱宋元
補齋易説　三卷　一册　周佐編
讀易備忘　四卷　五册　黄潛翁　又上下經一册
讀易餘言　五卷　二册　崔銑　又一部同
呂涇野周易説翼　三卷　二册　呂柟
楊斛山周易辨録　四卷　四册　楊爵
唐漁石易經大旨　四卷　四册　唐龍
周易贊義　六卷　六册　馬理　又一部同
周易本義翼　四卷　三册　仇二常
王端毅玩易意見　一卷　王恕
周易解題叢説　十卷　十册
周易義叢　十六卷　十六册　葉良珮
澹然齋易測　十二卷　二册　張維樞
大易鈎玄　二卷　一册　鮑恂
天原發微　五卷　四册　鮑雲龍
先天圖正誤　一卷　一册　鄭世子載培
易占經緯　五卷　附録一卷　共五册　韓邦奇
周易總義　二十卷　六册　宋易祓
通變　三十八卷　十四册　張行成
玄幹　二卷　二册　劉琯　譯幹一册
周易會通　十三卷　七册　范守己
王弼注周易　二卷　二册　【重】

又　周易例略　一卷【重】

韓康伯注周易繫辭　一卷　一册

易潤　十二卷　六册　饒可久著

易總　一卷　一册　楊廷(均)〔筠〕

易解大旨　三卷　二册　張伯樞

〔以上俱明〕

易數鈎隱圖　三卷　一册　劉牧【重】

鈎隱圖遺論九事　一卷【重】

易象圖説内篇　三卷　一册【重】

易象圖説外篇　三卷　一册　俱张理【重】

大易象數鈎深圖　三卷　三册【重】

書　章句注疏　傳説　圖譜　考訂

外傳

〔章句注疏〕

書經真文　二卷　二册　一套

書經集傳　六卷　六册　一套　蔡沈注

書經大全　十卷　八册　一套

尚書注疏　十二卷　十册　一套　孔穎達疏　監本

又　注疏　八册　一套　同前　閩本

尚書解詁　四卷　孔安國疏　蔡沈注

書經旁訓　二卷　一册

以上俱章句注疏

［傳説］

蘇文忠公書傳　二十卷　四册　俱蘇軾　又蘇氏書傳　一部　二十卷　二册
王荆公洪範傳　一卷　俱王安石　載本集
洪範皇極内篇　二卷　載本集
曾南豐洪範傳　一卷　曾鞏　載本集
張子韶書傳統論　六卷　張九成　載本集
歸太僕洪範傳　一卷　歸有光　載本集
程伊川書解　一卷　載本集
王滹南尚書粹義　三卷　三册
尚書雜論　一卷　一册　金履祥　載《大全》
張文定公書説　一卷　張邦奇　載本集
尚書存疑録　二卷　二册　汪玉

書經繹　二卷　二册　鄧元錫
書經彙解　四十六卷　十册　秦繼宗輯
書經集意　二卷　二册　陳臣忠
尚書疏衍　四卷　二册　陳第
壁經説略　一卷　李栻　載《經説萃編》
尚書日記　十六卷　八册　王樵
書經疑問　十二卷　六册　姚舜牧
書經砭蔡編　一卷　袁仁

以上俱傳説

［圖譜］

尚書譜　四卷　二册　梅鷟　抄本又載《淡生堂餘苑》
尚書軌範撮要圖　一卷　一册

書經全圖　一卷　一册　胡賓

尚書圖　一卷　一册　陳林　大板

考定皇極指掌圖　一卷　夏良勝　載本集

尚書六體圖說　一卷　俱章潢　俱載《圖書編》

五福六極圖說　一卷

穆王三書圖說　一卷

以上俱圖譜

［考訂］

鄭漁仲書辨論　七卷　鄭樵　載通志略

書疏叢抄　一卷　一册　王祖嫡　又載《淡生堂餘苑》抄本

尚書注考　一卷　一册　陳泰交

禹貢注　三卷　一册

禹貢辨　一卷　俱徐常吉

洪範則洛書辨　一卷

經傳別解　一卷　一册　陳錫

尚書別録　六卷　一册　屠本畯著

禹貢詳節　一卷　一册　褚效善輯

禹貢華末　一卷　一册　陸大礽述

以上俱考訂

［外傳］

汲冢周書　十卷　一册　晉孔晁注　舊本

又　汲冢周書　十卷　一册　載《漢魏叢書》内

又載《古今逸史》

以上係外傳

續收

尚書通考　十卷　二册　黄鎮成
許白雲先生讀書叢説　六卷　二册　許謙
程大昌禹貢論　前後三卷　二册
金仁山先生尚書表注　二卷　一册　金履祥
王魯齋書疑　九卷　二册　王柏　又刻本一部同
吴草廬書經纂言　四卷　四册　吴澄
王蘗谷書經旨略　一卷　一册
書經撮要　四卷　一册　章陬
書傳名物索至　十卷　四册　方時發
鄭景望書説　一卷　一册　鄭敷文
書傳會選　六卷　六册　劉三吾等輯
豐氏古書世學　六卷　五册　豐稷等輯

王耕野讀書窺見　二卷　二册
吕涇野尚書説要　五卷　一册
蔡氏書傳旁通　八卷　八册　陳師孔
黄先生書説　七卷　七册　山陰黄度
尚書要義　二十卷　八册　魏了翁

詩

章句注疏　傳解　考證圖説　音義
注釋　外傳

[章句注疏]

詩經真文　三卷　三册
詩經正文　三卷　三册
詩經集傳　八卷　四册
毛詩注疏　二十卷　十八册　二套

又　毛詩注疏　二十卷　二十四册　二套　閩本
毛詩注詁　四卷　陳深輯
詩經古注　十卷　四册　李鼎編
詩經大全　十五卷　八册　一套
詩經注疏大全合纂　十二卷　四册
以上俱章句注疏

〔傳解〕

衛端木詩傳　一卷　載百家名書
漢申公詩説　一卷　申培　載《漢魏叢書》　又載《百家名書》
歐文忠公毛詩本義　十六卷　四册　一套
蘇文定公詩集傳　十九卷　四册
程伊川詩解　一卷　載本集
朱晦翁詩序辨　一卷　載本集
毛詩奥論　二卷　鄭樵　載《通志略》
程氏詩議　一卷　程大昌　載《考古編》
吕氏讀詩記　廿五卷　十册　舊本
又　吕氏讀詩記　三十二卷　俱十册　新本
張文定公詩説　一卷　張邦奇　載本集
詩緝略　一卷　嚴粲著　楊慎略　載《升庵雜録》　又載《淡生堂餘苑》抄本
毛詩序説　六卷　二册　吕柟
詩經通解　二十五卷　八册　一套　王佐
季氏詩説解頤正繹　三十卷　共十册　俱季本
詩説解頤字義　八卷
陸文裕公詩微　二卷　陸深　載本集
陸簣齋詩傳存疑　一卷　陸垹　載本集

鄧氏詩經繹　二卷　二册　鄧元錫

葩經説略　一卷　李栻　載《經説萃編》

馮氏詩説　二卷　馮時可

詩經疑問　十二卷　六册　姚舜牧

朱氏詩故　十卷　二册　朱謀㙔　又載《天寶藏書》

詩經通説　十三卷　四册　沈守正

詩説闕疑　十五卷　四册　徐熙

毛詩或問　二卷　一册

以上俱傳解

[考證圖説]

詩考　一卷　王應麟　俱載《玉海》　又俱載《百家名書》

詩地理考　六卷

詩臆　二卷　二册　馮時可

毛詩國風傳序辨　一卷　徐學謨　載本集

詩論辨　一卷　徐常吉

毛詩正變指南圖　一卷　一册　陳林　官板　即《六經圖》

以上俱考證圖説

[音義注釋]

林氏多識篇　七卷　六册　林兆珂

胡氏詩識　三卷　二册　胡文焕　又載《格致叢書》

詩經反切音釋　一卷　俱程元初　俱載《叶韻統宗》

詩經叶韻　四卷

毛詩古音考　四卷　二册　陳第

以上俱音義注釋

［外傳］

韓詩外傳　十卷　四册　舊板　韓嬰　外又載《百家名書》《漢魏叢書》

陸詩別傳　十二卷　四册　陸奎章

以上俱外傳

續收

詩經類考　三十卷　十六册　沈萬鈳輯

古今論詩考一卷　逸詩考一卷　音韻考一卷

國風異同考一卷　二雅三頌異同考各一卷

群書字異考一卷　天文地理雜考二十二卷

柳堂讀詩録　二卷　胡胤嘉　載《柳堂遺稿》

王景文詩總聞　二十卷　十册　汶陽王質輯

嚴氏詩緝　三十六卷　十二册　嚴粲

逸齋詩補傳　三十卷　八册

朱氏詩説補遺　六卷　三册　朱鑑

詩傳童子問　二十卷　十册　輔廣

內韻考義一卷　朱氏詩傳綱領一卷　師友粹言一卷　詩序辨説一卷

王魯齋詩疑　一卷　二册　王柏

毛詩名物解　二十卷　二册　蔡元度

梁石門詩演義　四卷　一册　梁寅

豐氏魯詩世學　四卷　四册　不全

呂涇野毛詩説序　六卷　二册　呂楠

詩經輔傳　四卷　四册　蔡毅中

詩傳旁通　十五卷　八册　元梁益

詩傳名物鈔　八卷　八册　元許謙

春秋　經傳總　左氏　公羊　穀梁

通解　考證　圖譜　外傳

［經傳總］

春秋真文　三卷　二册　一套

春秋四傳　三十八卷　十册　一套

春秋大全　三十七卷　十四册　二套

春秋原經　十七卷　二册　詹萊

春秋旁訓　三卷

以上經傳總

［左傳］

左氏經傳集解　三十卷　十册　左音釋一卷　杜預注釋

又　左氏經傳集解　三十卷　十册

春秋左氏傳注疏　六十卷　三十册　三套　監本

又　左氏傳注疏　同前　閩本

左氏解詁　十三卷

春秋左傳補注　十卷　一册　趙汸　總載《春秋屬詞》内

春秋左傳屬事　二十卷　共十册　俱傅遜輯

左傳注解辨　二卷

左傳奇字古字音釋　一卷

春秋左氏經傳别行　經一卷　傳五卷　李景元

删定
春秋左翼　四十三卷　十册　一套　王震編
左氏始末　十二卷　三册　唐順之
又　新刻左氏始末　十二卷　六册
春秋左傳節文　六卷　三册　吴炯
又　春秋左傳節文　十五卷　五册　汪道昆
修詞左選　二卷　二册
春秋詞命　二卷　一册　王文恪公鏊
左氏摘奇　二卷　二册　皇甫汸
左氏要語　二卷　一册　祝篁溪刻　楊南澗重刻
吕東萊左傳博議　十二卷　四册　一套
以上俱左傳

〔公羊〕

春秋公羊傳注疏　二十八卷　十册　一套　漢何休疏　監本
又　公羊傳注疏　同前　閩本
公羊傳解詁　三卷
以上俱公羊

〔穀梁〕

春秋穀梁傳注疏　二十卷　八册　一套　晉范寧集解　監本
又　穀梁傳注疏　同前　閩本
穀梁傳解詁　三卷
以上俱穀梁

〔通解〕

程伊川春秋傳説　一卷　載本集

春秋雜論　一卷　程大昌　載《考古篇》
蘇文定公春秋雜解　十二卷　二册
春秋屬辭　十五卷　四册　俱趙汸
春秋師説　三卷　一册
春秋明經　一卷　劉文成公基　載本集
張子韶春秋講義　一卷　載本集
春秋探微　十四卷　五册　一套　馬駢著
春秋私考　三十六卷　十二册　季本
春秋書法鉤玄　四卷　二册　梅鷟　抄本　又載《淡生堂餘苑》
張文定公春秋説　一卷　張邦奇　載本集
春秋正旨　一卷　高拱　載《高文襄公集》
春秋事義全考　十六卷　八册　姜寶
春秋億　六卷　三册　徐學謨
春秋匡解　六卷　六册　鄒德溥
春秋通　一卷　鄧元錫
春秋説　十一卷　六册　徐即登
春秋翼附　二十卷　六册　黄正憲
義麟經旨　六卷　李栻　載《經説萃編》
馮氏春秋説　一卷　馮時可　載本集
春秋蠡測　四卷　二册　余懋學
春秋疑問　十二卷　六册　姚舜牧
權書止觀　八卷　四册
春秋鍼胡編　一卷　袁仁

以上俱通解

［考證］

三正説　一卷　史伯濬　俱載《荆川稗編》

周正辨　一卷　周洪謨

春秋三傳始末考　一卷　章俊卿　載《山堂考索》内

春秋十二公考異　一卷

春秋諸國興廢説　一卷

春秋闕誤辨　一卷　徐常吉　載《六經類雅》内

春秋世紀序　一卷　李琪　載《荊川稗編》

春秋諸傳辨疑　四卷　二册　睦㮤

以上俱考證

[圖譜]

春秋列國指掌圖　一卷　蘇軾

春秋筆削發微圖　一卷　一册　陳林

春秋名號歸一圖　一卷　俱傳遜　俱載《左傳屬事》内

春秋古器圖　一卷

春秋十二國年表　一卷　章俊卿　載《山堂考索》

春秋地理釋名譜　一卷　鄭樵　載《通志略》

春秋左傳地名考　一卷　又分野附録一卷　楊愼　載《升庵雜録》

春秋繁露　十七卷　三册　董仲舒　載《漢魏叢書》

以上俱圖譜

[外傳]

春秋外傳國語　二十卷　四册　一套　韋昭解　宋(舉)[庠]補音

國語抄評　十二卷　四册

孫文融批評國語　四卷　二册

柳子厚非國語　一卷　載本集

張文定公釋國語　一卷　載本集

以上俱外傳

續收

春秋集注　十一卷　五册　宋張洽輯

左傳集注　三十卷　十五册　杜預　又一部同

春秋尊王發微　十二卷　四册　孫復

春秋權衡　十七卷　四册　劉敞

春秋意林　二卷　二册

春秋世紀　三卷　三册　李琪

春秋後傳　十一卷　二册　陳傅良　不全

春秋諸傳會通　二十四卷　十册　李廉

春秋三傳辨疑　二十卷　八册　程端學

春秋經傳辨疑　二卷　二册　[童]崑

則堂先生春秋集傳詳説　三十卷　十五册　家鉉翁

吳草廬春秋纂言　十二卷　十二册　吳澄

春秋傳疑　一卷　一册　余本

呂涇野春秋説志　五卷　二册

孫莘老春秋經解　十五卷　八册　宋孫覺

沈文伯先生春秋比事　十九卷　八册　元沈棐

春秋讞議　十二卷　五册　元王元杰

鐵山先生春秋提綱　十卷　四册　陳則通撰　陳應龍編

春秋金鎖匙　一卷　一册

左粹類纂　十二卷　八册　施仁編

禮　周禮　儀禮　二戴禮　通解　圖考

中庸　大學

〔周禮〕

周禮注疏　四十二卷　十六册　二套

周禮解詁　六卷

周禮致太平論　十六卷　宋李覯　載《李旴江集》

周禮始末考　一卷　章俊卿　載《山堂考索》

周禮疑　一卷　羅洪先　載本集

周禮復古編　一卷　俞廷椿　抄本　載《淡生堂餘苑》

周禮通今續論　一卷

周禮全經釋原　十二卷　共十二册　一套　俱柯尚遷

周禮源流叙論　一卷

周禮通論　一卷

周禮傳　十卷　俱王應電

周禮翼傳　二卷

周禮圖說　二卷

木鐘臺周禮因論　一卷　唐樞　載《木鐘臺再集》

周禮說　十四卷　十册　一套　徐即登

周禮別說　一卷　馮時可　載本集

周禮句解　一卷　共一册　俱陳仁錫

考工記句解　一卷

考工記句詁　一卷　陳深

考工通　二卷　一册　徐昭慶

以上俱周禮

［儀禮］

儀禮注疏　十七卷 十二册 二套 監本　又儀［禮注］疏 同前 閩本　又 儀禮注疏十六卷 十六册 常州板

儀禮解詁　四卷

以上俱儀禮

［二戴禮］

禮記真文　七卷 七册 一套

禮記集説　三十卷 七册 一套

禮記注疏　五十八卷 二十四册 三套

禮記解詁　九卷

禮記大全　三十卷 十四册 二套

禮記旁訓　六卷 二册

曲禮全經　十五卷 八册 俱何喬遠

禮經通　一卷

禮記始末考　一卷 章俊卿 載《山堂考索》

李泰伯禮論　一卷 李覯 載《盱江集》

禮記雜解　二卷 章俊卿 載《山堂考索》

禮記講解　三十七卷 十册 周維昭

禮記集説辨疑　一卷 戴冠 載《濯纓亭筆記》

大戴禮記　十二卷 二册 漢戴德著 載《漢魏叢書》

戴氏夏小正傳注　四卷 一册 傅崧

夏小正解　一卷 楊慎 載《升庵雜録》

謝叠山批點檀弓　二卷 一册 楊慎注

檀弓叢訓　一卷

檀弓通　二卷　一册　徐昭慶
檀弓考工合刻　二卷　二册　陳與郊
又　考檀合刻　二卷　一册　鄭圭
以上俱二戴禮

［通解］

三禮考注　十卷　六册　一套　吴澄
三禮繹編　二十六卷　六册　一套　鄧元錫
又　三禮繹　四卷　四册
三禮論辨　一卷　鄭樵
禮經會元　四卷　四册　葉時
禮記疑問　十二卷　六册　姚舜牧
二禮集解　十二卷　六册　一套　李黼輯
以上俱通解

［圖記并禮緯］

周禮文物大全圖　一卷　一册　俱陳林　總載《六經全圖》
禮記制度示掌圖　一卷　一册
禮經圖　一卷　一册　胡賓
讀禮疑圖　六卷　六册　季本
禮儀圖解　十八卷　八册　吕枏
儀禮會通圖　二卷　二册　陳林
禮緯含文嘉　三卷　一册　又載《淡生堂餘苑》抄本
以上圖記并禮緯

［中庸］

中庸真文　一卷　一册

中庸正文　一卷　一册
中庸古今四體文　一卷　一册　楊時喬
中庸集注　一卷　一册
中庸大全　一卷　二册
中庸大全纂　二卷　陳一經
程伊川中庸解　一卷　載本集
楊龜山中庸解　一卷　載本集
中庸或問　一卷　載大全
朱子中庸語類　三卷　載《語類》
許魯齋中庸直解　一卷　載《遺書》
張文定中庸傳　一卷　張邦奇　載本集
中庸直講　一卷　高拱　載《高文襄公集》
中庸訂釋　一卷　一册　管志道
李長卿中庸詁　一卷　一册　李鼎
中庸測　一卷　一册　湛若水
中庸庸言　二卷　一册　李栻
中庸集解　二卷　一册　唐順之
中庸疑問　二卷　姚舜牧

以上俱中庸

[大學]

大學真文　一卷
大學正文　一卷
石經大學　二卷　共一册　俱曹胤儒編
古本大學　一卷
二程先生改大學　二卷
王文成公大學古本　四卷　一册
古本後語　一卷　鄒守益

古本附録　三卷　王畿
校復大學古本　一卷　一册　羅大竑
大學古今四體文　一卷　楊時喬
大學古本旁訓　一卷　王文禄
大學或問　二卷　朱文公
大學大全　一卷
大學大全纂　一卷　陳一經
許魯齋大學直解　一卷　載《遺書》
大學測　一卷　湛若水
張文定公大學傳　一卷　載本集
大學約言　三卷　共一册　俱李栻
大學考次　一卷
大學本旨通　六卷　徐即登　載《儒宗輯要》
石經大學測義　三卷　三册　俱管志道
石經大學略義　一卷　一册
古本大學訂釋　一卷　一册
石經大學章句　一卷　一册
辨古本大學　一卷　一册
大學億　一卷　俱王道
大學釋疑　一卷
來瞿唐大學古本釋　一卷　一册　來知德
大學直講　一卷　高拱
大學疑問　一卷　一册　姚舜牧
敬和堂大學述　一卷　許孚遠　載本集
古本大學釋論　五卷　一册　吴應賓
大學就新編　一卷　俱鄒元標
鄒子學庸商求　二卷　一册
大學衍義　四十三卷　十册　真德秀

大學衍義補　一百六十卷　四十册　四套　閩板　丘濬
又　大學衍義補　一百六十卷　二十册　二套　廣陵板
大學衍義補精華　十七卷　八册　一套　凌迪知
大學繁露演　一卷　一册　虞淳熙　又載《淡生堂餘苑》抄本
以上俱大學

續收

大戴禮　十三卷　四册　漢九江太守戴德撰
鄭注儀禮　十七卷　六册
吴草廬禮記纂言　三十六卷　十册　吴澄
吕涇野禮問　二卷　一册
禮經補逸　九卷　二册　汪克寬
周禮折衷　四卷　魏了翁
樂記補説　二卷　二册　李察
禮記集傳　十六卷　四册　連伯聰
衛氏禮記集説　一百六十卷　四十二册　四套
大學注解正宗　一卷　一册　胡時化
中庸測義　一卷　一册　管志道

孝經　注疏　叢書　外傳

孝經正文　一卷
孝經注疏　二卷　□册〔一〕　一套　邢昺
孝經解詁　一卷
古今孝經　一卷

孝經邇言　九卷　一册　宋邢昺注疏

孝經義　一卷　王安石

孝經刊誤　一卷　朱文公

孝經外傳　一卷　楊起元

孝經列傳　七卷　一册　胡時化編

孝經叢説　一卷　一册

孝經引證　三卷　二册

仁孝訓全書　一卷　一册　耿定向

石臺孝經　一卷　俱朱鴻輯　以下十種共十册

孝經今文直解　一卷

孝經古文直解　一卷

朱子孝經刊誤　一卷

吴草廬孝經訓釋　一卷

經書孝語　一卷

孝經釋疑　一卷

孝經古文解意　一卷

孝經考　一卷

孝經會通　一卷

孝經邇言　一卷

孝經集靈　一卷　一册　虞淳熙

重補孝經列傳　七卷　二册　一套　吴搗謙補

合刻孝經聖訓　二卷　二册　蔡毅中

〔一〕□册：北大本作一册。

論語　章句疏義　解說　別篇　圖志

外傳

［章句疏義］

論語真文　二卷　二册

論語正文　二卷　二册

論語古今四體文　十卷　四册　楊時喬

論語集注　十卷　二册

論語注疏　二十卷　四册　一套　監本　邢邴疏　何晏集解

又　論語注疏　同前　閩本

論語解詁　五卷

論語大全　七卷　八册

論語大全纂　六卷　陳一經

以上俱章句疏義

［解說］

韓文公論語筆解　二卷　韓愈解　李翺注　載《范氏二十種奇書》

程伊川論語說　一卷　程頤　載全集

蘇文定公論語拾遺　一卷　蘇轍　載《蘇氏經解》

楊龜山論語解　一卷

朱子論語問辨　三十二卷　載《語類》

論語訂釋　十卷　四册　管志道

論語義府　二十卷　六册　王肯堂

論語大意　十二卷　李栻

讀論勿藥　六卷　二册　余懋學
論語直講　一卷　高拱　載《高文襄公集》
論語疑問　四卷　二册　姚舜牧
以上俱解説

[別編]

孔子家語　二十一卷　四册　一套　王肅注
又　孔子家語　十卷　二册
孔子集語　二卷　一册　薛據輯　又載《范氏二十種奇書》
論語逸篇　二十一卷　四册　鍾韶輯
論語類考　二十卷　三册　陳士元　又載《歸雲別集》
孔聖全書　三十五卷　五册　三套
論語頌　一卷　一册
論語別傳　二册　王宗道
先聖大訓　六卷　三册　楊簡輯
以上俱別編

[圖志外傳]

家語圖注　十卷　四册
孔子世家考　二卷
刊定孔子世家　七卷　七册　馮烶
孔庭纂要　十卷　二册
孔聖事蹟圖　一卷　一册　季本
孔門人物志　十二卷　四册　郭子(重)[章]
孔門傳道録　十六卷　八册　一套　張朝瑞
闕里志　十三卷　八册

以上俱圖志外傳

孟子　章句疏義　解説

〔章句疏義〕

孟子真文　二卷　二册

孟子正文　二卷　二册

蘇明允批點孟子　一卷

孟子古今四體文　七卷　四册　楊時喬輯

孟子集注　七卷　四册

孟子注疏　十四卷　六册　一套　監板

又　注疏　同前

孟子大全　七卷　七册

孟子大全纂　五卷　陳一經

孟子解詁　二卷

以上俱章句疏義

〔雜解并外傳〕

程氏孟解　一卷　載本集

孟子問辨　十一卷　朱文公熹　載《朱子語類》

蘇文定公孟子拾遺　一卷　載《蘇氏經解》

張子韶孟子拾遺　一卷　載本集

司馬温公疑孟　一卷　載《司馬温公集略》

孟子雜記　四卷　二册　陳士元　又載《歸雲别集》

孟子訂釋　七卷　七册　管志道

孟子説約　四卷　俱李栻　二種俱載《經説萃編》

道性善編 一卷
孟子詁 一卷 李鼎
孟子疑問 七卷 三册 姚舜牧
續孟子 二卷 一册
孟氏三遷志 六卷 四册 唐思慎著 史鶚編
以上俱雜解
以上俱外傳

經總解 傳説 考定 音釋 經筵附

大學講章

[傳説]

九經真文 十二卷 十二册 一套 細楷精刻
五經集序 二卷 一册 穆相集
兩蘇經解 七十三卷 十二册 一套 蘇軾 蘇轍
公是先生七經小傳 五卷 一册
龜山經説 八卷 楊時 載本集
楊慈湖經書家記 十卷 楊簡 載《慈湖遺書》
朱子五經語類 二十八卷 載《語類大全》
五經疑辨録 三卷 周洪謨
劉氏五經通論 劉繪 載《劉子通論》
楊升庵經説叢抄 六卷 二册 楊慎 抄本 又載《升庵雜録》
五經繹 十五卷 八册 鄧元錫
馮氏談經録 三卷 馮時可 載《馮元敏全集》
談經苑 三十九卷 二十四册 俱陳禹謨纂
漢詁纂 十九卷 四册
引經釋 五卷 二册

經説萃編　二十九卷　十册　李栻

醉經樓經傳雜解　一卷　唐伯元輯　載本集

五經旁訓　捌册　一套

諸經論辨　一卷　一册　徐常吉

五經群書摘語　十卷　十册　顧爾行

俟後編經説　二卷　王敬臣

四書問辨録　十卷　高拱

四書三説　三十卷　十四册　管大勳輯　合《蒙引》《存疑》《淺説》

四書蒙引　十五卷　十册　蔡清

四書存疑　十卷　五册　林希元著

張太岳四書直講　張居正

李氏説書　九卷　八册　一套　李贄

四書正義續　一卷　一册　林兆恩

四書正學衍説　八卷　四册　陶廷奎

四書證義　四卷　四册　一套

徐匡嶽四書講語輯要　二十九卷　八册　一套　徐即登

四書大指　□卷　三册　于孔兼

明賢四書宗解　八卷　四册　劉元卿

四書訓録　四卷　二册　楊世恩

四書翼　五卷　二册　陳履祥

四書測　六卷　萬尚烈

四書説約　八卷　四册　陳臣忠

四書問答　一卷　一册　來斯行

四書啟鑰　九卷　五册　朱篁

讀書印　三卷　二册　張鼐

海蠡前編　一卷　一册　袁士瑜

以上俱傳説

［考定圖説］

經傳沿革　二卷　一册　又載《淡生堂餘苑》抄本

刊誤　二卷　李涪　載《格致叢書》　又載《古今逸史》《百家名書》《百川學海》

刊謬正俗　八卷　二册　顔師古　又　刊謬正俗八卷　又載《顔氏傳書》

五經異文　十一卷　三册　陳士元　載《歸雲别集》

九經考異　九卷　四册　俱周應賓

九經逸語　一卷

經典稽疑　二卷　陳文耀　又載《淡生堂餘苑》抄本

經傳正譌　一卷　王應電　總載《周禮傳》内

四書人物考　四十卷　十册　一套　薛應旂

四書名物考　二十卷　六册　俱陳禹謨

四書人物概　十五卷　四册

六經圖　六卷　六册　一套　宋楊甲撰

河圖洛書説　一卷　袁黄　載《袁氏叢書》

以上俱考定圖説

［音釋］

九經補韻　一卷　楊峕　載《百川學海》　又載《古今逸史》

五經明音　六卷　三册　胡一愚

五經難字直音　二卷　一册

經子難字　二卷　一册　楊慎　又載《升庵雜録》

經子臆解　載《王奉常雜著》

以上俱音釋

[經筵]

蘇文忠公南省説書　一卷　蘇軾　以下二十二種俱載本集

楊龜山經筵講義　一卷　楊時

張子韶邇英殿春秋講議　一卷　張九成

真文忠公經筵講議　一卷　真德秀

商文毅公經筵講義　一卷　商輅

陳芳洲經筵講義　一卷　陳循

李文正公講讀録　四卷　一册　李東陽

彭文思公經筵講義　一卷　彭[華]

廖學士講幄集　二卷　廖道南

程篁墩經筵講義　四卷　一册　俱程敏政

又　青宫講義　四卷　一册

湛甘泉經筵講義　一卷　湛若水

陸治齋經筵講義　二卷　陸[簡]

崔仲凫經筵講義　一卷　崔銑

費文憲公經筵講義　一卷　費宏

夏文愍公經筵講義　一卷　夏言

嚴介谿經筵講章　一卷　嚴嵩

趙文肅公經筵講義　一卷　趙貞吉

高文襄公經筵講義　二卷　一册　高拱

徐文貞公經筵講義　一卷　徐階

馮宗伯經筵講義　一卷　一册　俱馮琦

又　通鑑直解　十二卷　二册　以上俱載本集

張洪陽經筵講義　二卷　一册　俱張位

又　國學講章　一卷　一册　俱載《閒雲館》

雍訓　一卷　一册　張鼒
經筵經史直解　六卷　四册　殷士儋
以上俱經筵

續收

熊豫章先生五經説　七卷　二册　熊用來
六經正誤　六卷　二册　毛居正
九經疑難　四卷　四册　張文伯　内止《易》《書》
《詩》三經不全
經書疑辨録　三卷　三册　周洪謨
經書補注　四卷　一册　黄潤玉
五經稽疑　十卷　六册　睦㮮
十一經問對　五卷　二册　何異孫
四書通旨　六卷　二册　朱公遷

尹和靖先生論孟解　四卷　四册　尹焞
岷隱先生論語問答　二卷　二册　戴溪
魯論口義正字新書　二十卷　四册　歐陽淖
謙齋先生孟子明解　十四卷　四册　孫弈
許魯齋大中直解　二卷　許衡
大學管窺　一卷　一册　廖紀
孫興公中庸説約　一卷　一册　孫肇興
崔後渠中庸凡　二卷　一册　崔銑
王滹南經史辨惑　四十卷　五册　王若虚
王端毅公石渠意見　二卷　王恕　附《拾遺》
一卷
經序録　五卷　五册　俱睦㮮
授經圖考　十五卷　五册
經史通譜　一卷　一册　楊豫孫

六經圖【重】

呂涇野五經説　二十一卷五册　呂柟

四書叢説　七卷　六册　許謙

王損仲經抄六經　一册　王惟儉

郝楚望九經解　一百六十六卷　共八十册　郝敬

　易解二十卷　尚書解十卷　毛詩解三十六卷　春秋解十五卷　禮記解二十二卷　儀禮解十七卷　周禮解十二卷　論語解二十卷　孟子解十四卷

春秋經傳集解　三十卷　十册　附陸德明《釋文》

春秋録疑　十六卷　四册　趙恒著

雲起講宗　八卷　四册　顔茂猷著

性理三解　六卷　四册　韓邦奇著

　正蒙拾遺一卷　啟蒙意見四卷　洪範圖解一卷

理學　性理　集録　遺書　語録　論著　圖説

[性理]

性理大全　共七十卷三十册　三套

　太極圖一卷　通書二卷　西銘一卷　正蒙二卷　皇極經世七卷　易學啟蒙四卷　家禮四卷　律呂新書二卷　洪範皇極内篇二卷　理氣二卷　鬼神一卷　性理八卷

道統五卷　大小學十四卷　諸子二卷
歷代五卷　治道四卷　詩文一卷
性理指歸　二十八卷　八册　姚舜牧删輯
性理彝訓　三卷　一册　宋王孝友
性理要解　二卷　一册　蔡清
皇極經世　十二卷　邵康節
皇極經世書説　十七卷　十六册　二套　朱隱老述
橫渠經學理窟　五卷　一册　張載著
正蒙釋　四卷　二册　高攀龍　徐必達發明
續正蒙發微　二卷　二册　童品著
正蒙拾遺　一卷　一册　韓邦奇
理學類編　八卷　二册　宋張九韶
理學括要　六卷　四册　詹鳳翔

詹氏性理小辨　六十四卷　二十册　詹景鳳
聖學格物通　一百卷　二十册　二套　湛若水
性學編　一卷　一册　許誥
定性書釋　二卷　一册　徐爌
性命緒言　五卷　一册　姚君俞
性善二書　五卷　二册　吴應賓
大方性理　七十卷　廿四册　三套　胡廣輯
以上性理

［集録］

楊慈湖先聖大訓　十卷　楊簡　又載《慈湖遺書》
伊洛淵源正續　前録十四卷　續録六卷　共四册　一套
近思録　十四卷　三册　新板　吕祖謙輯

又　近思録　一部十四卷三册　舊板　又近思録一部　十四卷二册　婺源板

近思録集解　十四卷　四册　葉采輯

聖學宗傳　十八卷　八册　一套

附宗傳咏古　一卷　一册

王門宗旨　十四卷　十册　周海門先生　附　考定朱子晚年定論　附　雲門録　從吾道人録

諸儒講義　二卷　二册　章文懿公懋編

遵道録　五卷　二册　湛若水

學蔀通辨　前後經續各三卷　四册　陳建著

道南書院録　五卷　二册　金賁亨輯

諸儒語要十卷　四册　唐順之編輯

續諸儒要語　六卷　四册　黄一□輯〔一〕

明儒見道編　二卷　二册　曾鳳儀

皇明三儒言行録　十四卷　六册　郜永春編　薛文清公五卷　陳白沙四卷　王文成公五卷

皇明四先生要語　二卷　二册　吴尚學編

皇明四先生繹訓編　四卷　三册　鍾韶

憲世編　六卷　六册　一套　唐鶴徵輯

閒闢録　十卷　二册　程瞳輯

證心録　二卷　二册

心學宗　四卷　二册　方學漸

聖學要旨　一卷　一册

道一編　五卷　一册　何棟如

儒宗考輯略　二卷　一册　劉元卿

以上集録

〔一〕黄一□　□殘下半，北大本作「勝」。

〔遺書〕

邵子全書　二十三卷　十六册　二套　觀物内外篇　擊壤集　擊壤集摘要

周子全書　八卷

張子全書　十卷　共六册　一套

二程全書　六十八卷　十六册　二套

遺書　遺書附録　外書

粹言　經傳説　明道文集

伊川文集　遺文　附録

又　程氏遺書　三十一卷　八册　一套

程子　二卷　二册

程門微旨　一卷　一册　周海門先生輯

陸象山遺集　一卷　一册

楊慈湖遺書　六卷　六册　楊簡

又　慈湖遺書　六卷　六册　一套

慈湖遺書抄　二卷　二册

慈湖摘語　一卷　一册

朱子語類大全　一百四十卷　四十册

理氣　鬼神　性理

四子六經　先儒　自敘

政治　訓言　諸子

本朝論著　歷代論著　雜類　詩文訓略

又　朱子語略　二卷　四册

朱子録要　十五卷　七册　馮應京輯

朱子學的　二卷　二册　丘文莊公濬輯

朱子語録摘抄　一卷　一册　周海門先生

朱文公全集摘要　六卷　二册　徐即登

文公先生經世大訓　十六卷　四册　一套　又
文公經世文衡十五卷一册
吕東萊先生文録　十四卷　十二册　吕祖謙
家傳一卷　入越録一卷　入閩録一卷
庚子辛丑日記一卷　麗澤論説十卷　家範
六卷
讀書雜記三卷　師友問答一卷　附録一卷
張子韶心傳録　四卷　三册　一套　張九成
曹月川録粹　一卷　一册　龔道立編
薛文清公讀書録　十卷　二册
續讀書録　十二卷　二册
行實録　二卷　一册
粹言　二卷　一册
教言　二卷　一册

要語内外篇　二卷　二册
從政名言　一卷　一册
居業録　四卷　四册　胡居仁
王文成公全書　四十卷　二十册　俱王文成公
守仁
王文成公道學録　七卷　六册　附年譜一册　李
贄編
王文成公傳習録　三卷　二册
陽明先生則言　二卷　二册
陽明先生録抄　一卷　一册
陽明先生要語　二卷　一册
王文定公遺書　二十卷　十册　一套　王道
文録十二卷　大學億二卷
易億四卷　老子億二卷

魏莊渠遺書　四卷　四册　魏校
薛西原遺書　三卷　二册　薛惠
王龍谿文録抄　八卷　八册　李贄輯
貞靖先生道學記言　十卷　四册　周思兼
又　記言補遺　一卷
羅近溪集　十一卷　四册　羅汝芳
羅近溪語要　二卷　一册　陶望齡删輯
近溪明道會録　八卷　四册　耿定向編
羅子仕學訓　一卷　一册
東越證學録　十二卷　八册　周海門師
以上俱遺書

［語録］

徐節孝語録　二卷　二册　徐積著　江端禮輯
劉元成語録　二卷　一册　馬永卿輯
龜山語録　四卷　載本集
象山語録　二卷　載本集
羅豫章集録二程龜山語録　一卷
延平問答　二卷　二册　朱文公編
許魯齋語録　二卷　載《魯齋遺書》
二業合一訓　四卷　一册　湛若水
新泉問辨正續録　八卷　六册
歐陽南野教言　一卷　歐陽德　載本集
覺山語録　二卷　洪垣　載《覺山緒言》
南雍申教録　十五卷　四册　王材
涇野先生語録　二十卷　五册　吕柟
改齋語録　一卷　王思　載本集
木鍾臺語録　一卷　唐樞　以下三種俱載《木鍾

集》
因領録　一卷
六咨言集　一卷
存齋教言　一卷　一册　徐階
存齋語録　一卷　載《世經堂
獻子講存　二卷　二册　盧忠寧
王塘南自考録　一卷　一册　王時槐
乾惕齋請益稿　一卷　一册　陳嘉謨
楊復所證學編　三卷　三册　楊起元
秣陵記聞　六卷　一册
兩峰先生論學要語　一卷　一册
羅東川語録　十卷　一册
九解十問　一卷　一册
新城梅浦會録　一卷　一册

相川會録語　二卷　二册　方學漸
李見羅先生經正録　八卷　二册　俱李材
知本參同　十一卷　二册
水西答問集　一卷　一册　俱查鐸
又　闡道集語録　二卷
鄧文潔公語録　一卷　鄧以讚　載佚稿
鄒聚所先生語録　三卷　一册　鄒德涵
復古振玩録　一卷　一册　鄒德泳
劉聘君會語　四卷　二册　劉元卿　復禮會語
　思問録　述言　蘭游語録
鄒南臯先生輔仁編　二卷　二册　俱鄒元標
日新編　二卷　二册
義語合編　四卷　四册
又　鄒子講義　四卷　四册　仁文講義　丘江

講義　水田講義　龍華講義
又　龍華密證　一卷　一册
瞉堂或問　一卷　一册　熊汝達
涂鏡源先生陽和語録　三卷　一册　俱涂宗濬
隆砂證學録　一卷　一册
寶唐語略　一卷　一册　李登著　吴道南輯
寶慶語録　一卷　俱馮從吾　以下四種俱載《馮少墟侍御集》
太華書院語録　一卷
池陽語録　一卷
關中書院語録　一卷
此洗堂語略　二卷　一册　章潢
明道會録　一卷　一册　俱史孟麟
明道會録附語　一卷　一册

澹臺紀會　一卷　一册　羅大竑
還古講議　一卷　一册
志矩堂商語　二卷　二册
恩成求正草　一卷　一册
經正堂會語　一卷　一册
經正堂麗澤説　一卷
雪山草　一卷　一册　鄒德溥
師友同仁録　一卷　一册　俱陳履祥
學言　一卷　一册
大成集　一卷　一册
郎川答問　一卷　一册　俱余永寧
講學緣起　一卷　一册
虞山會語　三卷　三册　耿橘
虎林書院教言　一卷　一册

虎林書院會約　一卷 一册 俱劉一焜
寧庠語略　一卷 一册 笪繼良
王夢峰先生語録　二卷 二册
以上俱語録

[論著]

真文忠公讀書記　共一百四卷 二十四册 三套
真德秀
甲集三十七卷　上乙集四十三卷
下乙集二十二卷　丁集二卷
又　真西山先生心政經　二卷 二册
黄氏日抄　九十七卷 三十二册 二套 黄震
王賢良儒志編　一卷 一册 宋王開祖著
潛室陳先生木鐘集　十一卷 四册 陳植

北山先生字義　二卷 二册 陳淳
吴草廬道學基統　一卷 吴澄 載《吴文正公集》
康齋日録　一卷 一册
讀書札記　八卷 二册　續讀書札記 八卷 二册
俱徐問
宗一聖論　二卷 一册 吴應賓
聶雙江困辨録　一卷 一册 聶豹
鄒氏學脉　三卷 一册 俱鄒守益
鄒文莊公明道録　四卷 二册
呻吟語　四卷 二册 吕坤
識仁編　二卷 二册 楊起元編
來瞿唐先生日録　内篇七卷 六册 來知德著
弄圓圖説一卷　河圖洛書論一卷　格物諸圖
一卷

入聖功夫字義一卷　省覺録一卷　省心録
一卷
省事等録一卷　理學心學辨疑解共一卷
學道紀言　四卷　四册　周思兼【重】
存愚録　一卷　四册　張純
南雍劄記　二卷　二册
論學三札　一卷　一册　以下十三種俱管志道
析理篇　一卷　一册
師門求正牘　二卷　一册
七九問辨牘　四卷　四册
續問辨牘　四卷　四册
理學酬咨録　四卷　二册
酬洛續録　四卷　二册
惕若齋集　四卷　二册
續惕若齋集　二卷　一册
續原教論　一卷
步朱吟　一卷　一册
八九病榻心宗　二卷　一册
我執公參　一卷　一册
友聲編　四卷　二册　徐用檢著　劉元卿輯
小心齋札記　十二卷　二册　顧憲成
疑思録　一卷
辨學録　一卷　俱馮從吾　俱載《馮侍御集》
願學齋存語　二卷　二册　俱于孔兼
願學齋述語　四卷　四册
願學齋億語　四卷　四册
續億語　二卷　二册
正學稿　一卷　一册　吴達可

道教源流録　二卷　二册　陳階
薝葡吟　一卷　一册　鄒德溥
蠡淺學問　一卷　一册　賀燦然
學游記　二卷　張鼐
聞學雜記　二卷　萬尚烈
先覺要言　一卷　一册　蘇茂相輯

以上俱論著

［圖説］

聖門事業圖　一卷　李元綱　載《百川學海》
先天圖説　一卷　郝經　俱載《郝陵川集》
一貫圖説　一卷
吕巾石心統圖説　二卷　一册　吕懷
近取圖説　一卷　一册　王應乾
心性圖象説　三卷　章潢　載《圖書編》

以上俱圖説

續收

楊慈湖先生先聖大訓　八卷　四册　楊簡
朱文公經世大訓　十六卷　六册　余祐編【重】
朱子語類大全　一百四十卷　四十册　四套　黎靖德編【重】
性理三解　九卷　四册　韓邦奇
師友雅言　二卷　魏了翁
羅整庵困知記　二卷　二册　羅欽順
儒學明宗録　二十五卷　十三册　徐即登
程志　十二卷　二册　崔銑輯
尤西川要語　一卷　一册　俱尤時熙

擬學小記
左略　二卷　一册　曾益
四書石床隨筆　二卷　一册　黄洪憲
學約　一卷　一册
性理節要　四卷　四册　何鈁
學聖嫡派　四卷　四册
皇明性理翼　二卷　二册　俱過庭訓
理學平譚　三卷　三册　李天麟
上蔡先生語録　三卷　一册
樂庵遺書　四卷　一册　宋李衡著
畏聖録　二卷　二册　鄒德溥
馮少墟語録　十卷　四册　馮從吾
　辨學録　疑思録　訂士録
　寶慶語録　太華書院語録　學會約
　池陽語録　關中書院語録　善利關　静觀堂
　語録
清暑經談十卷　十册　王啟元

小學　爾雅　蒙書　家訓　纂訓　韻學　字學

［爾雅］

爾雅注疏　十一卷　四册　北監新校　晉郭璞注
　邢昺疏　又一部卷册同前　又閩板一部
爾雅解詁　三卷
爾雅注釋　三卷　一册　外又載《格致叢書》
小爾雅　一卷　一册　漢孔鮒撰　宋咸注　外又載
　《格致叢書》《［古今］逸史》《百家名［書］》

《四十家[小説]》

埤雅　二十卷　宋陸佃撰　五册　外又載《格致叢書》

廣雅　十卷　一册一套　魏張楫撰　隋曹憲音解　外又載《格致叢書》《古今逸史》

爾雅翼　三十二卷　八册　宋羅願撰　外又載《格致叢書》

彙雅前編　十九卷　十册　張萱纂

駢雅　七卷　一册　朱謀瑋　又載《天寶藏書》

釋名　八卷　二册　漢劉熙　外又載《夷門廣牘》《格致叢書》《逸史》《百家名書》

方言　十三卷　一册　漢楊雄　外又載《格致叢書》《古今逸史》《漢魏叢書》《百家名書》

合刻方言小爾雅　十四卷　六册　一套

以上俱爾雅

[蒙書]

小學句讀　九卷　二册　陳選　舊板

又　小學句讀　六卷　二册　新板

小學集注　六卷

小學新編摘略　一卷　一册　劉元卿

小學紺珠　一卷　王應麟　載《玉海》

急就篇注　四卷　二册　史游著　顔師古注　又載《顔氏傳書》

急就篇補注　四卷　一册　王應麟補注　外又載《格致叢書》《百家名書》

姓氏急就篇　一卷

王文忠公急就章　一卷　王禕　載本集

補注蒙求　三卷　三册　唐李翰
達齋告蒙　一卷　一册　宋虞俊
讀書分年日程　三卷　二册　程端禮
善誘文　一卷　陳録　載《百川學海》
鄭氏學範　六卷　二册　鄭真
趙氏學範　六卷　二册　舊板　附　陳騤文則一卷　俱趙古則
又　趙氏學範　二卷　二册　新板
童蒙習句　一卷　一册
黄忠宣教儀　一卷　載本集
學的教衡　一卷　一册
遜志齋幼儀雜箴　一卷　方孝孺　載《方正學先生集》
霍氏蒙規　一卷　霍韜　載《霍渭崖集》

訓初小鑑　四卷　一册　吴國倫
訓兒俗説　一卷　一册　袁黄　又載《袁氏叢書》
童蒙初告　六卷　二册　郭子章
養正小史　二卷　一册　汪廷訥
日記故事　四卷　二册
適庵韻對　八卷　四册
幼幼集　一卷　一册　李燁然
養蒙大訓　二卷　一册　熊大年
廣養蒙纂要　四卷　二册　武達
釋常談　二卷　一册　外又載《格致叢書》《百家名書》《百川學海》
常談考誤　四卷　四册　周夢暘
俚言解　二卷　一册　陳士元　又載《歸雲外集》
小兒語　五卷　一册　李三才

善俗裨議　一卷　載《陸文定公雜著》

以上俱蒙書

［家訓］

顔氏家訓　七卷　二册　顔之推　又　顔氏家訓二卷二册　又載《漢魏叢書》《百家名［書］》《顔氏傳［書］》

司馬温公家範　十卷　三册　又載《由醇録》

慈湖楊氏先訓紀　一卷　宋楊簡　載《慈湖遺書》

吕文成家範　六卷　二册　吕祖謙　載《東萊全集》内

袁氏世範　三卷　二册　舊板　宋袁采　又載《由醇録》

梭山家制　一卷　一册　宋黄應龍序刊

姚氏教家要略　三卷　一册　姚君大　又載《由醇録》

家訓類編　十二卷　十册　王演疇

鄭氏旌義編　二卷　一册

霍氏家訓前後編　二卷　霍韜

義方録　一卷　劉髦　載《劉石潭集》

劉氏家訓　一卷　劉繪　載《劉子通會》

近溪庭訓　二卷　二册

袖覽庭訓　一卷　一册

費氏家訓　十卷　六册　費元禄

沈氏家訓　二卷　二册　沈應文

陸氏家訓　一卷　一册　陸樹聲　又載《陸文定公雜著》

務本書院學訓　一卷　馬一龍　載《游藝集》

許氏貽謀四則　一卷　許相卿著　又載《由醇録》
何氏心訓并家規　二卷　二册　何倫
家訓事理正論　二卷　二册　姚舜牧
南溪劉氏家政　一卷　一册
貞壽家訓　一卷　一册
仁孝皇后内訓　一卷　共六册　以下八種俱載
《内訓全書》
女孝經　二卷　唐陳邈妻鄭氏輯
女論語　一卷
女範　三卷　朱天球
七言孝經　一卷
訓女四字經　一卷
訓女三字經　一卷
女小學　一卷

王氏女教　二卷　一册　王敬臣　載《俟後編》
男女八行説　一卷　一册　吕純如
庭幃雜録　二卷　一册　俱袁黄輯　二種俱載《袁
氏叢書》
訓子言　一卷　載《稗乘》
家兒私語　二卷　一册　張獻翼著　載《張幼于集》
訓林十二卷　六册　睦㮙輯
顔氏家訓　二卷　二册　顔之推　【重】
教家要略　二卷　一册　姚儒　【重】
困蒙録　一卷　一册　戴㙜
丹山二書　四卷　二册　林鳴盛　齊家要約二卷
復古成書二卷
本書蒙演　一卷　一册
小學衍義　二卷　二册　耿定向輯

呂公明訓　一册

小兒語　五卷　一册　吴德勝

閨範　四卷　四册　吕坤

以上俱家訓

［纂訓］

宣宗敕纂五倫全書　六十二卷　八册　一套

爲善陰隲　十卷　二册　俱成祖敕纂

孝順事實　十卷　二册

又　孝順事實咏　一卷

爲善陰隲咏　一卷　俱葉秉敬

仁宗皇后勸善書　一册

厚德録　四卷　二册　外又載《百川學海》《由醇録》

樂善録　二卷　宋李昌齡　載《正稗海》　又樂善録略　載《稗乘》

往事昭鑑録　二卷　一册

勸善録　二卷　二册　蔣鵬　又載《由醇録》

又　勸善録　一卷　秦少游編

廣仁類編　四卷　一册

善因雜録　二卷　二册　吴大恩輯

陰隲録　二卷　二册　馬□

由醇録　增修鄉約　厚德録　勸善録　忍書　忍書續編　食色紳言　世範　貽謀四則　教家要略　宗儀　吕氏遺書　增損鄉約【重】

積善録　二卷　續積善録　一卷　俱載《稗乘》

邇訓　二十卷　四册　方學漸

箴談　四卷　四册　徐學聚

維風編　二卷　二冊

監懲録　三卷　三冊

省身集要　四卷　四冊

見聞紀訓　二卷　一冊　陳良謨　又二部同

紀善新編　一卷　一冊　王安器

楊氏塾訓　六卷　六冊　楊兆坊

百忍箴　五卷　四冊　許名奎輯　附　考注百忍箴一卷　釋覺澂考注

忍書　一卷　一冊　元吴亮編　續忍書　三卷　沈節甫編　俱載《由醇録》

經世格言　四卷　二冊　袁氏世範　吕公鄉約　葉氏教儀　吕氏家箴

古今藥石　二卷　二冊　宋纁輯

孫簡肅公嘉言便録　一卷　一冊　孫承植　又載《淡生堂餘苑》抄本

王氏家庭庸言　一卷　一冊　王祖嫡輯　又載《淡生堂餘苑》抄本

醒俗編　二卷　一冊　顧天模

自省篇　一卷　一冊　唐世熙

省身録　一卷　一冊　袁黄

里居管見　一卷　一冊　陳汝新

司農俚輯　四卷　二冊　唐守欽

抱恨編　二卷　二冊　柳宗孔

律身規鑑　二卷　一冊

人倫要鑑　二卷　二冊

明心寶鑑　二卷　一冊

居家懿範　八卷　二冊　龔廷賓

以上俱纂訓

［韻學］

洪武正韻　十六卷　五册

洪武正韻玉鍵　一卷

正韻彙編　四卷　四册　周家棟編

韻經　五卷　二册　沈約

古今字韻全書　十五卷　十册　一套　楊時喬

五音集韻　十五卷　五册　俱韓孝彦

五音四聲篇　十五卷　五册

篇韻貫珠　一卷　一册　又一部附《直指鑰匙》

中原音韻　五卷　共三册　周德清輯《詩餘圖譜》二卷

韻林訓原　一卷

趙凡夫韻學　五卷　趙宧光　長箋凡例　長箋題解　四聲表　五聲表

盧以緯韻略易通　二卷　載《金囊瑣綴》

古今韻會　三十卷　十册　一套　黃公紹

古今韻分注撮要　五卷　五册　一套　甘雨纂

廣韻　五卷　五册

四聲等字譜　一卷　一册　趙宧光

韻學集成　十三卷　十三册　章黻

元聲韻學大成　四卷　四册　一套　濮陽淶

書學正韻　三十六卷　十六册　楊桓

詩學字類　二十四卷　共六册　胡文焕輯

韻學字類　十二卷

韻譜本義　十卷　五册　一套　范科輯

韻筌　一卷

切韻指南　二卷　二册

正韻統宗　四卷　二冊　任世鎧

説文解字韻譜　五卷　二冊　徐鉉

韻略易通　二卷　二冊　藺廷秀

音韻通括　四卷　二冊

古今韻括　五卷　二冊

古今韻　二卷　一冊　鄭圭校刊

五經詞賦叶韻統宗　二十四卷　六冊　俱程元初輯

黄鐘音韻通括　三卷

音聲記元　六卷　二冊　吴繼仕

大廣益會玉篇　三十卷　四冊　梁顧野王撰　孫强(壖)[增]加

海篇直音　七卷　五冊

海篇臺鏡　二十卷　五冊

書文音義便覽　五卷　二冊

古音例略　二卷　一冊　楊慎　載《升庵雜録》

大明同文集　五十卷　十冊　田藝蘅

同文備考　九卷　共十二冊　王應電輯

書法指南一卷　翻楷舉要一卷　字聲定母一卷

經傳正譌一卷　音韻會通一卷　韻要粗釋四卷

詩韻　四卷

辭韻　四卷　俱載《詩法統宗》

以上俱韻學

［字學］

六書統　二十卷　十四冊　楊桓

六書故　三十三卷　十二冊　戴侗輯

六書考　六卷
六書賦　六卷　附　辨誤溯源一卷
六書本義　十二卷　趙古則
許氏説文　十二卷　六册　許慎
説文解字韻譜　五卷　二册　徐鉉序【重】
六書正譌篆文　五卷　二册　周琦
古篆韻譜正傳　五卷　五册
漢隸分韻　七卷　二册
字學集要　四卷　四册
干禄字書　一卷　顔真卿　載《夷門廣牘》
學古編　一卷　一册
佩觽　二卷　二册　郭忠恕
問奇集　二卷　二册　張位　又載《閒雲館别集》
合字考　二卷　二册

古俗字略　七卷　三册　陳士元　又載《歸雲别集》
摭古遺文　一卷　李登
古文奇字輯解　十二卷　二册　朱謀㙔　又載《天寶藏書》
俗書(别)〔刊〕誤　十二卷　二册　焦竑輯　經子難字　二卷　一册
鄧氏字學　一卷　鄧伯羔　載《天荒合刻》内
正字千文　一卷　瞿九思輯
四廣千文　四卷　一册　周履靖
四體同文千文　二卷　二册
濯纓亭字義　一卷　戴冠　載《濯纓亭筆記》
斷坑論字夜談　一卷　陳錫　載《陳詞部集》
難字智燈　二卷　一册　李陽春
字類辨疑　二卷　二册　顧充

六書正義　十二卷 十二册 吴元滿

續收[韻學字學]

吴才老韻補　五卷 二册 宋吴棫輯

韻要　五卷 一册 李元壽

韻補　二卷 二册 睦橕

正韻邊旁　一卷 一册 睦橕

詩韻釋義　五卷 一册 雪崖輯

聲韻雜注　一卷 一册 桑良

韻學新説　三卷 二册

古今韻學得失論　一卷 一册 鄭世子載培

對類　六卷 六册

史漢古字　二卷 二册 睦橕

六書索隱　五卷 二册 楊慎

四書字詁　十卷 十册 李宗延輯

字考啟蒙　十六卷 六册 俱周宇

認字測　三卷 三册

字解　一卷 一册 張伯樞

六書精蘊　六卷 六册 一套 魏校撰

附精蘊音釋　一卷

五音類聚　十五卷 五册 俱韓彦昭

五音集韻　十五卷 五册

切韻指南　一卷 一册【重】

篇韻貫珠　一卷 一册【重】

附直指鑰匙　一卷

詩韻輯略　五卷 五册

墨池編　六卷 六册 楊慎輯

以上俱字學[韻學]

澹生堂藏書目　史部上

國朝史類　御製　敕纂　彙録　編述　分紀　武功　人物　典故　時務　雜記　風土　行役　異域

御製

皇明祖訓　一卷　一册

又　皇明祖訓　一卷一册　鳳陽板　附　祖訓疏義一卷　載《國朝經濟實用編》

皇明制書　一部　十二卷　共九册　新板

孝慈録一卷一册　御製大誥一卷一册

大明(會)[令]一卷一册　大誥續編一卷一册

大誥三編一卷一册　大誥武臣并敕諭武臣一卷一册

洪武禮制一卷一册　稽古定制一卷一册

禮儀定式一卷一册　教民榜文一卷共一册

又　皇明制書　一部　十卷　六册　舊板

宣宗御製帝訓一卷一册　宣宗御製官箴一卷共一册

大明令一卷一册　大誥一卷一册

大誥武臣并敕諭一卷　孝慈録一卷一册

洪武禮制一卷一册　稽古定制一卷

禮儀定式一卷　教民榜文一卷

資世通訓　高皇御製　一卷一册　又抄本一册

昭鑒録　五卷

永鑒録　一卷　又後鑒録一卷　載《國朝典故》

昭示姦黨録　二卷　一册　載《子書雜抄》

皇明詔制　八卷　八册　自洪武至嘉靖十八年止

太祖高皇帝寶訓　六卷　四册

孝慈高皇后傳　一卷　一册　成祖御製

成祖文皇帝寶訓　五卷　三册

仁宗寶訓　五卷　三[册]

宣宗寶訓　五卷　三册

英宗寶訓　三卷　二册

憲宗寶訓　三卷　二册

孝宗寶訓　三卷　二册

武宗寶訓　二卷　一册

世宗寶訓　九卷　六册

穆宗寶訓　二卷　二册　以上共四十八卷　二十四册　吕本等校刊

萬曆絲綸録　六卷　六册

聖旨日記　五卷　二册　郭子章輯

昭代彝訓彙編　一卷　一册

以上俱御製

敕纂

成祖文華寶鑑　一卷

憲宗文華大訓　二十八卷

文華大訓箴解　六卷　廖道南

太祖高皇帝實録　二百五十七卷

成祖文皇帝實録　一百三十卷　二十册　二套

楊士奇等纂

仁宗實録　十卷　四册　一套

宣宗實録　一百十五卷　十八册　二套　李時勉等

英宗實録　三百六十一卷　共四十五册　四套　陳文等撰　内正統二十五册　景泰十二册　天順八册

憲宗實録　二百九十三卷　三十二册　三套　劉吉等撰

孝宗實録　二百二十四卷　二十五册　二套　李東陽等撰

武宗實録　一百九十七卷　二十六册　二套　費宏等撰

世宗實録　五百六十五卷　五十六册　五套　張居正等撰

穆宗實録　七十卷　十二册　張居正等纂

萬曆起居注　二十卷　十册

大明官制　二十八卷　四册

大明會典　一百八十卷　四十册　正德四年李東陽等輯

又　大明會典　二百二十八卷　六十册　萬曆十五年申時行等輯

明倫大典　二十四卷　張孚敬等纂

大明集禮　五十三卷　三十六册　三套　嘉靖九年輯

五倫全書　六十二卷　八册

歷代君鑒　五十卷　十册　一套　俱景泰年敕纂

勤政典要　四卷　一册

皇明七朝帝紀　四十卷　十六册　劉應秋等輯

光宗貞皇帝實録　六卷　六册　葉向高等輯

光宗寶訓　四卷　二册

皇明祖訓節略注疏　二卷 二册　蔡毅中纂
皇明同姓諸王表　四册
皇明嬪妃傳　一卷 一册
國朝外戚傳　一卷 一册　俱楊繼禮
皇明典禮　一卷 一册
皇明典禮志　三十卷 六册 一套　郭正域輯
承天大志　四十卷 六册　徐階等
皇明開天玉律　四卷 四册　王象乾纂
聖駕躬祀南郊儀注　一卷
皇子誕生儀注　一卷
光宗皇帝實録進呈儀注　一卷
册封諸皇妃儀注　二卷
以上俱敕纂

彙録

國朝典故　一百卷 五十六種 二十册 二套
皇明紀録彙編　二百十六卷 計二百廿三種 四十册　沈節甫輯
皇明徵信叢録　二百廿卷 五十五册 六套　淡生堂輯
國朝謨烈遺輯　二十卷 八册
今獻彙言　二十五卷 計二十八種 十册　高鳴鳳輯
金聲玉振　五十三卷 計四十八種 二十册
名賢説海　二十二卷 計二十二種 十册
以上俱彙録　細目另分注各類下

編述

二祖八宗論贊　一卷　郭子章　載《郭青螺全集》

又　李維禎十二帝紀論贊　一卷　載《餘苑》

皇明政要　二十卷　四册　一套　婁性纂

皇明政要略　一卷　一册　霍韜　載《國朝徵信叢録》

聖朝泰交録　八卷　三册　鄒德泳

皇明大政記　三十六卷　二十四册　三套　雷禮

皇明通紀　四十卷　共二十册　三套　陳建

皇明續通紀　十卷

皇明大紀纂要　六十三卷　二十册　二套　譚希思輯

皇明大紀　三十六卷　二十四册　四套　夏浚

皇明書　四十五卷　十二册　一套　鄧元錫

憲章録　四十六卷　六册　一套　薛應旂　又　憲章録一部　卷同

憲章續録　二十卷

國朝憲章類編　四十二卷　二十册　勞堪編

吾學編　六十九卷　二十四册　俱鄭曉

徵吾録　二卷　二册

今言　二卷　二册　又載《紀録彙編》

明政統宗　三十卷　又附一卷　十六册　三套　涂山

皇明繩武編　三十四卷　吴瑞登

皇明泳化類編　一百卷　四十册　鄧球

弇山堂別集　一百卷　二十册　二套　俱王世貞

弇州史料　前集三十卷　後集七十卷　五十二册

五套
國朝史略　上集二十四卷　下集二十三卷　別集
二卷　共八冊　王禪輯
緑滋館徵信編　五卷　二冊　吴士奇
皇明政紀纂要　二卷　二冊　周永春
皇明訓典要旨　二卷　一冊　屈大陞輯
昭代典則　二十八卷　十六冊　二套　黄光昇輯
嘉隆聞見記　十二卷　八冊　一套　沈越輯
皇明典故紀聞　十八卷　十冊　官版　余繼登
又　典故紀聞一部　卷帙同　小［板］
國（獻）［憲］家猷類編　三十卷　十六冊　王
可大
宙載　六卷　三冊　張合
永昭二陵編年　四卷　支大綸

玉梅館尊今林　二卷　一冊　徐來鳳纂
［以上俱編述］

分紀

御製皇陵碑　一卷　俱載《紀録彙編》　又　滁陽
王碑　載《國朝典故》
御製秋日紀夢　一卷　又載《紀録彙編》
天潢玉牒　一卷　亦入譜録類　載《金聲玉振》　載
《紀録彙編》　載《國朝典故》
高皇訓行録　三卷　三冊　俱楊起元輯
又　近光録　三卷　一冊　即訓行録
皇明本記　一卷　載《紀録彙編》　又載《國朝典
故》
皇明聖政記　十卷　五冊　宋濂　載《國朝典故》

載《金聲玉振》
洪武聖政纂　二卷　二册　董穀
皇祖四大法　十二卷　十册　何棟如
龍飛紀略　十卷　十册　吴朴
國初事蹟　一卷　劉辰翁　載《國朝典故》　載《金聲玉振》
明初略　二卷　二册　孫宜　載《國朝徵信叢録》
國初禮賢録　一卷　載《國朝典故》　載《紀録彙編》　載《金聲玉振》
皇明聖典　三十四卷　八册　睦㮮　又一部同
皇明聖(正)[政]記　十卷　八册
皇明傳信録　二卷　二册
遜國臣記　二卷　二册
明倫大典　二十四卷　八册　又一部同

世宗聖駕臨雍録　一卷　一册　毛澄述
御著大狩龍飛録　經緯各一卷　又一部同
皇明盛事述　三卷　附　異遇述一卷
皇明異典述　五[卷]　一册　俱王世貞
三朝要典　共二十四卷　十二册　梃擊八卷　紅丸八卷　移宫八卷
國史記聞　十二卷　十二册　張銓
永昭二陵編年史　永陵四卷　昭陵二卷　共四册　支大綸【重】
泰昌日録　二卷　二册　楊惟休
皇明寶善編　二卷　二册
翊運録　一卷　以上劉基　附　恩遇録一卷　劉仲璟
皇明啟運録　八卷　四册　陳建輯

國初明良隆遇録　十卷　十册
明良録略　一卷　沈士謙　以下六種俱載《稗乘》
萬乘肇基録　一卷　夏原吉
聖君初政記　一卷　沈文
造邦勳賢略　一卷　王禕
逐鹿記　一卷
在田録　一卷　張定
龍興慈記　一卷　一册　王文禄　又載《紀録彙編》
椒宫舊事　一卷　王達　以下三種俱載《稗乘》
東朝紀　一卷　王泌
鳳凰臺記事　一卷　馬生龍
剪勝野聞　一卷　徐禎卿　載《廣四十家小説》《紀録彙編》又《剪勝舊聞》一卷　載《後四十家小説》

遵聞録　二卷　梁億　載《今獻彙言》
賢識録　一卷　陸釴
明興雜記　二卷　二册　舊版　陳敬則編
又　明興雜記　二卷　二册　新版
皇明開創歷紀　六卷　二册　即《明興雜記》
造夏略　二卷　范守己　載《御龍子集》内
以上俱洪武
建文遺蹟　一卷　載《國朝典故》
革除遺事　四卷　黄佐　載《金聲玉振》
群忠備遺録　一卷　張芹
革朝志　五卷　許相卿
建文朝野彙編　十八卷　共十册　俱屠方叔
建文傳疑　一卷
建文定論　一卷

建文書法儗　四卷　四册　俱朱鷺

擁絮迂談　一卷

以上建文

太宗政要　一卷　霍韜纂　抄本　載《國朝徵信叢録》

奉天靖難記　四卷　載《國朝典故》

奉天刑賞録　一卷　袁聚　載《金聲玉振》

靖難功臣録　一卷　載《古今説海》　載《紀録彙編》

壬午功臣爵賞録　一卷　都穆　載《國朝典故》

騶虞集　二卷　一册　睦欅輯

以上永樂

仁宗政要　一卷　俱霍韜編　抄本　載《國朝徵信叢録》

宣宗政要　一卷　載《國朝徵信叢録》

三朝聖諭録　二卷　二册　俱楊士奇　載《國朝典故》

宣德西巡扈從紀行録　一卷　抄本　載《國朝徵信叢録》

正統臨戎録　一卷　楊銘　載《國朝典故》　載《紀録彙編》

北征事蹟　一卷　尹直　載《紀録彙編》　又載《金聲玉振》

正統北狩事蹟　一卷　載《紀録彙編》　載《今獻彙言》載《廣四十家小説》

否泰録　一卷　劉定之　載《今獻彙言》　載《紀録彙編》　載《後四十家小説》　載《廣四十家小説》

李侍郎使北録　一卷　李實　載《國朝典故》　載

《紀録彙編》

復辟録　一卷　載《紀録彙編》　載《古今説海》

于少保憐忠録　一卷　載《徵信叢録》

天順日録　二卷　一册　俱李賢　外又載《國朝典故》　載《紀録彙編》

古穰雜録　二卷　一册　載《紀録彙編》

監軍曆略　一卷　張楷　載《國朝徵信叢録》

可齋筆記　一卷　彭時　載《今獻彙言》　載《紀録彙編》　載《後四十家小説》　載《文集》　載《名賢説海》　載《國朝典故》

以上仁宣英廟三宗

李文正公燕對録　二卷　李東陽　載《國朝典故》

醫閭漫記　一卷　賀欽　載本集　載《紀録彙編》　又載《醫閭先生集》

治世餘聞　四卷　二册　陳洪謨　抄本　載《國朝徵信叢録》　載《紀録彙編》

敕議或問　一卷　載《紀録彙編》　載《國朝典故》

以上弘治

楊文忠公視草餘録　二卷　二册　楊廷和

武廟初所見事　一卷　費宏　抄本　載《國朝徵信叢録》

西征日録　一卷　楊一清　抄本　載《國朝徵信叢録》　載《紀録彙編》

制府雜録　一卷　一册　抄本　載《國朝徵信叢録》　載《紀録彙編》

江上日録　一卷　吴子孝　抄本　載《國朝徵信叢録》

卧憂志　一卷　丁相　抄本　載《國朝徵信叢録》

繼世記聞　二卷 二册 陳洪謨 載《紀録彙編》
東戍録　一卷 夏良勝 抄本 載《國朝徵信叢録》
以上正德
世廟識餘録　二十六卷 六册 徐學謨
嘉靖大政記　二卷 二册 茅惟輯
大禮集議　四卷 四册 張孚敬等輯
廷諍録　一卷 一册 曾忭
宸章集録　一卷 俱費宏
大狩龍飛經緯録　一卷 載《國朝典故》
南城召對録　一卷 俱李時 載《徵信叢録》
抄本
春游咏和集　一卷 載《徵信叢録》 抄本
文華盛記　一卷 一册 又 御製正孔子祀典記
一卷 載《徵信叢録》

除夕賡和詩　一卷 一册 楊一清等和
諭對録十六卷 十六册 俱張孚敬 又 諭對録
摘一卷 載《紀録彙編》
御製賡和詩　一卷 載《徵信叢録》 抄本
聖駕南巡録　一卷 俱陸深 以下二種俱載《陸
文裕公外集》 又載《紀録彙編》
大駕北還録　一卷 又載《紀録彙編》
聖駕渡黄河記　一卷 夏言 載《徵信叢録》
抄本
記世廟召對廟廷事　一卷 載《徵信叢録》
抄本
又 嘉靖奏對録 十二卷 六册 嚴嵩
庚戌始末志　一卷 王世貞
庚申紀事　一卷 楊希淳 以下三種俱載《徵信叢

書》抄本
欽明大獄録　一卷　共一册　桂蕚
會問劉東山疏　一卷　抄本
肅皇外史　四十六卷　六册　范守己編
以上嘉靖
病榻遺言　二卷　一册　高拱　又載《紀録彙編》
豫州時事記　一卷　劉鳳
沙市獄記　一卷　徐學謨
以上隆慶
今上召對紀事　一卷　張居正　抄本　載《國朝徵信叢録》　又《講大寶箴紀事》一卷
毓德宫召見紀事　一卷　申時行　抄本　載《國朝徵信叢録》
煖閣召見紀事　一卷　王錫爵　抄本　載《國朝徵信叢録》
平臺召見紀事　一卷　趙志臯　抄本　載《國朝徵信叢録》
乙卯召對録　三卷　附　杞人問答一卷　又宣召紀略一卷　方從哲　王士昌等　載《國朝徵信叢録》
星變志　二卷　一册　載《紀録彙編》
張江陵忍親遺迹　一卷　一册
江陵逸事　二卷　一册　支大綸　抄本　載《國朝徵信叢録》
延陵小刻　二卷　一册　吴中行
升儲彙録　二卷　二册　申時行
又　請儲瀝疏　二卷　一册　王錫爵
止榷記　一卷　一册　郭子章　抄本　載《國朝徵信

叢録》
楚宗招擬　一卷
勘楚始末　一卷　俱朱文懿公　抄本　載《國朝徵信叢録》
妖書始末　一卷　抄本　載《國朝徵信叢録》
勘楚紀事　一卷　俱蔡獻臣　抄本　載《國朝徵信叢録》
妖書紀事　一卷　抄本　載《國朝徵信叢録》
萬曆起廢考　二卷　二册　周永春
儀曹存稿　二卷　二册　蔡獻臣
比曹紀實　一卷　一册　徐大化
續眉山論　二卷　一册　俱姜
遵典録　二卷　一册
辛亥京察始末　八卷　八册　岳和聲

閟宫始末　一卷　一册　岳駿聲
武唐倡亂始末　二卷　一册
刑部十大招　十卷　四册
大禮始末　一册　鮑應鰲
韓苑洛見聞隨考録　五卷　三册　韓邦奇
王槐野掠聞遂録　一卷　一册　王維禎
［以上萬曆］
［以上分紀］

武功

鴻猷録　十六卷　八册　官板　高岱著　又一部十六卷　四册　新板　又載《紀録彙編》
國朝武功雜録　淡生堂輯
名臣寧攘編　三十卷　九册　項鼎鉉輯

潮中國朝平寇考　二卷　郭子章　載《潮中雜記》
浙直平倭大捷考　二卷　王在晉　載《籌海圖編》
以上俱彙輯
御製西征記　一卷　載《紀録彙編》
御製平西蜀文　一卷　載《紀録彙編》
平吳録　一卷　載《紀録彙編》　載《國朝典故》　載《金聲玉振》
平胡録　一卷　附　平胡頌一卷　陸深　載《紀録彙編》　載《陸文裕公外集》　載《徵信叢録》　載《金聲玉振》
平漢録　一卷　附　平江漢頌一卷　宋濂　載《金聲玉振》　載《紀録彙編》　載《徵信叢録》　抄本
平夏録　一卷　黄標　載《紀録彙編》　載《今獻彙言》　載《古今説海》

北平録　一卷　載《紀録彙編》　載《國朝典故》　載《金聲玉振》
平蜀録　一卷　李文忠　載《國朝典故》　載《金聲玉振》　載《紀録彙編》
平開平大寧録　一卷　董倫　抄本　載《國朝徵信叢録》
北征記　一卷　楊榮　載《古今説海》　載《國朝典故》
前後北征録　二卷　金幼孜　載《國朝典故》　載《古今説海》　載《金聲玉振》　載《紀録彙編》
平定安南録　一卷　又　安南事宜一卷　黄福　抄本　載《國朝徵信叢録》
平定交南録　一卷　附　安南奏議一卷　丘濬　載《國朝典故》　又載《國朝徵信叢録》《紀録彙

編》

西征石城記　一卷　俱馬文昇　三記俱載《國朝典故》又載《金聲》又載《紀録彙編》《廣四十家小説》《今獻彙言》《名臣寧攘編》

撫安東夷記　一卷　載《金聲玉振》《紀録彙編》《名臣寧攘前編》

興復哈密記　一卷　載《廣四十家小説》載《金聲玉振》載《紀録彙編》《名臣寧攘前編》《今獻彙言》

平番始末　一卷　許進　載《紀録彙編》載《金聲玉振》《國朝典故》

平夷賦　一卷　趙輔　載《紀録彙編》《國朝典故》

彭少保西平録　二卷　一册　彭澤

雲中事記　一卷　蘇祐　載《紀録彙編》

江海殲渠記　一卷　祝允明　載《廣四十家小説》

平蠻記　一卷　抄本　載《國朝徵信叢録》

平蠻録　一卷　王軾　載《國朝典故》《紀録彙編》

大同記事　一卷　韓邦奇　載《名臣寧攘前編》

雲中紀變　一卷　孫允中　載《名臣寧攘前編》載《國朝典故》

龍平記略　一卷　田汝成　載《名臣寧攘前編》

籐峽記聞　一卷　田汝成　載《名臣寧攘前編》

北虜事蹟　一卷　俱王瓊　載《名臣寧攘前編》

西番事蹟　一卷　又　西夷事蹟　一卷　載《金聲玉振》載《名臣寧攘前編》

紀剿徐海本末　一卷　俱茅坤　抄本　載《國朝徵

信叢録》
海寇後編　一卷　載《金聲玉振》
敘嘉靖間倭入東南事　一卷　沈一貫　抄本　載
《國朝徵信叢録》
南征實略　一卷　一册　又　南大紀略一卷　郭仁
載《名臣寧攘前編》
茂邊紀事　一卷　朱紈　載《金聲玉振》
平黔三記　一卷　趙汝謙　載《名臣寧攘前編》
交事記聞　一卷　張岳　載《名臣寧攘前編》
大同平叛志　一卷　俱尹畊　載《名臣寧攘前編》
籐峽記略　一卷　載《名臣寧攘前編》
貴陽記事　二卷　二册　先通奉著
伏戎紀事　一卷　高拱　載《續秘笈》　載《名臣寧
攘前編》　載《紀録彙編》

防邊紀事　一卷　高拱　載《紀録彙編》
撻虜紀事　一卷　載《紀録彙編》
綏廣紀事　一卷　載《紀録彙編》
靖夷紀事　一卷　載《紀録彙編》
款塞始末　一卷　劉虛箕　載《名臣寧攘前編》
雲中降虜傳　一卷　劉紹恤　載《名臣寧攘前編》
撫夷紀略　二卷　鄭洛　載《名臣寧攘前編》
西南紀事　一卷　載《名臣寧攘前編》
西南三征記　一卷　載《名臣寧攘前編》
彭大司馬征西紀事　一卷　一册　又載《國朝徵
信叢録》
平洲頭寇記　一卷　以下三種俱載《國朝徵信叢
録》
平嶺南寇碑記　一卷

平白草番碑記　一卷
寧夏平孛承恩始末　一卷　俱瞿九思輯　俱載《萬曆武功録》
平螺螇叛(奠)[酋]賴元爵始末　一卷
平南海叛寇林乾道等始末　一卷
平蛋寇蘇觀陞等始末　一卷
平羅旁傜浪始末　一卷
平府江右江諸僮始末　一卷　附茅坤府江記事一卷　載《徵信叢録》
議處安南莫茂洽事宜　一卷
平凌霄九絲諸蠻始末　一卷　附平都蠻記一卷　載《徵信叢録》
平壘溪諸羌始末
平緬甸始末　四卷

平播酋始末　三卷
平王杲始末　一卷
征西紀事　一卷　謝詔　載《名臣寧攘前編》
征南紀事　一卷　周光鎬　載《名臣寧攘前編》
再征南紀事　一卷　李士達　載《名臣寧攘前編》
平番紀事　一卷　又勘處播州事蹟疏一卷　劉伯爕　載《名臣寧攘前編》
曾中丞征蠻録　二卷　一册　曾省吾
張司馬定浙變記　一卷　王世貞　抄本　載《國朝徵信叢録》　又載《紀録彙編》
又　定變記　一卷　汪道昆
西征集　一卷　馮時可
平夏疏録　二卷　二册　劉芳譽
朔方紀事　一卷　一册

朝鮮復國經略　六册　宋應昌
王公東征記略　一卷　吴紹勳
東征公議　四卷　四册　邢玠編
綏交録　二卷　三册　又　綏交記一卷一册　載《名臣寧攘前編》
西事紀略　一卷　一册
平播全書　十五卷　八册　李化龍輯
黔中平播始末　三卷　二册　郭子章　抄本　載《國朝徵信叢録》
播酋始事　一卷　程正誼　抄本　載《國朝徵信叢録》
平播録　五卷　五册　楊寅秋
播事述　一卷　鍾奇　抄本　載《國朝徵信叢録》
磨盾漫録　五卷　五册
兩朝平攘録　九卷　八册
平蠻録　一卷　二册
靖蠻録　一卷　一册
北虜封貢始末　三卷　三册　涂宗濬
封貢記略　一卷　王士琦　抄本　載《國朝徵信叢録》
平黎紀事　一卷　一册
交黎末議　三卷　三册　蔣光彦
萬曆三大征考　三卷　一册
萬曆武功録　十卷　十五册　瞿九思
國朝記勝通考　八卷　七册　顔季(亭)[亨]
康山群忠録　三卷　二册　唐龍編
吴淞甲乙倭變志　二卷　二册　張鼐
孫公忠烈編　六卷　二册

遼事備考　一卷　一册
遼夷略　一卷　一册
籌遼末議　朱祖文
漏居寓言　一卷
九十九籌　一卷
時務體要　二卷　共六册　一套　俱顔季亨
萬曆三大征考　七卷　二册　茅瑞徵
雲事評略　一卷　俱吴伯與
大同款貢志　一卷
諭虜俗語　四卷　四册　王象乾
澳夷諭略　三卷　三册
黔南十集　十三卷　十三册　劉玄錫
學政　軍政　守城驗方　尺牘　圍城日録
圍城雜録　警策　閑紀　機緣夢卜　存黔
約略
掃除之餘
乘城日録　三册　周宇
平藺記事　一卷　一册　張鍵
梅衡湘征西奏議　二卷　一册
福寧定亂紀事　二卷　一册　朱一馮
符離弭變紀事　一卷　一册
[以上武功]

人物

皇明開國功臣録　三十卷　十册　黄金
皇明名臣言行録　四卷　二册　楊廉
國朝分郡人物考　一百十五卷　六十四册　八套
過庭訓

名臣言行後録　四卷 二册 徐咸
皇明名臣琬琰録　二卷 一册 王道 抄本 載《國朝徵信叢録》
皇明名臣琬琰續録　二卷 一册 抄本 載《國朝徵信叢録》
皇明名臣琬琰編　前集二十四卷　後集二十二卷
内閣行實記　八卷 四册 雷禮
皇明閣臣録　八卷 四册 俱李廷機
皇明名臣録　四卷 四册　又 林塾重編皇明名臣録 二卷 一册
重輯國朝名臣録　四卷 四册
皇明理學名臣言行録　二卷 二册 抄本 載《徵信叢録》

國朝列卿記　一百卷 十册
國朝名世類苑　四十六卷 十八册 凌迪知
李氏續藏書　二十七卷 十二册 二套 李贄
皇明尚友集　十六卷 四册 張壐
焦氏獻徵録　一百二十卷 一百二十册 十二套 焦竑
嘉隆臣略　一卷 范守己 載《御龍子集》
闇然堂名賢類纂　三卷 潘士藻
今獻備遺　四十二卷 八册 項篤壽
先進遺風　二卷 一册 俱耿廷定編 抄本 載《徵信叢録》
芳編　二卷 二册 刻本　即《先進遺風》
名卿績記　四卷 王世貞 載《紀録彙編》
國朝列卿年表　九十九卷 十册　又 列卿年表

一百三十九卷　八册　俱雷禮
國朝進士年表并列卿　二卷　二册　李維禎補
國朝大臣年表　二卷　二册　許重熙編
國朝列卿表　二卷　二册
國朝進士名號謚爵考　十卷　二册
皇明人物要考　四卷　二册　又人物考一部
四十卷　十册　王世貞著
皇明狀元考　二卷　二册　顧祖訓輯
國朝詞林人物考　十二卷　十册　王兆雲
銓衡人鑑考　十四卷　二册
掖垣人鑑　八卷　四册
國朝金陵人物志　一卷　陳鎬
吴中往哲記　一卷　俱楊循吉　載《梓吴》　載《後四十家小説》

吴中故實　一卷
續吴中故實　一卷　俱黄省曾
吴中故實拾遺　一卷
續吴録　二卷　俱劉鳳　以下二種俱載《紀録彙編》　又載《劉子威文集》
續吴先賢贊　二卷
蘇材小纂　一卷　載《金聲玉振》
吴郡二科志　一卷　閻秀卿　載《梓吴》　載《後四十家小説》　載《紀録彙編》
皇明中州人物志　十六卷　六册
國朝江右名賢編　二卷　一册　劉元卿等編　抄本　載《徵信叢録》
姑蘇名賢小記　二卷　二册　文震孟輯
國朝五達編　五卷　一册

清夢録　一卷　一册　顧憲成　抄本　載《淡生堂餘苑》
國寶新編　一卷　顧璘　載《後四十家小説》　載《紀録彙編》　載《金聲玉振》
國琛集　一卷　唐樞　載《木鐘臺再集》　載《紀録彙編》
畜德録　一卷　陳沂　載《國朝典故》　載《名賢説海》
忻慕編　一卷　陳鳳
掾曹名臣録　一卷　王凝齋　載《煙霞小説》
紀善録　一卷　杜璚　載《煙霞小説》　抄本　載《徵信叢録》
善行録　八卷　四册　張時徹
善行摘録　一卷　抄本　載《徵信叢録》

寶善編　四卷　馮時可　即《集中名公小傳》
桐彝正續　三卷　三册　方學漸
青館遺馨　一卷　一册　劉垓輯
皇明寶善類編　二卷　二册　蘇茂相輯
御製周顛仙傳　一卷　載《紀録彙編》　載《國朝典故》　載《金聲玉振》
國朝三異人傳　一卷　一册　方正學　于忠肅　楊忠愍　俞允諧集
浙江三大功臣傳　一卷　劉文成公　于忠肅公　王文成公　俱王世貞　以下俱載《别集史料》
國朝四臣傳　一卷　王靖遠　楊興濟　徐武功　王威寧
弘治三臣傳　一卷　王端毅公［恕］　馬端肅公　文升　劉忠宣公大夏

嘉靖以來内閣首臣傳　七卷　三册　一套　抄本　載《徵信叢録》

皇明十六種小傳　十六卷　四册　江盈科

都城故老傳　一卷　李東陽　抄本　載《徵信叢録》

廣陵十先生傳　一卷　一册　歐大任

五同傳　一卷　司馬泰　抄本　載《徵信叢録》

袁廷玉傳　一卷　抄本　載《徵信叢録》

許忠節公傳　一卷　杜柟

郭襄毅公家傳　一卷　一册　海瑞[一]

明都御史羅公傳　一卷　一册

劉見川家傳　一卷　劉教

韓襄毅公家傳　一卷　丘濬撰

三世先德傳　一卷　焦竑

王氏父子刦金傳　一卷　王世懋

中文定公家傳行實　共十卷　五册

顧大司馬家傳　一卷

九先生家傳　九卷　一册

群貞傳　五卷　一册

誌傳雜集　十二卷　六册

陽明浮海傳　抄本　載《徵信叢録》

劉文成公行實　一卷

春雨解先生事略　一卷　一册

劉忠宣公言行録　一卷

夏忠靖公遺事　一卷　郭登撰　抄本　載《徵信叢録》

劉忠愍公事蹟　一卷　一册

薛文清公行實　二卷　遺事一卷　載《徵信叢録》

楊文貞公傳録　一卷　楊士奇
楊文貞公先世遺事録　一卷
陳白沙先生遺事　一卷
趙莊靖公三朝實録　一卷　一册　趙璜
又　趙莊靖公詳節　一卷　一册
天全先生遺事　一卷　載《後四十家小説》
湛甘泉先生行實　一卷
李文達公行實　一卷　程敏政
朱中丞遺事　一卷　朱簠
羅司成史採疏抄實録　一卷　二册　羅璟
徐貞學先生行述　一卷　一册
耿清惠公逸事　一卷
林忠肅公行實　一卷
羅整庵履歷記　一卷

王元美行實　一卷　陳繼儒
殷尚書行實　一卷
兩峰先生行實　一卷
理學三先生履歷　三卷　一册
東歐項先生實紀　項喬
胡文穆公兩朝寵澤録　一卷　一册
楊東里榮遇録　一卷　載《徵信叢録》
熊芝山三朝寵命録　一卷
四功臣純忠録　一卷
二忠録　二卷　一册　記王忠文公褘及王紳事
顯忠録　二卷　一册　記侍中黄觀事
向忠節公記事　一卷　記向朴事
直道編　二卷　二册　記御史陳祚事
王三原純忠紀略　一卷　林俊述　抄本　載《徵信

叢録》

許忠節公世行録　二卷　二册

沈青霞褒忠紀事　一卷

沈青霞戍死始末　一卷　程正誼編　抄本　載《徵信叢録》

劉侍御恤忠録　七卷　五册

劉文介公持正録　二卷　一册

嗚咽録　一卷　一册　記陳芳洲事

思善録　一卷　俱周忱

遺愛録　一卷

款識録　一卷　金大車　抄本　載《徵信叢録》

四謚録　一卷　一册

尊賢録　一卷　一册　記羅汝芳事

保孤記　一卷　沈應魁　記夏文愍公遺孤事　載《藏説小萃》

褒功録　一卷　一册　記詹榮事

昭熾録　二卷　二册　記余懋學事

潛光録　一卷　一册　記趙敏事

冢宰曾公文徵　四卷　四册　曾同亨

懷魯周公墓録　一卷　一册

三先生俎豆録　三卷　一册

正氣録　二卷　一册

殉身録　一卷　一册

魯文恪公神道碑一册

以上俱人物

〔一〕海瑞：據大連本補。

［續收人物］

伍氏奉先録　一册

陳兩峰別傳　一册

周中丞家録　一册

汪青湖先生事實　一卷　一册

沈給諫留丹録　一卷

楊襄毅公年譜　十卷　十册　楊博

鄭襄敏公記知録　三卷　三册　鄭材編

兩館題名記　一卷　一册

兩浙名賢録　五十四卷　附録一卷　六十三册　六套　徐象梅

國朝祥符鄉賢傳　八卷　二册　載文集内

楊椒山年譜　一卷　一册

王端毅遺事　一卷　附平川行實一卷　一册

［以上俱人物］

典故

皇明統宗繩蟄録　十二卷　四册　唐藩宙枝輯　刻本

皇明統宗繩蟄録　十卷　三册　抄本　載《徵信叢録》

藩獻記　二卷　一册　俱朱謀㙉輯　刻本　載《天寶藏書》

藩獻記　二卷　一册　抄本　載《徵信叢録》

太廟祧遷考　俱于慎行　抄本　載《徵信叢録》

庶子生母服制考　抄本　載《徵信叢録》

詞臣恭題聖製集録　二卷　淡生堂輯　抄本　載

《徵信叢録》
兩京賦　抄本　載《徵信叢録》
北京賦　抄本　載《徵信叢録》
三家世典　一卷　抄本　載《國朝典故》
宗藩條例　二卷　二册
宗藩要例　二卷　二册
大明官制　五卷　四册
官釋　十卷　四册　一套　郭子章　抄本　載《徵信叢録》
王文恪公職官考　一卷　抄本　載《徵信叢録》
古今官制沿革　一卷
品級考　二卷　二册
殿閣詞林記　十五卷　共十二册　俱廖道南
詞林故實　十四卷
館閣類録　二十二卷　十六册　二套　吕本輯
東觀雜志　一卷　嚴嵩　抄本　載《徵信叢録》
舊京詞林志　六卷　三册　周應賓
詞林故典　一卷　一册　俱張位　以下三種俱《閒雲館别編》
史職議　一卷　一册　抄本　載《徵信叢録》
翰苑題名記　一卷　一册
纂修記注　二卷　吕本
丞相府志　一卷　俱王世貞　俱載《弇州集》　又載《史料》
後丞相府志　一卷
錦衣志　一卷　載《紀録彙編》　載《弇州集》　又載《史料》
增修條例備考　二十六卷　二十六册　一套

軍政條例　五卷 四册

陸文裕公科場條貫　一卷 陸深 載《陸文裕公外集》載《紀録彙編》

王弇州科舉考　二卷 載别集

科場切要事宜　一卷 一册 萬曆戊午科禮部頒行

皇明臣謚類抄　二卷 一册 鄭汝璧

皇明謚考　三十八卷 二册 葉(來)[秉]敬

皇明謚法纂　十卷 六册 一套 孫能傳

皇明謚紀彙編　二十五卷 五册 郭良翰

皇明臣謚彙考　二卷 二册 鮑應鰲

皇明應謚名臣備考録　十二卷 八册 一套 林之盛

謚論　一卷 郭子章 載《郭青螺全集》 又會議謚典一册

國朝盛事述　六卷 俱王世貞 以下六種俱載《弇州别集》又載《史料》

國朝異典述　十卷

奇事述　四卷

史乘考誤　八卷

家乘考誤　二卷

中官考　六卷

皇明三元考　附 科名盛事 共二十卷 六册 張弘道

國子監通志　十卷 四册 成化間邢讓輯

南雍志　二十四卷 十册 黄佐輯

吏部職掌　八卷 八册 張瀚

南京吏部志　十五卷 四册 一套 汪宗伊

舊會典六部職掌　李東陽等輯

新會典六部職掌　共一百九十八卷　申時行等輯

都察院職掌　三卷

通政司職掌　一卷

大理寺職掌　一卷

六科職掌　一卷

禮部儀制司職掌　八卷　六册

南京户部志　二十卷　八册　王崇慶

南京兵部職掌　五卷　五册　新

又　南京兵部職掌　五卷　六册　舊

南京刑部志　六卷　五册

南京工部職掌　二十一卷　八册

國朝山陵考　二卷　一册　王在晉輯

留臺雜考　八卷　四册

太常寺志　十六卷　四册　陳慶編

太常紀　二十卷　四册　蕭相維輯　又一部二十二卷

太常典録　二卷　一册　屠本畯

南京太常寺志　十三卷　六册

南京太僕寺志　十六卷　三册　又一部

南京大理寺志　七卷　四册

光禄寺志　二十卷　二十册

南京光禄寺志　四卷　四册

萬曆會計録　四十三卷

後湖黄册志　六卷　二册

又　後湖志　十一卷　四册

重修兩浙鹺志　三十卷　十二册　二套

長蘆鹺志　七卷　二册
八閩鹽政志　二套

續收[典故]

吏部新修四司職掌　四十卷　十册
品級考　五卷　四册
風憲事宜　一卷　一册
風紀輯覽　四卷　傅漢[臣]輯
萬曆會計録　四十卷　四十册　四套【重】
春官要覽　六卷　一册　李廷機等編
卯政條例　十卷　二册　李化龍等編
軍政條例　七卷　四册
水部備考　十卷　四册　周夢陽輯
刑部大事獄案　七册
法家要覽　四卷　四册　汪堯章輯
國初文淵閣藏書目　二卷　二册　楊士奇編
重刻國史經籍志　五卷　五册
北新鈔關志　十五卷　四册　荆之琦
八閩鹺政志　十六卷　四册　謝肇淛　王宇
吏部志　四十卷　四十册　宋啟明編
祝鳩氏十書
皇恩大賚録　敕盤錢糧册　京邊會議疏　邊鎮舊餉　遼餉支放全册　黔餉簡明册　屯田議款　鹽法經制　搜抵加派官員姓名册
問理條例　六卷　二册
無冤録　二卷　一册
行人司重刻藏書目　二卷　一册
[以上典故]

時務

皇明經濟文録　四十卷　四十册　四套　阮鶚編

皇明經濟録抄　十八卷　十册　一套　陳九思刪次

皇明經濟實用編　二十八卷　十二册　二套　馮應京輯

皇明經世要略　四卷　三册　黄仁溥

修攘通考　六卷　六册　何鏜

皇明九邊通考　十卷　四册　魏焕著　抄本　載《徵信叢録》

遼東　薊鎮　宣府　大同　三關　榆林　寧夏　甘肅　固原

九邊圖説　一卷　馬一龍

三邊遏截編　一卷　俱叢蘭　抄本　載《徵信叢録》

邊關遏截編　一卷　抄本　載《徵信叢録》

紫荊考　一卷　俱楊守謙　載《名臣寧攘前編》

遼籌　四卷　一册　張鼐

大同五堡考　一卷　史道

大寧考　一卷　鄢閲

又　大寧考　一卷　瞿九思

復套議　一卷　李紳　抄本　載《徵信叢録》

薊昌兩鎮邊關圖説　二卷　二册

雲中邊略　四卷　一册　楊一葵

三雲籌俎考　共四卷　四册　王士琦　安攘　封貢　險隘　軍實

國朝九邊兵略　二卷　二册　畢侍御

夷情圖説　二卷　一册　韓原善
温處海防圖略　二卷　二册　一套
兩浙海防類考　十卷　十册　一套
海防纂要　十三卷　八册　一套　王在晉　又海防纂要一部
全浙兵制考　四卷　四册　侯繼高
萬里海防圖論　二卷　俱鄭若曾
日本考略　一卷
江南實録　一卷　附禦倭條議一卷　海上丈人著　載《徵信叢録》
江南經略　七卷　七册　鄭若曾輯
皇明馬政記　十二卷　二册　楊時喬
國史河渠志　二卷　二册　吴道南　抄本　載《徵信叢録》

通惠河志　二卷　一册
治河總考　四卷　二册
西瀆大河志　六卷　五册　張光孝
北河紀　八卷　四册　謝肇淛
劉松石問水集　六卷　又　吕梁洪記一卷　二册　劉天和　俱載《金聲玉振》
劉松石治河紀　一卷　又　治河論一卷　楊旦　抄本　載《徵信叢録》
胡氏問水集　一卷　胡纘宗
河防一覽　十卷　十册　潘季馴
疏治黄河全書　二卷　一册　黄克纘
漕黄要覽　二卷　二册　高捷
漕河圖志　八卷　四册　一套
漕運通志　十卷　四册　一套

通漕類編　八卷　六册　一套　王在晉輯　又通
　漕類編九卷六册
漕乘　八卷　四册
海運志　二卷　二册　王宗沐著
海運末議　一卷
海道漕運記　一卷　劉體仁　載《金聲玉振》
海道經　一卷　又　供祀記一卷　載《金聲玉振》
海運則例　一卷　載《金聲玉振》
海運編　一卷　崔旦　載《金聲玉振》
漕河説　一卷　周之龍
河工諸議　四卷　四册　李□
皇都水利　一卷　袁黄
潞水客談　一卷　一册　徐貞明
吴江水利考　四卷　四册　沈啓　載《金聲玉振》

紹興水利圖説　二卷　一册　賈應璧
塞語　一卷　一册　尹耕
杞説雜編　漕側塞聞　畿瘵杞説　共四卷　一册
　楊忠裕
孤臣困言　一卷　一册　俱龐尚鴻
龐子囈言　一卷　一册
經世奇謀　八卷　四册　俞琳輯
　以上俱時務

［續收時務］

籌遼末議　一册　朱祖文【重】
遼籌　四卷　一册　張鼐【重】
餉告　一册　楊嗣昌

雜記［稗史　巷談］

枯樹裒談　十卷　十册　俱李默
又　枯樹裒談　十卷　五册
廣枯樹裒談　七卷　六册　一套
夢醒録　二卷　二册　蕭聰　抄本　載《淡生堂餘苑》
王文恪公筆記　二卷　又　守溪筆記　俱王鏊　載《紀録彙編》載《國朝典故》
震澤紀聞　二卷　王鏊　載《廣四十家小説》載《金聲玉振》
震澤長語　二卷　載《紀録彙編》　又　守溪長語　二卷　載《今獻彙言》
菽園雜記　十卷　三册　抄本　陸容　摘本　載《今獻彙言》載《國朝典故》　又摘抄四卷　載《紀録彙編》
又　菽園雜記　十五卷　全本　三册　一套
病逸漫記　一卷　陸釴　載《後四十家小説》　載《國朝典故》載《紀録彙編》
損齋備忘録　一卷　梅純　載《古今説海》　載《國朝典故》載《今獻彙言》
瑯琊漫抄　一卷　文林　載《今獻彙言》　載《梓吴》載《後四十家小説》　載《國朝典故》　載《紀録彙編》
寓圃雜記　一卷　王錡　載《國朝典故》　載《紀録彙編》載《金聲玉振》《名賢説海》
懸笥瑣探　一卷　劉昌　載《今獻彙言》　載《國朝典故》載《梓吴》　載《後四十家小説》　載《紀録

彙編》
蓬軒類記　四卷　黄暐　載《國朝典故》
瑣綴録　二卷　尹直　載《歷代小史》載《今獻彙言》
聞見漫録　四卷　四册　抄本　陳槐
明良記　四卷　楊儀　載《藏説小萃》
復齋日記　一卷　許浩　載《説鈔》
西湖塵談録　一卷　沈儀
皇明紀略　二卷　俱皇甫録
近峰聞略　一卷　載《名賢説海》　載《紀録彙編》
陳芳洲傳信辨誤録　二卷　陳循　載《續集》
水東日記　四卷　四册　葉盛　又摘本　載《金聲玉振》　又　水東日記摘抄　載《紀録彙編》
雙槐歲抄　十卷　六册　俱黄瑜　抄本　載《徵信叢録》
又　雙槐歲抄　十卷　六册　刻本
雙溪雜記　二卷　王瓊　載《今獻彙言》
清溪暇筆　一卷　姚福　載《今獻彙言》　載《紀録彙編》載《後四十家小説》　載《國朝典故》
立齋閒録　四卷　宋端儀　載《國朝典故》
洹詞記事　二卷　又一册續抄　崔銑　載《藏説小萃》
鈐山堂雜記　一卷　嚴嵩　載《徵信叢録》
玉堂漫筆　一卷　俱陸深　二種俱載《陸文裕外集》載《紀録彙編》
金臺紀聞　一卷　陸深　載《續秘笈》　又　金臺紀聞摘鈔　載《紀録彙編》
陸氏詩紀　一卷　陸采　載《徵信叢録》

磯園稗史　二卷　一册　孫芳　載《徵信叢録》
美芹録　二卷　一册　潘恩
國朝叢記　六卷　載《弇州史料》
弇州筆記　二卷　又　鳳洲雜編　俱王世貞　載《紀録彙編》
惜陰録摘抄　一卷　一册　顧應祥　抄本　載《徵信叢録》
張太岳雜記　一卷　一册　張居正　抄本　載《徵信叢録》
觚不觚録　一卷　王世貞　載《續秘笈》
窺天外乘　一卷　王世懋　載《王奉常雜著》　載《紀録彙編》
管窺小識　四卷　朱維京　抄本　載《徵信叢録》
于文定公筆麈　十八卷　四册　于慎行　抄本　載《徵信叢録》
又　文定公筆麈　卷册同上　刻本
朱文懿公茶史　一卷　一册　抄本　載《徵信叢録》
泳化别編雜記　二卷　一册　鄧球　抄本　載《徵信叢録》
睹記　二卷　鄭汝璧　載《由庚堂集》
闇然堂秋紀　一卷　潘士藻　載《闇然堂類纂》
雪濤閣紀聞　三卷　一册　江盈科
陳氏見聞録　八卷　陳繼儒　載《秘笈》
玉堂叢語　八卷　四册　焦竑
信耳録　一卷　汪道貫　載《汪仲淹集》
樵史　一卷　一册　陸應暘
湧幢小品　三十卷　十册　一套　朱國禎

以上俱稗史

龔起雜事　一卷　劉泌　載《稗乘》

枝山前聞　一卷　俱祝允明　載《名賢説海》又載《國朝典故》載《紀録彙編》

九朝野記　四卷　四册

雲蕉館紀談　一卷　孔通　載《稗乘》

庚己編　四卷　共二册　陸燦　一載《煙霞集》一載《紀録彙編》《名賢説海》《今獻彙言》

續庚己編　一卷　郎瑛　載《名賢説海》

己瘧編　一卷　劉玉　載《稗乘》

萬松閣客言　一卷　陳吴才　載《稗乘》

熙朝樂事　一卷　載《稗乘》

閒中今古録　一卷　王溥　一載《名賢説海》又載《紀録彙編》

百可漫志　一卷　陳鼐　一載《紀録彙編》又載《名賢説海》

西京雜記　一卷　楊穆

仰山脞録　一卷　閔文　載《名賢説海》

中州野録　一卷　程文憲　載《名賢説海》

吴中故語　一卷　共一册　俱楊循吉　載《煙霞小説》

蓬軒吴記　二卷　載《煙霞小説》

蓬軒別記　一卷　載《煙霞小説》

古冲閒談　一卷　一册　李默　載《徵信叢録》抄本

傍秋亭雜記　二卷　一册　顧清　又載《淡生堂餘苑》抄本

河館閒談　一卷　一册　司馬泰　又載《徵信叢録》

方洲雜言　一卷　張寧　載《餘苑》　抄本
公餘日録　一卷　湯沐　載《藏説小萃》
四友齋叢説　三十卷　六册　何良俊　又載《紀録彙編》内摘抄六卷
馮文敏政談　二卷　俱馮時可　載本集
玉梅館時務林　一卷　徐來鳳
識小編　九卷　二册　周應賓著
曲洧新聞　四卷　范守己　載《御龍子集》
冰廳劄記　二卷　徐學謨　載《海隅集》
莘野纂聞　一卷　伍餘福　載《名賢説海》　又載《廣四十家小説》
見聞隨考録　五卷　三册　韓邦奇
貽安堂稿　八卷　俱伍袁萃
希齡録
希齡續録　二卷　一册
彈園雜志　四卷
林居漫録　八[册]
漫録評正　八卷　七册　賀燦然
駁漫録評正　四卷　一册　伍袁萃
駁駁漫録評正　四卷　一册　賀燦然
杞説私評　一卷　李鼎
涇臯寐言寤言　一卷　顧憲成　載《國朝徵信叢録》
賀氏危言　一卷　賀燦然
燕臺隨紀　一卷　潘士藻　載《闇然堂類纂》
問世狂言　一卷　劉塙
涇林續紀　八卷　四册　周玄暐

以上俱巷談

［以上俱雜記］

行役［使命　宦轍］

代祀高麗山川記　一卷　宋濂　載《徵信叢録》抄本
楊文貞公西巡從祀行録　一卷　楊士奇
東祀録　一卷　載《淡生堂餘苑》抄本
劉文安公代祀録　一卷　劉定之
雲南西行記　一卷　程立本
李文正東祀録　三卷　李東陽　載《懷麓堂集》
西域行程記　一卷　陳誠
安南記行志　一卷　錢溥　載《紀録彙編》又使交録一卷　載《徵信叢録》抄本
使北録　一卷　李實
楊都御史使虜記　一卷
使西日記　二卷　都穆　又　東征紀行一卷　載《國朝典故》
西使志　一卷
陵祀扈蹕録　一卷　李時　載《國朝徵信叢録》抄本
停驂録續録　共四卷　陸深　以下三種俱載《陸文裕公外集》又　停驂録并續録摘抄二卷
淮封日記　一卷
南還日記
使琉球録　一卷　陳侃　載《國朝典故》
使琉球録　二卷二册　郭汝霖　又載《紀録彙編》
使琉球圖録　二卷　二册　夏子陽
星槎勝覽　一卷　費信　以下四種俱載《紀録彙

編》又載《百家名書》《古今説海》

瀛涯勝覽　一卷 馬汝欽 載《徵信叢録》 抄本

附 瀛涯記行詩 載《説鈔》

改正瀛涯勝覽　一卷 張昇 載《張僖公集》 又載《紀録彙編》

朝鮮紀事　一卷 倪謙 又載《國朝典故》

輶軒録　五卷 四册 黄洪憲

殊域周咨録　二卷 十册 嚴從簡

朝鮮賦　一卷 董樾 載《國朝典故》

以上俱使命

楊文貞公北京記行録　一卷 楊士奇

又 南歸記行録　一卷

又 展墓録　一卷

滇程記　一卷 楊慎 載《楊升庵雜録》

北上志　一卷 嚴嵩

適晉記行　一卷 俱王世貞 俱載本集

江行記事　一卷

關洛記行　一卷 王世懋 載《王奉常雜著》

黔西于役記　一卷

西遷注　一卷 張鳴鳳 抄本 載《淡生堂餘苑》

西遷記　一卷 俱馮時可 三種俱載《馮文敏全集》

入鄖記　一卷

入浙記　一卷

前後西試記　一卷 郭子章 載《郭青螺集》

數馬三記　三卷 俱淡生堂著 以下五種俱載《淡生堂小著叢編》

出白門曆　一卷 俱淡生堂著

江行曆　一卷
歸航録　二卷
瑯琊過眼録　二卷
　以上俱宦轍
［以上俱行役］

風土［皇輿　異域］

滇載記　一卷　楊慎　載《紀録彙編》　又載《古今説海》
六詔紀聞　一卷　彭汝實　載《金聲玉振》
茂邊紀事　一卷　朱紈【重】
冀越通　一卷　唐樞　載《木鐘臺再集》
閩部疏　一卷　王世懋　一　載《王奉常雜著》　又載《紀録彙編》
閩中考　一卷　一册　陳鳴鶴
閩中海錯疏　三卷　一册　官版　屠本畯
海味十六品　一卷　一册　張如蘭
蜀中方物記　十二卷　三册　曹學佺
泉南雜記　二卷　一册　陳懋仁
南翁夢録　一卷　黎澄　載《紀録彙編》
游梁雜録　二卷　一册　馬霆
榕城隨筆　二卷　一册　凌登名
西事珥　八卷　三册　俱魏濬
嶠南瑣記　二卷　一册
荆溪疏　一卷　俱王穉登　俱載《尊生齋集》
客越志　一卷
　以上俱皇輿
外夷考　二卷　二册　葉向高　又　四夷考二卷

載《續秘笈》
夷俗記　二卷　一册　蕭大亨　外又載《名臣寧攘前編》《續秘笈》
百夷傳　一卷　抄本　載徵信叢録
九夷古事　一卷　抄本　趙［釴］　載《徵信叢録》
炎徼紀聞　四卷　四册　田汝成　又載《紀録彙編》
　又一部　名行邊紀聞四卷二册
西番烏思藏外紀　一卷　郭子章　載《徵信叢録》
　抄本　又載《郭青螺全集》
安南志　一卷　俱王世貞　俱載《弇州集》及《史料》
安南傳　一卷　載《紀録彙編》
倭志　一卷　以下四種俱載《弇州集》及《史料》
三衛志　一卷

哈蜜志　一卷
北虜始末志　一卷
奄答前後志　二卷　馮時可　又　奄答傳　三卷
　瞿九思編　以下十五種俱載《萬曆武功録》
黄台吉傳　一卷　附《三娘子傳》一卷
扯力克傳　一卷
火落赤列傳　一卷
把漢那吉傳　一卷
永邵卜大成傳　一卷
土蠻傳　二卷
速把孩傳　一卷　附　卜言兔等傳
炒花傳　一卷
黑石灰傳　一卷
煖兔傳　一卷

泰寧酋委正傳　一卷
福餘酋長伯言傳　一卷
長昂傳　一卷
長秃傳　一卷
北虜記略　一卷　趙時春　以下三種俱載《淡生堂餘苑》　抄本
北虜重譯　一卷　一册　俱蕭大亨　又　北虜重譯抄本一卷
北虜系俗　一卷　一册　又《順義世系》一卷
朵顔世系考　一卷　俱瞿九思
泰寧世系考　一卷
大寧考　一卷　載《名臣寧攘前編》
東夷圖説　一卷　一册　蔡汝賢
諸夷續考　二卷　二册

嶺海異聞　一卷　共一册
嶺海續異聞　一卷
東西洋考　十二卷　八册　張燮輯
日本風土記　四卷　一册　侯繼高
日本圖纂　二卷　一册　又　日本考略一卷　載《國朝典故》
關白據倭始末　一卷　一册
四夷館字譯　八卷　共八册　韃靼館　女真館　回回館　八百館　高昌館　緬甸館　百夷館　西天館
夷語音義　四卷　二册　陳士元　又載《歸雲外集》
華夷譯語　一卷　俱李文鳳編　載《國朝典故》又載《紀録彙編》
月山叢談　一卷　載《餘苑》　抄本

鐵橋海語　一卷　一册　黄衷

君子堂日詢手鏡　一卷　一册　王濟　外又載《國朝典故》《紀録彙編》《後四十家小説》

海槎餘録　一卷　顧岕　載紀録彙編　又載《廣秘笈》《後四十家小説》

西勃泥國記　一卷　宋文憲公　載《經濟文録》

採録安南黎氏受封始末　一卷　嚴嵩　載《經濟文録》

［以上異域］

［以上風土］

正史

史記　一百三十卷　二十六册　三套　監本　司馬遷撰　裴駰集解　司馬貞索注　張守節正義

又　史記　一百三十卷　二十册　二套　南監本同前

史記百家評林　一百三十三卷　五十册　五套　凌稺隆輯

史記删評　七十卷　二十册　鍾人傑輯

漢書　一百二十卷　三十册　三套　監本　漢班固撰　顔師古注

又　漢書　一百二十四卷　舊版　同前

漢書百家評林　一百十卷　五十册　五套　凌稺隆輯

後漢書　一百三十卷　三十册　三套　晉范曄撰　唐章懷太子賢注　帝紀十二卷　志三十二卷　列傳八十八卷

三國志　六十五卷 十四册 二套 晉陳壽撰 魏志三十卷 蜀志十五卷 吴志二十卷
晉書　一百三十卷 三十一册 三套 唐太宗文皇帝御撰 帝紀十卷 志二十卷 列傳七十卷 載記三十卷
宋書　一百卷 二十二册 二套 梁沈約撰 帝紀十卷 志三十卷 列傳六十卷
南齊書　五十九卷 十册 一套 梁蕭子顯撰 帝紀八卷 志十一卷 列傳四十卷
梁書　五十六卷 十册 一套 俱唐姚思廉撰 本紀六卷 列傳五十卷
又　梁書 五十六卷 舊版 南監本 同前
陳書　三十六卷 六册 一套 本紀六卷 列傳三十卷

後魏書　一百三十卷 三十册 三套 後齊魏收撰 帝紀十四卷 列傳九十六卷 志二十卷
北齊書　五十卷 八册 一套 隋李百藥撰 本紀八卷 列傳四十二卷
後周書　五十卷 十册 一套 唐令狐德棻撰 本紀八卷 列傳四十二卷
南史　八十卷 二十册 二套　本紀十卷 列傳七十卷
北史　一百卷 三十册 三套 本紀十二卷 列傳八十八卷
隋書　八十五卷 二十册 二套 唐魏徵等撰 帝紀五卷 列傳五十卷 志三十卷
唐書　二百五十卷 五十册 五套 宋歐陽修等撰 本紀十卷 志五十卷 表十五卷 列傳一百五

十卷

舊唐書　二百卷　劉昫　本紀二十卷　志三十卷

列傳一百五十卷

五代史　七十四卷　宋歐陽修撰

又　五代史　七十四卷　舊版　同前

宋史　四百九十六卷　一百册　十套　元脱脱等修

本紀四十七卷　志一百六十二卷　表三十二卷

傳二百五十五卷

宋史新編　二百卷　四十二册　柯〔維騏〕

遼史　一百十六卷　十二册　二套　俱元脱脱等修

本紀三十卷　志三十一卷　列表八卷　傳四十

五卷

金史　一百三十五卷　二十四册　三套　本紀廿卷

志三十九卷　表四卷　列傳七十二卷

元史　二百十卷　五十册　五套　宋濂修　本紀四十

七卷　志五十三卷　表六卷　傳一百四卷

又　宋史新編　二百卷　四十一册　四套

續收

前漢書删評　一百卷　三十二册　二套　鍾人傑輯

批評後漢書　一百卷　三十六册　四套　顧起元批

評

資治通鑑綱目　五十九卷　三十册　趙潘藏板

又一部同

吕東萊先生十七史詳節　共二百五十八卷　六

十一册　史記二十卷四册　前漢書三十卷十

册　東漢書三十卷八册　三國志三十卷四册

晉書二十卷五册　南史二十五卷五册　北史

二十八卷五册（隨）［隋］史二十卷四册　唐
書六十卷十四册　五代史十卷二册
歷代甲子編年　十二卷　六册　周定王緝
歷代史譜　二卷　一册　元鄭鎮孫
通鑑考異　三十卷　八册　司馬文正公温
兩漢筆記　十二卷　四册　宋錢時
大事記續編　七十七卷　二十四册　王忠文公褘
貞觀政要　十卷　四册　唐吴兢編　戈直集論
貞觀小斷　一卷　一册　張吉
天禄閣外史　八卷　四册　一套
史通訓故　二十卷　四册　王惟儉

通史　會編　纂略

古史　六十一卷　十册　一套　宋蘇轍　本紀七卷

世家十六卷　列傳三十七卷
路史　四十六卷　二十册　二套　舊刻　宋羅泌　國
姓衍慶紀原一卷　國名十卷　餘論一卷　前
紀九卷　後紀十二卷　發揮五卷
又　路史　四十六卷　十六册　二套　新刻
諸史會編　一百十二卷　五十二册　五套　宋
金濂
二史會編　十六卷　十六册　况叔祺編　史記紀
傳十一卷　漢書紀傳五卷
史書大全　五［百］十二卷　一百八册　魏（國顯）
［顯國］輯　帝紀一百七卷　列傳四百五卷
函史上編　九十五卷　四［十］册　鄧元錫纂　年表
二卷　紀三十八卷　志傳五十五卷
函史下編　二十三卷　二十册　書三卷　志十卷

考八卷　記二卷
史纂左編　一百四十二卷　一百册　十套　浙江藩
司新板　俱唐順之纂
又　史纂左編　常州原板　同前
史纂右編　四十卷　三十册　三套
右編補　十卷　十册　一套　姚文蔚
弘簡集　二百五十四卷　六十册　三套　邵經邦纂
李氏藏書　六十八卷　四十册　四套　李贄纂　世
紀八卷　列傳六十卷
學海　二百三十卷　七十二册　八套　饒仲輯　世系
一百四十三卷　創業五十卷　中興五十卷　繼統廿
五卷　餘氛五卷
史書纂略　一百卷　四十册　馬維銘纂

編年史　通鑑　綱目　紀　記事

兩漢紀　前漢三十卷　漢荀悦撰　後漢三十卷　袁
宏撰　共十册
資治通鑑　二百九十四卷　一百册　十套　宋司馬
温公光撰　胡三省注
增定通鑑前編　十八卷　十册　二套　宋金履祥
又一部同
宋元資治通鑑　六十四卷　十六册　二套　王
[宗]沐
通鑑釋文辨誤　十二卷　胡三省
通鑑地理通釋　十四卷　王應麟
資治通鑑綱目正編　六十卷　八十册　八套　宋

朱文公熹
資治通鑑綱目前編　二十五卷　十册　一套　南軒
資治通鑑綱目發明　五十九卷　四册　尹起莘
資治通鑑綱目續編　二十七卷　二十七册　三套
資治通鑑綱目集覽　五十九卷　六册　王幼學輯
陳濟考正
稽古編大政記綱目　八卷　四册　俱姜寶編
資治上編大政記綱目　四十卷　十九册
資治下編大政記綱目　三十二卷　十六册
通鑑記事本末　四十二卷　四十二册　四套　楚
板　宋袁樞
又　通鑑紀事本末　五十八卷　五十六册　五套
揚州板
宋史記事本末　三十八卷　十册　一套　馮琦編

元史記事本末　六卷　四册　一套　陳邦瞻編
世史正綱　三十二卷　十册　一套　丘濬編
大方綱鑑　三十九卷　十六册　李廷機編
通鑑纂要　三十二卷　三十二册　四套
少微通鑑節要　八十四卷　四十册　四套
通鑑節要　十二卷　十二册　二套　李廷機輯
通鑑綱目要略　十二卷　十册　一套　秦繼宗
訂補綱目摘要　六卷　六册　一套　梅士亨
綱鑑纂要　二卷　一册　周永春
宋元通鑑　一百五十七卷　四十册　薛應旂輯

約史

竹書紀年　二卷　一册　梁沈約注　外又載《古今

逸史》《范氏二十種奇書》
帝王紀年　一卷　黄諫　載《金聲玉振》
元經薛氏傳　十卷　三册　王通著　薛收傳　又載
《漢魏叢書》
皇極經世　十二卷　四册　邵康節先生
皇極經世書説　十七卷　十六册　二套　朱隱
老述
司馬温公稽古録　二十卷　四册　司馬光撰
吕東萊先生大事記　通釋二卷　解題十二卷
共十册　吕祖謙
唐鑑　十二卷　四册　范祖禹
貞觀政要　十卷　六册　吴兢
古今紀要　十九卷　八册　黄震　總載《黄氏日抄》
内

古今考　三十八卷　十册　俱魏了翁
正朔考　一卷　載《廣秘笈》
千古一覽　二卷　一册
丙丁龜鑑　六卷　二册　宋柴［望］　又載《廣秘
笈》
史編始事　二卷　一册　勞堪
世曆　四卷　二册　陳士元　又載《歸雲館外集》
甲子會紀　五卷　四册　薛應旂
人代紀要　三十卷　十册　顧應祥
考信編　七卷　七册　杜思輯
緑滋館考信編　二卷　一册　吴士奇
世略　二卷　二册　周祈輯
帝王世系　四卷　二册
歷代君相事略　二卷　二册　陳肅輯

治統紀略　五卷　二册　沈堯中輯

觀史捷徑　二卷　一册　吴進德

史書秋檠　一卷　一册　陳其簠校

歷代纂要　二卷　二册　李槃輯

歷朝捷録　四卷　二册　顧充輯

增補歷朝捷録事實　十卷　四册　李廷樞輯

元歷朝捷録　二卷　一册

十八史略　十八卷　八册　一套　曾先之編

史異　十七卷　附　祥異圖説二卷　共六册　一套
　余文龍

　　以上俱約史

史鈔　節詳　摘略

十七史節詳　一百卷　四十册　吕祖謙

史記節詳　十二卷　四册　淡生堂輯

東漢史删　三十二卷　八册　一套

太史公史例　一百卷　三十册　張之象

晉史删　四十卷　八册　一套

南北史删　三十一卷　八册　一套

南北史藻　四卷　四册　陳朝璋

南史伐山　四卷　四册　馮時可

史臠　二十五卷　十三册　一套　余文龍輯

宋史纂要　二十卷　二十册　一套　王思義纂

諸史纂言　十卷　四册　歸有光

諸史採奇　四卷　二册

二十一史論贊輯要　三十二卷　十册　一套　彭
[以明]

分類史鈔　二十二卷　四册　李裕輯

史觿　二卷　二册

全史一覽　二册

以上俱史鈔

史評　考正　論斷　讀史

史通　二十卷　四册　江右新版　宋劉知幾

又　史通（十二）［二十］卷　四册　舊版

史通評釋　二十卷　六册　劉子玄著　郭孔延釋

史通會要　三卷　陸深　載《陸文裕公外集》

班馬異同　三十五卷　六册　一套　宋倪思輯　元劉孟會評

史漢方駕　三十五卷　十二册　一套　許相卿輯

讀史總評　一卷　凌稚隆　載《史記評林》内

歷代史正　二卷　二册　饒汝梧撰

史裁　二十六卷　十二册　一套　吴無奇編

史詮　五卷　六册　一套　程一枝

宋史辨　一卷　陳桱　載《後四十家小説》

宋史闡幽　二卷　一册　俱許浩

元史闡幽　二卷　一册　又載《淡生堂餘苑》

新唐書糾繆　二十卷　四册　宋吴縝著

讀史管見　三十卷　六册　一套　宋胡宏

涉史隨筆　一卷　一册　宋葛洪

直説通略　十三卷　五册　元鄭振孫

讀史筆勤　一卷　一册

史義拾遺　二卷　二册　楊維楨

何文肅公宋元史論　五卷　何喬新　載椒丘集

劉屏山漢書雜論　一卷　一册　宋劉子翬　載本

集　抄本　又載《淡生堂餘苑》

劉呆齋宋論　劉定之　載本集　抄本　又載《淡生堂餘苑》

李文正公讀史小論　一卷　李東陽　載本集

世史稽疑　二卷　二册　李士實　抄本　又載《淡生堂餘苑》

小學史斷　十二卷　二册　俱邵寶

邵二泉史學　十二卷　二册　即小學史斷【重】

史學確論　八卷　四册　沈藎

鄭端簡公删改史論　十卷　二册　鄭曉

古今人物論　二十六卷　十二册　二套　鄭賢

歷代史書總論　二卷　一册　魏(國顯)[顯國]　載《史書大全》内

史綱歷代君斷　六卷　六册　李備纂

漢唐通鑑品藻　三十卷　六册　戴璟著

補史談　五卷　五册　楊士奇

以上俱史評

[**續收史評**]

欽定鑒古韻語　一卷　一册　孫承恩輯

張(芳)[方]洲讀史論　六卷　張寧　附載《方洲集》内

讀史雅言　二卷　二册　范槽

讀史劄記　一卷　李貴　載《李浣所先生集》

張東沙史論　四卷　一册　張時徹　載《芝園集》

讀史訂疑　一卷　王世懋　載《王奉常雜著》

讀史漫録　十四卷　四册　于慎行

史書佔畢　六卷　二册　胡應麟

讀史叢筆　二卷 二册 余懋學
馮元敏談史録　一卷 馮時可 載本集
説史儁言　十八卷 共六册 俱張大龄
玄羽史論　四卷
評史心見　十二卷 六册 郭大有
郭相奎讀史　一卷 載《青螺全集》
史測　二卷 一册 謝肇淛
蘭曹讀史日記　四卷 四册 熊尚文
讀史漫抄　二卷 二册 張大復
讀史商語　四卷 二册 王志堅
讀史詩注　二卷 一册 程敏政
廣咏史絶句注釋　二卷 二册 林茂桂
讀史韻言　二卷 二册 蘇茂相
胡曾咏史詩　一卷 一册

讀史時見稿　二卷 二册 劉世龍著
史綱要領小論　二卷 二册 姚舜牧
讀史抄評一册
讀史快編　六十二卷 二十册 趙維寰
讀史機略　四册
東坡史評　一卷 一册
鄭襄敏史鈔　六卷 六册 鄭洛輯
王損仲史抄　十三卷 三册 王惟儉
讀史評　四卷 四册 楊廷(均)[筠]
[以上俱史評]

霸史　列國　偏霸

吴越春秋　十卷 四册 漢趙曄撰 外又載《古今

逸史》
越絶書　十六卷　四册　袁康　吴君平著　又載《古今逸史》
吴記　一卷　陸深輯　載本集
春秋列傳　十六卷　四册　劉節重編
列國史補　十八卷　八册　魏（國顯）［顯國］
春秋戰國策　三十三卷　六册　鮑彪注　吴師道正
戰國策編年輯遺　十二卷　六册　程元初編
戰國策評苑　十卷　六册　穆文熙
晉史乘　一卷　載《古今逸史》
楚檮杌　一卷　載《古今逸史》
華陽國志　十二卷　常璩撰
五胡指掌録　六卷　二册　張大齡　載《讀史儁言》内

十六國春秋　共一百六卷　十四册　二套　魏崔鴻撰
前趙録十二卷　後趙録十二卷　前燕録十卷　後燕録十卷　前秦録十卷　後秦録十卷　南燕録十卷　夏録四卷　蜀録五卷　前凉録六卷　後凉録四卷　西秦録二卷　南凉録三卷　西凉録三卷　北凉録四卷　北燕録三卷
蜀鑑　十卷　四册　宋李文子輯
陸放翁南唐書　十八卷　宋陸游撰　載《秘册彙函》
馬令南唐書　三十卷　三册　宋馬令撰　載《餘苑》抄本
南唐近事　二卷　鄭文寶　載《續秘笈》　又南唐舊事一卷　載《説鈔》

釣磯立談　二卷　史虚白　俱載南唐事　載《説鈔》抄本　又載《餘苑》

江南別録　二卷　載《古今説海》

江南野史　十卷　一册　抄本　宋龍袞　又載《餘苑》

五代史補　五卷　一册　抄本　宋陶岳　又載《餘苑》

三楚新録　二卷　周羽冲編　載《古今説海》

五國故事　二卷　一册　記吳唐蜀漢閩五國事　又載《餘苑》抄本

蜀檮杌　二卷　宋張唐英編

又　蜀檮杌　十卷　附　吳曦始末一卷

後梁春秋　十卷　一册　姚士粦

遼志　一卷　元葉隆禮撰　載《古今逸史》　又載《古今説海》

金志　一卷　（宋）〔宇〕文懋昭撰　載《古今逸史》　又載《古今説海》

遼小史　一卷　俱楊循吉撰　以下二種俱載《楊南豐雜集》

金小史　八卷

南詔野史　一卷　倪輅輯　楊慎删定　載《楊升庵雜録》

朝鮮史略　六卷　六册

越嶠書　二十卷　八册　一套　李文鳳編　又越嶠方域志二卷　載《餘苑》抄本

僞吳雜記　三卷　一册　抄本　趙琦美輯　又載《淡生堂餘苑》

明氏實録　一卷　一册　又載《子書雜抄》

雜史　野史　稗史　雜録

邃古記　八卷　二册　朱謀㙔　又載《天寶藏書》
荒史　六卷　二册　陳士元　又載《歸雲外集》
周大記　一卷　陸深
季周傳　十二卷　六册　程元初
穆天子傳　六卷　二册　晉郭璞注　又載《古今逸史》《范氏二十種奇書》《漢魏叢書》
以上三代
季漢書　三十三卷　十二册　謝陛
西京雜記　六卷　二册　葛洪　外又載《逸史》《名賢説海》《漢魏叢書》《正稗海》《説鈔》
六朝事蹟　四卷　二册　張敦頤　又載《古今逸史》

漢雜事秘辛　一卷　載《秘册彙函》
隋遺録　一卷　顔師古撰
大業拾遺記　三卷　一册　載《顔氏傳書》
朝野僉載　一卷　張鷟　載《古今説海》
以上漢晉六朝
大唐創業起居注　三卷　唐温大雅撰　載《秘册彙函》
順宗實録　五卷　韓愈
壺關録　一卷　韓昱編　紀李密歸唐事　載《説郛》
大唐新(誥)[語]　十三卷　劉肅輯
唐國史補　三卷　李肇
唐闕史　二卷　二册　參寥子輯
開天傳信録　一卷　鄭棨　載《百川學海》
開元天寶遺事　六卷　王仁裕　載《四十家小説》

尚書故實　一卷　一册　李綽　又載《續秘笈》
劉賓客佳話　一卷　唐韋絢　載《説鈔》
次柳氏舊聞　一卷　一名《明皇十七事》　俱李德裕　載《續秘笈》《四十家小説》《廣四十家小説》　又載《説鈔》《稗乘》
明皇雜録　一卷
中朝故事　二卷　尉遲緐　載《廣四十家小説》
牛羊日曆　一卷　抄本　皇甫松　抄本載《淡生堂餘苑》
封氏見聞紀　五卷　一册　封演　抄本載《淡生堂餘苑》
廣陵妖亂志　一卷　羅隱著　又載《虞初志》
松窗雜録　一卷　唐李濬
南楚新聞　三卷

北夢瑣言　三十卷　六册　唐孫光憲　載《正稗海》
東觀奏記　三卷　裴庭裕　載《正稗海》
南部新書　十卷　五册　錢希白
以上俱唐
東都事略　一百三十卷　二十册　王稱
隆平集　二十卷　五册　抄本　曾鞏輯　又載《淡生堂餘苑》
三朝野史　一卷　載《古今説海》
宋季三朝政要　六卷　二册
四明尊堯録　二卷　一册　陳瓘
羅氏尊堯録　八卷　二册　俱羅從彦　載《羅延平集》
尊堯别録　一卷
錢氏私志　一卷　錢惟演　載《古今説海》

家王故事　一卷
涑水紀聞　二卷　二册　司馬温公　抄本　載《餘苑》
邵氏聞見録　二十卷　二册　邵伯温　抄本　載《餘苑》
邵氏聞見後録　三十卷　二册　邵　抄本　載《餘苑》
王文正公筆録　一卷　王曾　載百川學海　又載《歷代小史》
丁晉公談録　一卷　丁謂　載《歷代小史》　又載《百川學海》
碧雲騢　一卷　一册　魏泰僞造　又載《四十家小説》
鐵圍山叢談　三卷　一册　蔡(絛)[絛]　抄本　又載《古今説海》《淡生堂餘苑》
王氏塵史　四卷　一册　王得臣　抄本　又載《餘苑》
宋見聞雜録　一卷　載《古今説海》
宣政雜録　二卷　載《古今説海》
朝野遺記　二卷　載《古今説海》
宣和遺事　四卷　二册
靖康朝野僉言　一卷　載《古今説海》
南燼紀聞　一卷　三種共一册　倶抄本　載《餘苑》
竊憤録　一卷
續竊憤録　一卷
靖康傳信録　三卷　一册　倶李綱　以下三種倶載《李忠定公奏議》
建炎進退志　四卷　一册

建炎時政記　三卷　一册
春明退朝録　二卷　宋敏求述　載《百川學海》
楊氏揮麈録　二卷　楊萬里　載《百川學海》
王氏揮麈録　一卷　俱王清明　載《百川學海》
揮麈後録　四卷　抄本　揮麈三録二卷　共三册
王性之默記　一卷　王銍　載《古今説海》
韓范經略西夏始末紀　一卷　李維楨　載《大泌山房集》
陶朱新録　一卷　一册　馬純　以下二種俱載《廣四十家小説》
避戎夜話　一卷　石良茂
貽謀燕翼録　五卷　王栐　載《百川學海》
儒林公議　二卷　載《續稗海》
避暑漫抄　一卷　俱陸游　載《古今説海》
家世舊聞　一卷　載《稗乘》
四朝聞見録　一卷
桯史　十五卷　四册　岳珂著　又載《續稗海》
又　桯史　十五卷　載《稗海》
周益公玉堂雜記　三卷　周必大　載《百川學海》
以上俱宋
曲洧舊聞　十卷　二册　朱弁　抄本　又載《餘苑》
本朝祖宗事實　一卷　俱朱文公　以下三種俱載《朱子語類大全》
本朝法制　一卷
本朝人物　二卷
輟耕録元事雜記　三卷　陶宗儀
歸潛志　十四卷　二册　金劉祁　又載《餘苑》抄本

焚椒録　一卷　載《秘笈》
北風揚沙録　一卷　記金國始末　載《説郛》
親征録　一卷　載《元世宗征伐事》
庚申外史　二卷　一册　抄本　權衡　又一册　刻本
　載《廣秘笈》又載《餘苑》
稗史　一卷　元仇遠　載《後四十家小説》
稗史集傳　一卷　元徐顯　載《歷代小史》
瀛國公事實　一卷　載《徵信叢録》　抄本
清溪寇軌　一卷　載《古今説海》
保越録　一卷　一册　又載《淡生堂餘苑》　抄本
掖庭侈政　一卷　陶宗儀　載《稗乘》
和維愚見記忘　一卷　李濂
以上俱元

［**續收雜史**］

逸史　三十册　三套
歷代小史　一百卷　十二册
晉文春秋　一卷　一册
國史纂異　一卷　一册　吴兢
五代史闕文　一卷　一册　王禹偁
尹師魯五代春秋　二卷
唐餘記傳　十八卷　四册　陳霆
江南别録　一卷　陳彭年【重】
吴越備史　四卷　二册　范坰　林禹編
三朝北盟會編　二百五十卷　四十册　徐夢莘輯
靖康要録　六卷　六册
南渡録　一卷　一册

靖康傳信録　一卷　一册　俱李忠定公綱【重】
建炎復辟記　一卷　一册

建炎進退志　二卷　二册【重】
古今書史補斷　十八卷　四册　郭大有

澹生堂藏書目　史部下

記傳

裒輯[一]　別録　高賢　垂範

彙傳　別傳　事蹟　行役　風土

[裒輯]

集聖賢群輔録　二卷　陶淵明　載《陶靖節集》

歷代聖賢像贊　二卷　八册　一套　孫承恩

七十二賢像贊　二卷

漢唐宋名臣録　五卷　五册　俱李廷機

宋賢事彙　二卷　二册

宋名臣琬琰集　上中下三集　共一百七卷（林）[杜]大珪輯

宋名臣言行録　七十五卷　十二册　一套　監板　朱文公

又　名臣言行録　卷册同前　新板

南宋名臣言行録　十六卷　四册　尹直集

古今識鑒　六卷　四册　新板　袁忠徹　又一部舊板

碩輔寶鑑　四卷　四册

六鑑舉要　六卷　一册　劉元卿　又　六鑑舉要一卷　載《餘苑》　抄本

古今廉鑑　八卷　四册　一名《壼天玉露》　喬懋敬

錢氏廉鑑　四卷　二册　錢陛輯

全史吏鑑　四卷　四册　徐元太輯

貂璫史鑒　四卷　四册

中官中鑒録　七卷　三册　王畿

中貴芳摹　一卷　一册

大千生鑑　六卷　六册

年歲紀　十二卷　一册　郭子章　又載《淡生堂餘苑》抄

守令懿範　四卷　四册　陳善

仕學規範　三十卷　四册　内缺第四本　係宋板　張滋輯

以上俱裒輯

〔垂範〕

自警編　八卷　八册　趙善燎　又一部　九卷　四册

批評自警編　八卷　六册

續自警編　十六卷　十六册　黄希憲輯

弘道録　五十九卷　十四册　邵經邦

尚論編　二卷　一册　倶王達

景仰撮書　一卷　載《後四十家小説》

廣仁類編　四卷　二册　楊廷筠

省括編　六卷

維風編　二卷　二册　史旌賢

知命録　一卷　唐劉願　載《古今説海》又載《續秘笈》

〔一〕裒輯：據大連本補。

當機録　四卷　二册　馮孜
敬由編　十二卷　六册　一套　竇子偁輯
益智編　四十卷　十册　一套　孫能傳
智品　十一卷　十册　樊玉衡
經世奇謀　八卷　四册　俞琳輯
嘉謀録　十八卷　八册　胡喬岱輯
抱甕編　五卷　四册　金九臯
高林　五卷　三册　俱何鏜
奇林　五卷　三册
國士懿範　二十卷　二册　俱耿定向
(椽)[掾]史芳規　二十卷　二册
人倫佳事　四卷　二册
家居懿範　四卷　二册
以上俱垂範

［高賢］

聖門人物志　八卷　四册　郭子章
人物志　三卷　魏邢邵著　載《漢魏叢書》
金陵人物志　六卷　陳鎬　劉昺
吳中人物志　十三卷　六册　張昹
歷代江右名賢編　二卷　二册　劉元卿
歷代五達編　五卷　一册　劉上卿
奉新人物録　二卷　一册　又載《淡生堂餘苑》
抄本
會稽先賢傳贊　二卷　二册　載舊《會稽志》後
廣信先賢事實　六卷　二册　姚堂編
鷺洲書院名賢志　十三卷　六册　亦名《三祀志》
吳士奇輯

吉州正氣　四卷　二册　劉陽

毘陵人品記　十卷　四册　毛憲

宋學商求　一卷　附録一卷　唐樞　載《木鐘臺初集》

休寧理學先賢傳　一卷　一册　范涞

台學源流　二卷　一册　金賁亨

浙學譜　一卷　一册　陳雲渠

尊鄉節要　五卷　一册　謝鐸　又一部

全史儒林傳　廿卷　二册　魏（國顯）［顯國］

玉梅館品隲林　二卷　徐來鳳　載《玉梅館集》

以上俱高賢

［彙傳］

歷代相臣傳　三十卷　二十四册　俱魏（國顯）［顯國］

歷代守令傳　二十四卷　六册　一套

廉吏傳　三十卷　十册　黄汝亨輯

高士傳　三卷　皇甫謐　載《古今逸史》

高士傳頌　三卷　二册　黄省曾

逸民史　二十二卷　六册　陳繼儒輯

逸民傳　二卷　皇甫涍　載《夷門廣牘》

義士傳　二卷　屠隆　載《鴻苞》内

貧士傳　二卷　一册　黄姬水　載《秘笈》

遐外高隱傳　一卷　周履靖

小隱書　一卷　載《淡生堂餘苑》抄本

傳潔典記　二卷　二册　俱屠本畯

憨士列傳　二卷　一册

梁四公傳　二卷　載《太平廣記》

劍俠傳　四卷　載《古今逸史》

襄陽耆舊傳　二卷　載《廣四十家小説》

百越先賢志　四卷　一册　歐大任

西湖雙忠傳　二卷　一册　吴之鯨輯

江淮異人録　一卷　載《廣四十家小説》

興國縣四賢傳　一卷　一册　郭子章

二俠傳　二十卷　六册　一套

漢晉唐四傳　六卷　六册　一套

列女傳　十五卷

古俠女傳　六卷　二册　鄒之

古今彤史　八卷　四册

詩女史　四册

妬記　十卷　二册

以上俱彙傳

［別傳］

季札傳　一卷　陸深輯

諸葛武侯別傳　一卷　一册　王士騏

陶潛傳　一卷　昭明太子

王景略別傳　一卷　一册

李衛公外傳　一卷　以下六傳俱載《古今説海》

李林甫外傳　一卷

袁天綱外傳　一卷

同昌公主外傳

裴迪先別傳　一卷

李鄴侯別傳　一卷　一册　又載《古今説海》

又　李鄴侯外傳　一卷

韓魏公君臣相遇傳　十五卷　四册　一套

韓魏公家傳　十卷　子忠彦輯
韓魏公別録　四卷　王嵒叟　又　遺事一卷　强至輯　載《百川學海》
刪定蘇文忠史傳　一卷　陸深輯
文信國別傳　一卷　曾皋
范文正公言行拾遺　一卷　載本集後
范忠宣公言行録　二卷　載本集後
張乖崖言行録　一卷
寇萊公遺事　一卷　載《廣四十家小説》
王文正公遺事　一卷　載《百川學海》
邵康節先生外紀　四卷　一册　陳繼儒輯　又載《廣秘笈》
邵康節先生餘録　一卷　一册　附　康節漁樵問對一卷　載《百川學海》

張横渠言行拾遺　一卷　載本集後
程正叔家世舊事　一卷　載《二程全書》内
舒文靖言行考　二卷　一册
崔清獻公言行録　内外集　二卷　二册　宋催
汪文定公行實　一卷　宋樓鑰　載本集
蘇雲卿逸事　一卷　即《南洲高士雜記》　載《餘苑》　抄本
倪雲林遺事　一卷　顧元慶　載《後四十家小説》
滄洲翁傳　一卷
趙飛燕外傳　一卷　俱載《四十家小説》　又載《古今逸史》《漢魏叢書》
趙氏二美遺踪　一卷　秦醇　又　趙飛燕別傳一卷
緑珠内傳　一卷　載《廣四十家小説》

高力士外傳　一卷　以下三種俱載《四十家小説》

梅妃傳　一卷

楊太真外傳　一卷　唐樂伶

又　楊太真全紀　四卷　二册

閩后金鳳外傳　一卷　一册　王宇序

唐義士遺事　一卷　陶九成　抄本一册　一載《輟耕録》

玄真子外傳　載《説郛》

以上别傳

〔忠義〕

諸葛武侯全書

漢武安王全志　二卷　二册　吕柟輯

又　漢壽亭侯志　八卷　四册

唐忠臣睢陽録　二卷　一册　鄭瑄

精忠類編　□卷　四册　徐縉芳輯

金陀粹編　廿八卷　六册　俱岳珂

籲天辯誣録　六卷

天定録　三卷

天定别録　四卷

百氏昭忠録　十四卷　以上俱載《金陀粹編》

鄂王行實編年　六卷

盡忠録　八卷　二册　宋太學生陳東著

毘陵忠義録　二卷　二册

宋敷文閣待制曾忠愍表忠録　一卷　一册

道命録　十卷　二册　宋李心傳輯

旌德觀先賢祠録　二卷　一册　夏時正

又　旌德新志　二卷　二册　顧鈐重修

兩山崇祀録　一卷　一册　王在晉

胡公報功祠録　三卷　二册

以上俱忠義

［事蹟］

寶櫝記　一卷　載《後四十家小説》

稽瑞録　二卷　一册　劉賡

海山記　一卷　以下三記俱載《古今説海》　又載《逸史》《歷代小史》

迷樓記　一卷　外又載《古今逸史》《歷代小史》

開河記　一卷　外又載《古今逸史》《歷代小史》

洛陽名園記　一卷　李方叔　載《古今逸史》　又載《四十家小説》

游城南記　一卷　一册　宋張禮　又載《廣秘笈》

洛陽伽藍記　一卷　魏楊衒之　載《古今逸史》

佛國記　五卷　釋法顯　載《秘册彙函》

三十國記　二卷　即《佛國記》　載《稗乘》

教坊記　一卷　載《古今説海》　又載《古今逸史》《百家名書》

北里志　二卷　唐孫棨　載《古今説海》

青樓集　二卷　夏邦彦　載《古今説海》

南海古蹟記　二卷　吴萊　載《淡生堂餘苑》　抄本　又載《淵潁先生集》

古蹟考　六卷　二册　郭子章　又載《淡生堂餘苑》　抄本

罨畫溪五序　五卷　二册　鄭圭輯

艮嶽記　一卷　載《古今説海》

以上俱事蹟

[行役]

周秦行記　一卷　韋瓘　載《四十家小説》

北户録　一卷　段公路　載《古今説海》　又載《格致叢書》

于役志　一卷　歐陽修

攬轡録　一卷　一册　俱范成大　以下三種俱載《稗乘》又載《餘苑》　抄本

吴船録　即《出蜀記》　三卷　一册　又載《廣秘笈》

驂鸞録　一卷　抄本　載《餘苑》

入蜀記　四卷　二册　陸游　載《廣秘笈》

北轅録　一卷　宋周煇　載《古今説海》

平江記事　一卷　高基　載《廣四十家小説》　又載《淡生堂餘苑》　抄本

西征記　一卷　盧襄　載《後四十家小説》

西使記　一卷　元劉郁　載《古今説海》

北行記　一卷　張德輝　載《淡生堂餘苑》　抄本

廬陽客記　一卷　楊循吉　載《楊南豐雜集》

水陸路程　八卷　一册

以上俱行役

[風土]

寰宇雜記　載《百家名書》

豫章今古記　一卷　一册　雷次宗

豫章雜記　八卷　二册　郭子章　又載《淡生堂餘苑》　抄本

廣豫章災祥記　六卷　一册
潮中雜記　十二卷　四册
黔小志　一卷　一册
西吴里語　四卷　四册　宋雷　載《淡生堂餘苑》抄本
桂林風土記　一卷　唐莫休符　抄本　載《淡生堂餘苑》抄本
桂海虞衡志　一卷　范成大　載《古今逸史》　又載《古今説海》
岳陽風土記　一卷　一册　宋范致明　載《古今逸史》
益都方物記　一卷　載《秘册彙函》
荆楚歲時記　一卷　宗懔　載《餘苑抄本》　又一部　刻本又載《廣秘笈》

歲華紀麗　四卷　一册　唐韓鶚　又載《秘册彙函》
歲華紀麗譜　一卷　元費著撰　載《廣秘笈》
吴地記　三卷　唐陸廣微　載《古今逸史》
東京夢華録　十卷　一册　宋孟元老　又載《秘册彙函》
古杭夢游録　一卷　一册　抄本　宋李郁　以下二種俱載《淡生堂餘苑》　又載《説鈔》《説海》
夢粱録　四卷　一册　抄本　宋吴自牧
武林舊事　六卷　二册　抄本　俱周密
武林舊事逸　四卷　一册　抄本　又載《淡生堂餘苑》
［又］　武林舊事前後集　［共四］卷　四册　又載《廣秘笈》
武林風俗略　共十卷　一册　陳善

異域志　三卷　一册　元周致中　又載《夷門廣牘》
（𣠏）〔贏〕蟲録　二卷　二册
松漠記聞　一卷　宋洪皓　載《古今逸史》《四十家小説》
北邊備對　一卷　宋程大昌　載《古今逸史》又載《古今説海》
蒙達備録　一卷　宋孟珙　載《古今説海》
真臘風土記　一卷　元周達觀　一　載《古今逸史》又載《古今説海》
記古滇説　一卷　元張宗道　載《淡生堂餘苑》抄本
（蠻溪）〔溪蠻〕叢笑　一卷　載《格致叢書》又載《夷門廣牘》《古今説海》《百家名書》
嶺南諸夷志　一卷　郭棐　載《通志》
粤西土司諸夷考　四卷　附安南　載《通志》
以上俱風土

續收

宋宰輔編年録　二十卷　十八册　宋博士徐自明著
續宋宰輔編年録　廿卷　八册　吕邦耀輯
歷代臣鑒　三十七卷　十册
鑒懲録摘要　一册　殷士儋
晉書鈎玄　二卷　二册　陳與郊輯
素雯齋史餘　三卷　吴伯與
名將傳　十七卷　十六册　陳元素輯
鮑彪注戰國策　十二卷　六册　鍾人傑校刊
【重】

滇史十四卷　五册　諸葛元聲
輶軒録　五卷　四册　黄洪憲【重】
新刻宋名臣言行録　十二卷　十二册　廣平板
陳忠肅公言行録　八卷　三册　孫戴興編
夔門三傳　一卷　一册　郭夢菊編
周益公平園雜著　十六卷　六册　周必大
　紹興親征録　壬午龍飛録　廬陵日記　閒
　居録
　乾道逝山録　乾道奏事録　南歸録　奉詔録
　思陵録
天定南遷録　一卷　一册　金張思賢輯
五代會要　三十卷　六册　王溥等輯
文獻通考纂　廿四卷　八册　胡震亨纂
清明集　十四卷　八册

盡心録　六卷　六册　李栻
呂氏刑訓　一卷
合刻船政新書衂言　六卷　五册
宦歷漫記　八卷　六册　余寅　內　洪鐘末響一卷
王堇父雜事九種　九卷　一册
愚民戒諭　三卷　三册　陳德
楊鐵崖史義拾遺　二卷　二册　楊維禎
公族傳略　二卷　二册　勤美編
迪吉録　八卷　八册　顔茂猷輯
經世環應編　八卷　四册　錢繼登輯
顧命紀事　一卷　一册　高拱著
復古通禮　一册　鄭炳文輯
河南忠臣集　八卷　一册　楊俊民
河南烈女集　五卷　一册　楊俊民

宋遺民録　十五卷 四册 程敏政編
元朝名臣事略　十五卷 四册 蘇天爵編
宋逸民噑囈集　二册 元宋元
國朝祥符文獻志　十七卷 四册 李濂
唐李衛公通纂　二卷 一册 王承裕編
宋張乖崖事文録　四卷 一册 顔端編
三讓編　一卷 一册
鎮平世系録　一卷 一册
西亭宗正表　一卷 一册
樓大防北行日録　二卷
黄忠宣公安南水程記　二卷 一册
浦陽人物志　二卷 一册 宋濂輯
義烏人物志　二卷 一册 金江輯
尊鄉節録　四卷 一册 謝鐸
崑山人物志　八卷 二册 方鵬
忠簡宗公遺事　二册
赤城論諫録　上下二卷 二册 黄［孔昭］謝（釋）［鐸］緝

禮樂　國禮　家禮　樂律　祀典

［國禮］

洪武禮制　一卷 以下三種俱載《皇明制書》
禮儀定式　一卷
孝慈録　一卷
大明集禮　五十三卷 三十六册 四套
陳氏禮書　一百五十卷 十册 一套 宋太常博士

陳祥道輯
三禮述　二卷　鄭曉　載《吾學編》
典禮述　一卷　王世貞　載《弇州集》
典禮志　二卷　鄧元錫　載《皇明書》
歷朝儀注輯録　四卷　淡生堂　載《徵信叢録》
太常典録　四卷　一册
世宗尊上皇天上帝儀注　一卷　載《國朝徵信叢録》
南都儀注條節　一卷
太學儀注　一卷　一册
新官到任儀注　一卷
鄉飲序次圖説　一卷　駱問禮　載《萬一樓集》
鄉飲圖説　一卷　馮應京　載《經濟實用編》
鄉飲圖考　一卷　一册　何棟如
刪定射禮直指　一卷　一册　姚坤輯
以上俱國禮

[家禮]

朱文公家禮　四卷　四册
家禮儀節　八卷　八册　常州官板　丘濬編定　又一部　同前
家禮正衡　八卷　六册
家禮銓補　十卷　四册
家禮集説　二卷　三册
家禮易簡編　一卷　一册　又　家禮簡要　一册
李廷機
四禮節要　一卷　一册
禮要　一卷

士民禮考　一卷　馮應京　載《經濟實用編》
禮律類要　一卷　一册
士禮圖考　四卷
從先維俗議　七卷　五册　管志道
王少湖禮文疏節　一卷　王敬臣　載《俟後編》
方氏宗儀　一卷　方孝孺　一載本集　又載《由醇録》
羅氏宗論　一卷　羅洪先　載本集
馬氏宗儀　一卷　馬一龍　載《游藝集》
大人一指論　一卷　駱問禮　載《萬一樓集》
喪禮論　一卷　俱王廷相　二種俱載《王氏家藏集》
深衣圖論　一卷
崇儉會約　一卷　一册　方學漸
文雅社約　二卷　一册　沈鯉
寧儉訂約　一卷　一册
鄉會公約　一卷　陸樹聲　載《陸文定公雜著》
以上俱家禮

〔樂律〕

陳氏樂書　二百卷　十册　一套　宋秘書正字陳暘
韓洛苑志樂　二十卷　十册　韓邦奇
律呂新書　二卷
律呂別書　一卷　季本
律呂古義　三卷　二册　都穆
律呂注解　二卷　二册　鄧文憲
六樂圖　二卷　二册　劉績

律呂論　一卷　王廷相　載《王氏家藏集》
四聖圖解　二卷　共十册　一套　俱李文察　以下
六種俱載《李氏樂書》
律呂新書補注　一卷
興樂要論　三卷
古樂筌蹄　九卷
樂律補說　三卷
青宫樂調　三卷
樂律管見　一卷　何塘　載《何〔柏〕齋集》
又　樂律管見　二卷　一册　黄積慶
徐叟樂辨　一卷　劉鳳　載《劉子威集》
南宫生問樂　一卷　黄省曾　載《黄五嶽集》
瞿氏測律　九卷　瞿九思　載《經濟實用編》
樂則　一卷　阮鶚

黄鐘元統圖説　二卷　一册　俱王思宗
八音圖注　二卷　一册
以上俱樂律

〔祀典〕

宗廟禘祭議　一卷　俱廖道南　二種俱載《玄素子集》
宗廟復古議　一卷
廟制考義　二卷　一册　季本
文廟祀典議　一卷　一册　張孚敬
文廟祀典　二卷　一册　方夢龍
先師廟祀考　一卷　一册　笪繼良
廟制論　一卷　王廷相　載《王氏家藏集》
家祀明徵　二卷　吕懷　載《吕巾石集》

祀神考　一卷　程敏政　載《經濟文録》　又載《篁墩文集》
鼇正祀典事宜　一卷　馬文升　載《經濟文録》
劉氏至孝録　一卷　一册
存祠考　一卷　一册
章氏祭規　一卷　一册　章緒輯
義莊略　一册　金光裕
以上俱祀典

續收

禮儀定式　一卷　一册【重】
孔廟禮樂考　六卷　四册　瞿九思
文廟從祀考　四卷　一册
韓苑洛志樂　二十卷　二十册　韓邦奇【重】

樂經元義　八卷　四册　劉濂
樂律全書　二十九卷　鄭世子載培撰
操縵古音譜一卷一册　旋宫合樂譜一卷一册
鄉飲詩樂譜六卷二册　六代小舞譜一卷一册
小舞鄉樂譜　二佾綴兆圖　共二卷共一册
零星小舞譜二卷二册　律吕精義十卷六册
律學新説四卷二册　樂學新説一卷
算學新説一卷
律吕正論　四卷　四册
律吕質疑辨論　一卷　一册
瑟譜　二卷　一册　鄭世子載培
文廟通祀志　一卷　一册　張縉彦
王國典禮　八卷　八册
樂典　三十六卷　八册　黄佐

頖宮禮樂志　十卷　八册　李之藻輯

律同　二卷　一册　蔡宗兖

樂書雅義　七卷　一册　張敔

典故　故實　職掌

蔡邕獨斷　二卷　一載《格致叢書》又載《古今逸史》《漢魏叢書》《百川學海》

漢武故事　一卷　班固　一載《古今説海》又載《古今逸史》

西漢會要　七十卷　八册　宋徐天麟纂

漢制考　四卷　宋王應麟纂　載《玉海》

大唐六典　三十卷　八册　一套[一]　官板　張九齡等輯

又　大唐六典　三十卷　六册　小板

杜氏通典　二百卷　五十册　唐杜佑編

食貨十二卷　選舉三卷　職官二十二卷　禮一百卷　樂七卷　兵十六卷　刑法八卷　州郡十四卷　邊防十六卷

通志略　一百卷　二十册　六套　宋鄭樵編

氏族略六卷　六書略五卷　七音略二卷　天文略二卷　地理略一卷　都邑略一卷　禮略四卷　謚略一卷　器服略二卷　樂略二卷　職官略七卷　選舉略二卷　刑法略一卷　食貨略二卷　藝文略八卷　校讎略一卷　圖譜略一卷　金石略一卷　災祥略一卷　昆蟲草木略二卷

文獻通考　三百四十八卷　八十册　八套　宋馬

端臨

田賦七卷　錢幣二卷　户口二卷　職役二卷　征榷六卷　市糴二卷　土貢一卷　國用五卷　選舉十二卷　學校七卷　職官二十一卷　郊社二十三卷　宗廟十五卷　王禮二十二卷　樂考二十一卷　兵考十三卷　刑考十二卷　經籍七十六卷　帝系九卷　封建十八卷　象緯十七卷　物異二十卷　輿地九卷　四裔二十五卷

續文獻通考　二百五十四卷　一百册　十套　王圻

田賦十六卷　錢幣二卷　户口二卷　職役一卷　征榷九卷　市糴一卷　土貢二卷　國用九卷　選舉十二卷　學校七卷　節義廿二卷　職官二十卷　郊社七卷　宗廟五卷　王禮十八卷　謚法十九卷　樂考八卷　兵考六卷　刑考五卷　經籍十二卷　六書五卷　帝系二卷　封建七卷　道統九卷　氏族八卷　象緯五卷　物異五卷　輿地九卷　四裔五卷　方外十六卷

歷代制度詳説　十二卷　二册　吕祖謙　又載《淡生堂餘苑》抄本

古今原始　十五卷　四册　趙鈦輯

太平經國書　十一卷　二册　宋鄭伯謙

太平金鏡策　八卷　一册　元趙天麟

經世格要　廿八卷　四册　鄒泉

朝野類要　五卷　一册　趙昇　又載《説郛》《餘苑》抄本

唐翰林志　三卷　李肇　載《百川學海》

文昌雜録　三卷　一册　龐元英　又載《餘苑》抄本

中朝故事　三卷　尉遲偓　載《廣四十家小説》

【重】

愧郯録　十五卷　二册　岳珂　又載《餘苑》抄本

玉堂雜記　三卷　周必大　載《百川學海》

金坡遺事　一卷　載《説郛》

東宮備覽　二卷　一册　陳模　又載《餘苑》抄本

傳國寶志　一卷　何喬新

歷代傳國璽譜　一卷　鄭文璧　載《餘苑》抄本

又載《廣四十家小説》

〔一〕一：據大連本補。

續收

通志略　三百卷　一百十册　鄭樵【重】

漢藝文志考證　十卷　二册　王應麟

崇文總目　六十六卷　二册　歐陽文忠公等輯

改元考　一卷　一册　魯藩當渺輯

政實

時令　食貨　刑法　官守

事宜

［時令］

呂氏春秋月令纂要　一卷　陳經邦

戴氏夏小正　一卷

傅氏夏小正注傳　二卷　一册　傅崧

紀歷撮要　一卷

探春歷記　一卷

土牛經　一卷　以下二種俱載《夷門廣牘》

授時考　一卷　桂萼
齊民月令　一卷
月令纂要　一卷　一册　陳經邦
月令廣義　二十四卷　七册
月令通考　十六卷　十六册
四時氣候　四卷　一册　李泰　以下五種俱總載《時令雜考》
歲時廣記　四卷　附圖説一卷　一册　陳元靚　又一册同　又載《格致叢書》
養生月覽　二卷　一册　周守中
經世民事録　二卷　一册　桂見山
歲時事要　一卷
歲序總考　七卷　一册　陳三謨
以上俱時令

［食貨］

大明通寶義　二卷　一册　羅汝芳
泉志　十五卷　宋洪遵撰　載《秘册彙函》
泉史〔一〕　十二卷　三册　抄本　郭子章　又載《國朝徵信叢録》
鹽鐵論　十二卷　十二册　漢桓寬撰
以上俱食貨

［刑法］

大明律例　二十卷　十册
大明律附例注解　三十卷　十册　舒化等輯

〔一〕史：據大連本補。

大明律例集解　三十卷　十册
大明律集解附例　三十卷　十册　高舉
又　大明律附例　三十卷　五册　王樵
讀律私箋　廿四卷　十册　王樵
法家筌蹄　四卷　四册
問刑條例　七卷　二册
治世龜鑑　一卷　一册　蘇天爵
政監　十二卷　四册　夏寅
文公政訓　一卷　一册
又　從政録　一卷　載《廣秘笈》
真西山政經　二卷　一册　又載《續秘笈》
吕氏官箴　一卷　一册　吕本中　又載《百川學海》《百家名書》
吕氏遺書　鄉約一卷　鄉儀一卷　吕大鈞著　又載《由醇録》
晝簾緒論　一卷　胡太初　載《百家名書》　又載《百川學海》
治安藥石　一卷　張寰　載《百家名書》
官箴集要　二卷　一册　汪天錫
薛文清公從政録　一卷
蔣公政訓　一卷
吕公實政録　七卷　七册　吕坤
袁氏政書　四卷　二册　袁黄
循良政範　三卷　三册
官常政要　十四卷　十四册
初仕指南録　三卷　二册
法家哀集　一卷
明刑録　二卷　二册　翁汝進

疑獄集　四卷　二册　和凝輯　和(幪)[㠓]續
折獄龜鑑　二卷　二册
棠陰比事　一卷　一册　桂榮
祥刑比事　一卷
續祥刑比事　一卷
洗冤集録　一卷
無冤集録　一卷
平冤集録　一卷
仁獄類編　三十卷　十册　余懋學
淑問彙編　八卷　四册　俱李天麟
聽斷衡鑑　一卷
獄政　一卷　一册　畢侍御
提刑通要　一卷　一册　賀萬祚
以上俱刑法

［官守］

初仕録　一卷
新官軌範　一卷
官箴集要　二卷　二册　徐階
居官常談　一卷　一册
三事録　一卷　一册　梁綱
筮仕要訣　一卷　一册　鄒元標
增修鄉約　四卷　以下二種俱載《由醇録》
增損鄉約　一卷　朱熹定
以上官守

［事宜］

憲綱事例　二卷　一册

御史箴　一卷　一册
風憲忠告　一卷　一册
行移體式　二卷
兩方清話　一卷　一册
南雍申教録　十九卷　四册　俱王材
南雍再蒞録　一卷
學政公移　三卷　薛應旂
宗子相學約　一卷　宗臣
江南學政申言　一册　黄汝亨
代庖公案　八卷　八册　沈節甫
代庖録　二卷　二册　王士騏
撫吴公移　四卷　四册　周孔教
郭中丞撫黔公移　四卷
樞銓議略　一卷　一册

兩浙賦役全書　十二卷　十二册
兩浙訂證鹽法　四卷　四册　一套
兩淮簡明鹽法　二卷　一册
三吴均役全書　四卷　三册　一套　徐民式
均平全議　二卷　二册
均役均田條議　一卷　一册
救荒活民（書補遺）［補遺書］　三卷　三册
　董煟
荒政要覽　十卷　四册　俞汝爲
備荒議　一卷　一册　賀燦然
畢侍御救荒活民書　一册
茂苑荒政略　一卷　一册
荒箸　一卷　一册　劉世教
長洲縣救荒全書　八卷　六册　一套

長洲縣清查全書　六卷　六册　一套
屯政紀略　一卷　一册
三邑政編　三卷　三册　劉時俊
文江政紀　三卷　三册　陳王輝
寧陽初政　二卷　一册
茂苑政編　四卷　二册
船政新書　四卷　四册
船政要覽　二卷　一册
船政條議　一卷　一册
掩埋集聞　一卷　一册　陳仁錫　即《遵憲録》
別賤録　一卷　一册
寶坻政書　二卷　俱載《袁氏叢書》
勸農書　二卷
以上俱事宜

續收

皇明經濟録　五十二卷　三十册
當官三事　一卷　一册
牧津　四十四卷　十六册
折獄龜鑑　二卷　二册　【重】
疑獄集　前後共四卷　一册　宋和凝　和（㠓）〔幪〕輯　【重】
疑獄續集　二卷　一册　張景
救荒活民補遺書　三卷　三册　董煟編　【重】
救荒本草　二卷　二册　周藩板
又　救荒本草　四卷　四册　陝西板
月令通考　十六卷　十六册　盧翰輯　【重】
歲時節氣集解　一卷　一册　洪常

右樞志略　一卷　一册

圖志

志　統志　約志　省會通志　郡邑

志　邊鎮　山川　祠宇　梵院　勝游

題咏　園林

［統志］

大明一統志　九十卷　二十四册　四套

大明一統志略　十六卷　二册

天文分野志　二十四卷　六册

廣輿考　二十四卷　十册　陸應暘

皇輿考　十卷　四册　張天復輯

寰宇分合志　八卷　八册

海外輿圖全説　二卷　一册　龐迪我述

地理圖會　十四卷　二册　王圻　載《三才考》

以上統志

［通志］

歷代國都地理圖　一卷　黄仁浦

輿地要略　二卷　屠隆　載《鴻苞》

古今地域圖略　一卷　俞焕章

江西輿地圖説　一卷　趙秉忠　載《紀録彙編》

饒南九三郡輿地圖説　一卷　王世懋　載《紀録彙編》　又載《王奉常雜著》

三輔黄圖　六卷　二册　又載《古今逸史》

宋宫殿考　一卷　抄本　二種俱載《餘苑》　又俱載《格古要論》

元故宫遺録　一卷　一册　蕭洵

金陵世紀　四卷　四册　陳沂
齊乘　六卷　六册　于欽
汴京遺蹟志　十三卷　四册　外十四卷至二十卷不録　抄本　李濂輯　又載《餘苑》抄本
金陵古今圖考　六卷　一册　又　金陵圖考一卷
長安志　三卷　四册　宋敏求
華陽國志　二卷　一册　載《古今逸史》
楚故略　二十卷　四册　陳士元　以下二種俱又載《歸雲外集》
楚絶書　二卷　一册
桂故　八卷　二册　俱張鳴鳳輯
桂勝　十四卷　四册
古今郡國名類　三卷　一册　郭子章　又載《淡生堂餘苑》抄本

蜀漢地理補　二卷　一册　俱曹學佺
蜀郡縣古今通釋　一卷　一册　亦名《益部地理釋名》
郡縣釋名　十五卷　十五册
職方外紀　二卷　二册　西洋艾儒略著
析蹟　五卷　三册　李蓘
九邊圖説　四卷　二册
延綏鎮志　八卷　八册
吴興掌故集　十七卷　八册　徐獻忠輯
蘇州府纂修志略　一卷　載《南豐遺集》内　又載《南豐雜[集]》
南畿志　六十四卷　十二册　陳沂
浙江通志　七十二卷　二十册
江西通志　三十七卷　二十册

江西省大志　八卷　八册
八閩通志　八十七卷　二十四册
湖廣總志　九十八卷　四十册　四套
楚紀　六十卷　二十册　二套　廖道南
雍録　二十卷　四册　宋程大昌　又載《古今逸史》
河南通志　二十卷　十二册
山東通志　四十卷　十二册　陸釴
山西通志　三十二卷
雍大紀　三十六卷　十册　何景明
陝西通志　三十五卷　十册　周宇　馮從吾仝輯
四川總志　八十卷　十五册　内缺三册
廣東通志　七十卷　三十二册　郭棐重修
廣西名勝志　十卷　四册　曹學佺輯
廣西通志　四十二卷　二十七册　二套　黄佐
雲南通志　十七卷　十二册　一套
黔志六　十卷　二十册　二套　郭子章
河南通志　四十五卷　十二册
金陵志　十五卷　十二册
以上俱通志

郡志

順天府志　六卷　六册
永平府志
保定府志　四十卷　十二册
河間府志　廿八卷　十二册
又　河間府志　十五卷　十五册　杜應芳
真定府志　三十三卷　十册
順德府志　三十卷　八册

廣平府志　十六卷　四册　陳棐輯
大名府志　二十八卷　八册
應天府志　三十二卷　八册
安慶府志　三十一卷　八册
徽州府志　三十二卷　十册　一套
寧國府舊志　十卷　四册
寧國府新志　二十卷　八册　一套
池州府志　九卷　四册
姑蘇舊志　五十卷　十册
姑蘇新志　六十卷　二十册　王鏊
松江府志　三十二卷　八册　顧清
鎮江府志
揚州府志　二十七卷　二十二册
杭州府志　一百卷　四十册　四套　陳善

嘉興府舊志　二十卷　十册
嘉興府新志　三十二卷　十六册　沈堯中
湖州府舊志　十六卷　六册　浦南金輯
湖州府新志　十四卷　八册　一套　唐樞
寧波府志　二十卷　十六册　張時徹
會稽郡舊志　二十八卷　十二册
紹興府志　六十卷　十六册　二套　張元忭
孫鑛輯
紹興紀略　十卷　四册　一套　陸夢斗
新越編
赤城舊志　四十卷　六册　宋陳耆卿輯
赤城新志　二十四卷　四册　謝鐸輯
金華府志　三十卷　十册　陸鳳儀輯
衢州府志　十六卷　六册　一套　趙鏜輯

嚴州府志　二十四卷　十二册　吕昌期輯

温州府志　十八卷　十二册　一套　王光藴

括蒼志　正十五卷　續四卷　共八册　何鏜

括蒼志補遺　四卷　四册　樓公璩

南昌府志　五十六卷　十四册　盧廷選

饒州府志　四十五卷　十二册　一套

九江府志　十六卷　八册　一套

撫州府志　二十八卷　八册

建昌府舊志　十九卷　六册

建昌府新志　十四卷　五册

廣信府志　二十卷　六册

吉安府志　三十六卷　十一册　一套

吉志補　二十卷　六册　郭子章

臨江府志　十四卷　五册　一套

袁州府志　十一卷　十一册　一套　熊□

南康府志　八卷

瑞州府志　十四卷　四册

贛州府志　十二卷　四册

南安府志　二十六卷　四册　一套

福州府志　五十卷　十六册　又一部　七十六卷
二十册　二套　謝肇淛

泉州府志　二十四卷　十二册　黄鳳翔修

邵武府志　十五卷　六册　陳讓輯　又一部　六十
四卷　十二册

又　邵武府志　二十五卷　六册　黄仲昭輯

興化府志　五十八卷　十二册　林堯俞輯

建寧府志　二十一卷　又一部　五十二卷　二十
册　一套　仙克謹

漳州府志　三十八卷 十二册 劉庭蕙

延平府志　三十四卷 六册 吴必學 林瑄輯

汀州府志　十九卷 六册 何雲編

承天府志

德安府志　十二卷 四册

長沙府志　六卷 六册

岳州府志　十卷 五册

漢陽府志　十二卷 六册 秦聚奎修

衡州府志　九卷 三册

永州府志　十卷 四册

開封府志　三十四卷 八册

歸德府志　五册

彰德府志　八卷 七册 安陽縣附

衛輝府志　十六卷 五册

懷慶府志　十二卷 六册

河南府志　十二册

汝寧府志　八册

南陽府志　十八卷 四册

青州府志　五十二卷 馮惟訥

兖州府志　五十二卷 十二册 一套 于慎行

太原府志　二十六卷 六册 一套

平陽府志　十卷 十二册

潞安府志　二十卷 十册

汾州府志　十六卷 四册

大同府志　三十二卷 十册

惠州府舊志　十二卷 四册

惠州府新志　二十一卷 十册 内缺一册 楊起元

潮州府志　八卷 四册 郭春震輯

肇慶府志　二十二卷　八册　葉春及輯
韶州府志　十卷　四册
雷州府志　二十二卷　五册
西安府志　二十五卷　十二册　王紹徽纂修
漢中府志　八卷　四册
鳳翔府志　五卷　四册
慶陽府志　二十卷　四册
夔州府志　十二卷　六册　郭棐輯
思南府志　八卷　二册
［以上俱郡志］

州志

涿州志　十二卷　四册　張遜輯
霸州志　十二卷　三册　錢達道輯
昌平州志　八卷　四册　崔學履
薊州志　十八卷　四册　熊相
易州志　十六卷　四册
祁州志　六卷　二册
安州志　十卷　四册
景州志　六卷　三册　羅相
滄州志　八卷　四册　李夢熊
定州志　十六卷　六册
冀州志　十卷　四册
晉州志　十卷　四册
趙州志　十卷　四册
深州志　十二卷　四册
太倉州志　十卷　四册　張寅
滁陽志　十四卷　六册　戴瑞卿

泗州志　十二卷 二册 俱汪應軫

泗州備遺志　二卷 二册

徐州前志　十卷 六册

徐州後志　十二卷 六册

六安州志　八卷 三册 劉垓

壽州志　四卷 四册 莊桐

宿州志　十三卷 三册 崔維嶽

潁州志　二十卷 三册 甯中立

安吉州志　十六卷 六册　又 安吉州志 八卷
　三册 江一麟編

鄭州志　四卷 四册 陳大忠纂

陳州志　十二卷 六册 趙時雍輯

禹州志　十卷 四册 徐衍祚纂

許州志　二十卷 四册 邵寶

睢州志　四册

磁州志　四册

陝州志　二册

汝州志　四册

信陽州志　四册

光州志　四册

鄧州志　四册

裕州志　二册

曹州志　十六卷 四册

沂州志　十卷 十册 徐汝冀

濮州志　六卷 六册

濟寧州志　八卷 五册

隨州志　二卷 二册

道州志　二十卷 四册

夷陵州志　十卷　一册
福寧州志
遼州志　四卷　一册
忻州志　四卷　四册
岢嵐州志　二卷　二册
平定州志　十二卷　四册
延慶州志　九卷　三册　蘇乾輯
邠州志　八卷　二册　孔天胤輯
保安州志　二卷　二册　劉必紹輯
固原州志　二卷　二册　劉敏寬輯
興安州志　六卷　李正芳
同州志十八卷　四册　附五縣
隴州志　四卷　二册
潼關衛志　十卷　二册

劍州志　八卷　二册　楊慎輯　萬國欽修
儋州志　三卷　二册　曾邦泰
［以上俱州志］

邑志

密雲縣志　十七卷　二册　劉效祖輯
遵化縣志　十二卷　五册　張杰
河間乘史　四卷　四册　趙完璧
任丘縣志　三卷　四册　馮治
慶雲縣志　十卷　四册　楊州鶴
阜城縣志　二卷　二册　鞏邦固
肅寧縣志　二卷　二册　成性
興濟縣志　二卷　二册　鄭孝
青縣志　二卷　二册　應震

吴橋縣志　九卷　四册　李懿
鹽山縣志　十六卷　四册　李正華
故城縣志　五卷　五册　李元忠
又　故城縣志　五卷　三册　周世選
寧津縣志　八卷　二册　王良貴
東光縣志　四卷　二册　余良弼
清苑縣志　四卷　四册
滿城縣志　八卷　四册
安肅縣志　二卷　二册
新城縣志　十二卷　四册
唐縣志　二卷　一册
博野縣志　五卷　一册
慶都縣志　五卷　二册
完縣志　二卷　一册

容城縣志　七卷　三册
蠡縣志　五卷　二册
雄縣志　二卷　二册
高陽縣志　十四卷　十册
新安縣志　四卷　二册
淶水縣志　三卷　一册
深澤縣志
束鹿縣志
定興縣志
真定縣志　八卷　二册
獲鹿縣志　十二卷　三册
井陘縣志　六卷　三册
稿城縣志　十卷　二册
靈壽縣志　十卷　四册

元氏縣志　二卷　二册
欒城縣志　六卷　二册
無極縣志　二卷　二册
平山縣志　五卷　二册
阜平縣志　十二卷　二册
新樂縣志　十卷　二册
曲陽縣志　十三卷　二册
行唐縣志　一卷　一册
南宫縣志　十三卷　三册
新河縣志　十卷　三册
棗强縣志　四卷　二册
武邑縣志　四卷　二册
安平縣志　六卷　四册
饒陽縣志　三卷　三册

武强縣志　二卷　二册
柏鄉縣志　九卷　二册
隆平縣志　十卷　三册
臨城縣志　七卷　一册
高邑縣志　二卷　二册
贊皇縣志　九卷　三册
寧晉縣志　五卷　二册
衡水縣志　六卷　二册
長洲縣藝文志　二十四卷
吴江縣志　二十八卷　十册　一套
常熟縣志
嘉定縣志　二十二卷　八册　一套　韓浚輯
華亭縣志　十六卷　四册　一套
又　華亭縣志　七卷　四册　一套　孔輔纂

上海縣舊志　八卷　二册
上海縣新志　十二卷　四册　一套　張之象纂
青浦縣志　八卷　四册　王圻輯
武進縣志　八卷　八册　唐鶴徵纂
宜興縣志　十卷　五册　王狄輯
靖江縣志　十二卷　六册　朱象
丹徒縣志　四卷　二册　楊琬等輯
丹陽縣志　十二卷　四册　馬豸
溧陽縣野志續編　八卷　五册　狄斯彬
歙縣志　三十卷　謝陛輯
休寧縣志
績溪縣志　十二卷　三册　何棠纂
祁門縣志　四卷　二册　謝存仁
黟縣志　六卷　二册　王家光

寧國縣志　四卷　四册
建平縣志　八卷　二册　連鑛
天長縣志　七卷　四册　王心輯
霍丘縣志　十卷　二册　楊其善
懷遠縣志　九卷　三册　王存敬訂
靈壁縣志　十卷　三册　陳泰交修
定遠縣志　十卷　三册　高鶴修
臨淮縣志　八卷　四册　邢仕誠校
盱眙縣志　十二卷　四册　李上元修
沛縣志　十卷　三册
錢塘縣志　五卷　五册　聶心湯
新城縣志　四卷　四册
秀水縣志　八卷　五册
崇德縣志　十二卷　六册　靳一派纂

嘉善縣志　十二卷　六册　章士雅修
歸安縣志　二卷　二册　劉塾
德清縣志　十卷　二册　陳霆
武康縣志　八卷　二册　駱文盛輯
慈谿縣志　二十卷　四册　周旋纂　内缺一本
定海縣志　十二卷　四册　張時徹
象山縣志　十六卷　四册　陸應暘纂
奉化縣志　十二卷　四册　倪復纂
山陰縣志　十二卷　四册　張天復　柳文　仝修
會稽縣志　十六卷　四册　張元忭修
餘姚縣志　二十四卷　六册　楊文焕輯
上虞縣志　二十四卷　八册　徐時聘
蕭山縣舊志　六卷　四册　林策
蕭山縣新志　六卷　四册　劉會

諸暨縣志　二十卷　四册　駱問禮輯
嵊縣志　十二卷　四册　周海門先生
新昌縣志　十三卷　四册　田琯纂
臨海縣志　二十六卷　四册
黄巖縣志　七卷　四册　袁應祺輯
蘭溪縣志　十卷　二册　章懋編
金華縣志
東陽縣志　十七卷　五册　吴準
義烏縣志　二十卷　六册
湯溪縣志　八卷　四册　楊維誠
龍游縣志　十卷　二册　徐可求
淳安縣志　十七卷　四册　姚鳴鸞修
遂安縣志　四卷　二册　毛一鷺
桐廬縣志　四卷　二册　楊東編

分水縣志　八卷　二册　方夢龍
壽昌縣志　十二卷　二册　李世芳
永嘉縣志　十七卷　五册　王光藴修
樂清縣志　七卷　二册　胡用賓輯
平陽縣志　八卷　二册　朱東光輯
縉雲縣志　四卷　二册　黄季茂纂
雲和縣志　五卷　一册　汪屺輯
泰順縣志　八卷　二册　侯一元纂
瑞安縣志
廬陵縣志　四卷　四册
吉水縣志　十卷　四册
永豐縣志　八卷　六册
龍泉縣志　九卷　四册
泰和縣志　十卷　四册　唐伯元修

安福縣志　十六卷　三册
又　安福叢志　卷册同前
永新縣志　八卷　四册
永寧縣志　二卷　二册
廣永豐縣志　十二卷　三册
鉛山縣志　三十四卷　八册　笪繼良纂
玉山縣志　十卷　四册　史謨纂
鄱陽縣志　十六卷　六册
浮梁縣志　八卷　二册
餘干縣志　五卷　二册
萬年縣續志　五卷　二册
德興縣志　十四卷　四册
樂平縣志　十四卷　四册
新學志　一卷　一册

閩縣志　十六册
侯官縣志　二十册
古田縣志　十四卷　四册　王繼祀
長樂縣志　八卷　四册　鄭世威
永福縣志　六卷　四册　唐學仁
羅源縣志　八卷　二册　陳良諫
同安縣志　十卷　五册　蔡獻臣
惠安縣志　十三卷　四册　張岳
德化縣志　十卷　二册
永春縣志　十二卷　四册　林鉽修
安溪縣志　七卷　二册　王用予
仙游縣志　八卷　四册　林富
光澤縣志　九卷　二册　汪正誼修
建寧縣志　七卷　二册

將樂縣志　十二卷　四册　黄仕禎
大田縣志　三十一卷　二册
永安縣志　九卷　二册　蘇民望
沙縣志　十卷　八册　袁應文
崇安縣志　八卷　五册　余乾貞
建陽縣志　八卷　四册　魏時應
浦城縣志　十六卷　四册　黎民範
松溪縣志　十四卷　二册　來端本重修
政和縣志　八卷　二册　車鳴時編
壽寧縣志　八卷　二册　戴鎧
寧化縣志　十卷　二册　張洵
連城縣志　八卷　二册　陶文淵
永定縣志　十二卷　一册　王環　何守成編
歸化縣志　十卷　一册　周憲章

龍溪縣志　六卷　三册
漳浦縣志　十六卷　四册　陳所立
龍巖縣志　十卷　二册　吴守忠
南靖縣志　十卷　二册　陳宗愈
海澄縣志　二卷　一册
長泰縣志　十卷　三册　管橘
漳平縣志　十卷　一册　曾汝檀
寧洋縣志　五卷　一册
平和縣志　八卷　二册
襄陽縣志　四卷　四册
祥符縣志　四卷　四册　張同德　王惟儉　勤美
陳留縣志　七卷　二册　蔣時行
杞縣志　四十八卷　三册　馬應龍
通許縣志　二卷　二册　安良澤

太康縣志　八卷　四册　張爾基
中牟縣志　六卷　二册　陳幼學
尉氏縣志　五卷　五册　汪心
鄢陵縣志　八卷　二册　劉訒
洧川縣志
扶溝縣志　四卷　三册　何出圖
陽武縣志　八卷　二册　王東魯
原武縣志　二卷　二册　門邦寧
封丘縣志　八卷　四册　邊有猷
延津縣志　四卷　二册　宋守忠　李戴編
蘭陽縣志　十卷　四册　李希程編　李若素續編
儀封縣志　四卷　二册　張鹵
新鄭縣志　四卷　四册　陳大忠
滎陽縣志　五卷　二册　石廷舉

汜水縣志　八卷　四册　鄭人文
滎澤縣志　五卷　二册　石世官
河陰縣志
商水縣志　五卷　一册　劉遥纂
西華縣志　七卷　三册　胡璉編
沈丘縣志
項城縣志　十卷　二册　王欽誥纂
密縣志　附白松詩　一册　蕭文元
襄城縣志　八卷　四册　譚性教
臨(潁)[潁]縣志　八卷　四册　張福臻
郾城縣志　十二卷　四册　趙應式
長葛縣志　六卷　二册　車明理編
商丘縣志　四册
寧陵縣志　三册

鹿邑縣志　二册
夏邑縣志　二册
永城縣志　二册
虞城縣志　四册
柘城縣志　二册
考城縣志　四册
臨漳縣志　十卷　五册
湯陰縣志　四卷　二册
林縣志　八卷　四册
武安縣志　十卷　三册
涉縣志　八卷　三册
汲縣志
胙城縣志　八卷　四册
新鄉縣志　七卷　二册

獲嘉縣志　十卷　四册
輝縣志　八卷　四册
淇縣志　十卷　二册
河内縣志　四卷　四册
修武縣志　八卷　二册
武陟縣志　七卷　一册
修武縣志　八卷　二册
武陟縣志　七卷　一册
温縣志　二卷　二册
濟源縣志　十二卷　四册
孟縣志　四卷　二册
洛陽縣志　四册
偃師縣志　四册
宜陽縣志　二册

鞏縣志　二册
孟津縣志　二册
登封縣志　二册
永寧縣志　二册
沔池縣志　二册
嵩縣志　二册
盧氏縣志　二册
靈寶縣志　二册
閿鄉縣志　二册
魯山縣志　二册
郟縣志　二册
寶豐縣志　二册
伊陽縣志　二册
汝陽縣志　四册

上蔡縣志 二册
新蔡縣志 二册
確山縣志 二册
遂平縣志 二册
真陽縣志 二册
西平縣志
羅山縣志 二册
光山縣志 一册
固始縣志 二册
商城縣志 二册
息縣志 二册
南陽縣志 二册
唐縣志 二册
泌陽縣志 二册

桐柏縣志 二册
鎮平縣志 二册
南召縣志 二册
淛川縣志 一册
新野縣志 四册
内鄉縣志 二册
舞陽縣志 二册
葉縣志 二册
萊蕪縣志 七卷 二册 陳甘雨輯
齊東縣志 二十九卷 四册 劉希夔
金鄉縣志 十五卷 四册 郭東藩
鄒縣志 六卷 四册 徐明綱輯
樂安縣志 二卷 二册 李舜臣
益都縣志 九卷 二册 田仰輯

諸城縣志　十卷　四册　祝天保輯
費縣志　四卷　四册
陽曲縣志　十卷　四册
太原縣志　六卷　三册
交城縣志　八卷　二册
文水縣志　十卷　四册
榆次縣志　十卷　三册
太谷縣志　十卷　四册
祁縣志　八卷　二册
徐溝縣志　二卷　二册
盂縣志　十三卷　四册
壽陽縣志　二卷　二册
樂平縣志　十卷　二册
和順縣志　二卷　二册

定襄縣志　三卷　三册
安邑縣志　十卷　四册
枝江縣志
南江縣志
泰寧縣志
咸寧縣志　八卷　四册　王紹徽
藍田縣志　二卷　二册
渭南縣志　十二卷　二册
朝邑縣志　八卷　二册
郃陽縣志　七卷　二册
武功縣志　四卷　四册
禮縣志　二卷　一册　劉澤遠
兩當縣志　二卷　二册　楊愚
城固縣志　二卷　一册　楊守正

建德縣志
靈臺縣志
會寧縣志　二卷　二册　高拱辰
秦安縣志
莊浪縣志
固原縣志
石泉縣志
［以上俱邑志］

附［邊鎮］

遼東志　九卷　六册
西關志　三十二卷　六册
宣府鎮志　十卷　三册
蒼梧軍門志　二十卷　八册
虔臺志　十二卷　三册
續虔臺志　五卷　三册
山海關志　八卷　二册
天津三衛志　六卷　二册
漳南道志　三册
［以上俱邊鎮］

山川

十洲記　一卷　東方朔　一載《説鈔》　又載《廣秘笈》《逸史》《四十家》
山海經　十八卷　俱郭璞注　一載《格致叢書》　又載《百家名書》《古今逸史》
山海經補注　一卷　楊慎　載《升庵雜録》
山海經圖讚　二卷　載《秘册彙函》

水經注　四十卷　十册　桑欽撰　酈道元注
水經注箋　四十卷　十册　一套　朱謀㙔箋
河源志　一卷　元潘昂霄　載《説郛》
岳記　六卷　二册　陳士元　又載《歸雲外集》
海内奇觀　十卷　四册　一套　楊爾曾
泰山志　四卷　四册　吴伯朋輯
岱史　十八卷　七册
衡岳志　八卷　八册　一套　鄧雲霄删輯
太岳太和山志　八卷　五册
齊雲山志　五卷　五册　魯點輯
茅山志　十五卷　四册　劉大彬
九華山志　二卷　二册　施宗道等編
京口三山舊志　十卷　三册　張來輯
京口三山全志　許國誠修

京口三山新志　三十卷　二十册　二套　霍鎮方
　陳仁錫輯
震澤編　八卷　四册　蔡昇輯　王鏊修
虎丘志　四卷　四册　一套　文肇祉輯
牛首山志　二卷　二册　盛時泰輯
燕子磯志　一卷　一册
新安山水志　十卷　八册　俱潘之垣
又　新安山水志　二卷　二册
無門洞志　八卷　一册
名山注　四卷　一册
三吴雜志　三卷　一册
黄海　紀初五卷　紀藏四卷　紀蹟二十九卷
　紀游二十九卷　紀異八卷　共十六册　二套
天台山方外志　三十卷　四册　傳燈輯

雁蕩山志　四卷　二册　一套
仙都志　五卷　二册　李時孚輯
吴興峴山志　六卷　八册　張睿卿
雲門志略　五卷　二册　張元忭輯
道園紀略　四卷　二册　吴有鼎輯
武夷山舊志　八卷　四册　卓有見編
又　武夷山志
武夷山新志　十卷　四册　江維禎編
武夷志略　四卷　四册　徐表然輯
九鯉湖志　六卷　四册　黄天全輯
閣皂注　二卷　一册
洪陽洞志　一卷　一册
廬山紀事　十二卷　四册　桑喬輯
鳧巘山志　二卷　一册　邊維垣輯
嘉州凌雲志　二卷　一册　毛鳳韶
岷峨山志　二卷　一册
峨眉光明山傳　一卷　一册
武山志　一卷　一册　王鶴鳴輯
老姥山志
天然洞記　一卷　一册
玉華洞志　一册
牛塢志　司馬泰
名山洞天福地記　載《百川學海》
金山雜志　四卷　楊循吉
游名山記　十七卷　十三册　何鏜編輯
名山一覽記　十五卷　十册　慎蒙編輯
又　惠山泉亭記　一册　鄒彦吉
游名山記　六卷　都穆　載《徹雲館集》

名山游記　二卷　一册　王世懋　載《王奉常雜著》

西湖游覽志　五十卷　十二册　一套　舊板　俱田汝成輯

又　增定西湖游覽志　五十卷　十六册　一套　新板

西湖志類鈔　二卷　二册　俞思冲

西湖觀　三卷　二册　俱陳仁錫

補帆集　一卷　一册

以上俱山川

〔**題咏**〕

豫章六記　一卷　一册

麻姑集　十二卷　二册　朱廷臣輯

南滁會景編　十二卷　六册　趙廷瑞編

宜春臺詩　一卷　一册

九龍山翰墨志　一卷　一册　趙杲

山門集　一卷　一册

會稽掇英集　二十卷　四册　孔延之

會稽懷古詩　二卷　一册　唐之淳

南鎮禹陵文　一卷　一册

天台勝蹟録　二卷　一册　潘瑊編

曹孝娥詩集　一卷　一册

泰山蒐玉集　四卷　三册　袁稽輯

泰山正雅　四卷　四册　江湛然　續一卷

又　泰山正雅　四卷　二册

靈巖集　六卷　二册

洞庭湖詩集　二卷　一册

襄陽名蹟録　二卷　二册〔一〕　馬朴輯

滕王閣集　十卷　二册　董遵
岳陽紀勝彙編　四卷　四册
赤壁集　十二卷　二册　茅瑞徵輯
武夷志咏　十卷　二册　陳省
釣臺集　八卷　二册　吴希孟
湖山詩選　六卷　四册　徐懋升輯
江北三勝紀　七卷　一册
名山百詠　一卷　一册　顧璘編
荆溪外紀　二十五卷　八册　沈敕編
睢陵九鼎山　一册　王應乾
〔以上題咏〕

〔一〕二：據大連本補。

攬勝

五岳游草　十一卷　三册　原板　一套　王士性
又　五岳游草　三卷　三册　翻板
五臺游記　一卷　一册
赤城集　一卷　一册　顧起綸
台雁游草　一卷　一册　陳師　附　餐英集一册
關洛記游　一卷　一册　王世懋
唐一庵游録　一卷　唐樞
天目山游籍　一卷　一册　林雲鳳
雁山紀游　一卷　一册　王嗣奭
黄海獨游草　一卷　一册　戴澳　又　江上吟　紀
游小草　各一卷
寓庸子紀游　黄汝亨

玉版集一卷　天目游紀一卷　三游記一卷
麻姑山游記一卷　雲門游紀一卷　黄山白嶽游紀一卷　重游棲霞記一卷
泰岱紀游　二卷　一册　俱淡生堂著
天台半游記　二卷　一册
張無始武林紀游　一卷　一册
游黄山記　二卷　一册　吴伯與
野客青鞋集　一卷　一册
二山游記　一卷　一册　楊嗣昌
游嶧山記　一卷　一册　俱茅瑞徵
淡樸齋游稿　一卷　一册
燕遠記游　一卷　陳仁錫
王季重游唤　一卷　一册　俱王思任
王季重泛太湖游洞庭記　一卷　一册
台蕩游　一卷　一册　張汶霖
西山記游　一卷　一册　吴汝紀
九里山緣起　一卷　張汝霖
以上俱攬勝

[園林]

郊居雜記　一卷　一册　張汝霖
兩居雜記　一卷　一册　俞彦
延賞編　四卷　二册
雅游編　一卷　一册
寒松館游覽草　六卷　三册　顧起元
小山玄賞　四卷　四册
乾城游草　三卷　一册
桃花嶺集　六卷　二册

帝鄉游覽 一卷 一册 朱朝望
山園雜記 一卷 一册 沈鯉
秋游漫草 一卷 一册
愚公谷乘 二卷 二册 鄒迪光
密園前後記 二卷 二册
淇園雅集 六卷 一册
遯園記 一卷 一册
斗園乘 一卷 一册 吕維祺
葵圃記 一卷 一册 應臬

以上俱園林

祠宇

太師比干録 一卷 一册 曹安編
夷齊志 六卷 二册 白瑜編
濂溪志 九卷 四册 李禎
［重］修忠孝祠録 二卷 一册
闕里全志 十三卷 十册 李東陽輯
闕里新志 十二卷 六册 孔貞叢修
孔庭纂要 十卷 二册
曾氏誌 四卷 四册
三遷志 六卷 四册
卞里誌 二卷 二册 張羽翱輯
武安王集志 二册
重修關聖祠全志 四册 張元忭輯
白鹿洞書院志 八卷 二册 劉峻輯
增定白鹿洞書院新志 十二卷 四册 周偉輯
嶽麓書院圖志 十卷 二册 孫存 陳論共輯
復古書院志 四卷 四册 鄒德泳

王文成南都祠志　三卷　一册　附年譜或問
王文成滁陽祠志　二卷　二册
滁陽三祠志　一卷　一册
白鷺書院志　二卷　二册　王時槐
白鷺書院正學會規　二卷　一册
能仁會志　一卷　一册
求仁書院志　一卷　一册　胡直編
虞山書院志　十五卷　六册　孫慎行編
循理書院約　一册　黄奇士
以上俱祠宇

梵院

金陵梵刹志　五十二卷　十四册
金陵玄觀志　十三卷　三册
武林梵志　十二卷　八册　吴之鯨
武林淨慈寺志　十卷　五册　沙門大壑輯
靈隱寺志　八卷　二册　白珩
補陀洛伽山志　六卷　四册
曹溪通志　四卷　二册　釋清編
棲霞寺志　三卷　二册
龍虎山志　六卷　三册
清涼山志　四册
鶴林寺志　四卷　二册
以上俱梵院

續收〔一〕

省直天文圖　二卷　一册
秦漢圖記　十二卷　二册　郭子章合刊

三輔黄圖六卷　西京雜記六卷

方輿勝覽　二卷　一册

雍勝略　二十四卷　六册　李應祥輯

西嶽華山志　二卷　一册　王處一編

嵩嶽志　七卷　五册　圖志二卷　詩文五卷

汴京遺蹟志　二十四卷　八册　李濂

關中陵墓志　二卷　二册　祁伯裕

山海經釋義　十卷　二册　王崇慶釋

又　水經注　四十卷　附山海經十八卷　十六册

桑欽著　酈道元注【重】

恒岳志　二卷　二册　王濬初輯

關中陵墓志　四卷　四册　祁伯裕輯

水經注删　一卷　一册　李桂芳

石室志　二卷　二册　王泮

太姥山志記　四册　謝肇淛

玉華洞志　一卷　一册

重修普陀志　六册　周應賓

武夷山志　四卷　六册　勞堪

蜀中名勝記

黄山兔柴記　二卷　一册　張延登

寒山志　一卷　一册　趙宧光

洞庭游記　一卷　二册

鄒嶧山乘　四卷　三册　荀虞龍輯

〔一〕本節原在題詠後，兹移入圖志類末。

譜

統譜　族譜　年譜　世家

［統譜］

天潢玉牒　一卷　高皇帝御製

歷代帝王姓系統譜　十四卷　六册　一套

古今帝王世系地域圖　四卷　二册　俞焕章輯

帝系考　正九卷　續二卷　馬端臨　王圻　載《通考》

歷代世譜　二卷　載《淡生堂餘苑》　抄本

古今萬姓統譜　一百卷　五十册　凌迪知

古今姓氏纂要　一卷　一册

姓源珠璣　六卷　六册　一套　楊信民編

千家姓　一卷　一册　吴沉編

氏族略　六卷　鄭樵　載《通志略》

氏族考　八卷　王圻　載《續通考》

以上俱統譜

［族譜］

秀水羅氏族譜　四卷　一册　羅文恭輯〔一〕

靈寶許氏族譜　二卷　一册

李獻吉族譜傳略　一卷　李夢陽

州山吴氏族譜　八卷　四册

四明張氏家譜例傳　一卷　張時徹

四明陸氏世譜　四卷　二册

松陵吴氏族譜　四卷　四册

古姚陳氏族譜　十五卷　十册

芳徑吴氏家乘　十卷　二册
三舍劉氏四續族譜　一卷
蒙岡王氏族譜　十卷　四册
駱氏譜　三卷　載《萬一樓集》
建平楊氏族譜　一卷　一册
麻石劉氏家誌　六卷　四册
趙氏宗統　二卷　二册
以上俱族譜

〔一〕恭：據大連本補。

〔年譜〕

韓文公年譜　一卷
李翰林年譜　一卷　關中薛仲邕輯
杜工部年譜　一卷　黄鶴輯
邵康節先生年譜　一卷　載《康節外紀》
周濂溪先生年譜　一卷　宋山陽度正撰　以下五種俱載本集
范文正公年譜并補遺　一卷
歐陽文忠公年譜　一卷
蘇文忠公年譜　一卷
黄山谷詩文譜　三卷
羅豫章年譜　一卷
陸象山先生年譜　二卷　二册　袁燮編
朱文公實紀　十卷　四册
朱文公年譜　三卷　又附録三卷　共四册
朱子門人譜　一卷

文信國年譜　一卷　以下三種各載本集
吴草廬年譜　一卷
許魯齋考歲略　一卷
解學士年譜　二卷　二册
楊文敏公年譜　四卷　四册　蘇鑑撰
周文襄公年譜　一卷　一册　周忱
陳芳洲年譜　一卷　一册　陳循
曹月川先生年譜　一卷　范守己編
薛文清公年譜
劉忠愍公年譜　一卷　一册
王文成公年譜　三卷　共四册　襄陽新刻　年譜
附録　一卷
項襄毅公年譜　五卷　實記四卷　共十册　一套
閔莊懿公年譜　一卷　一册　陸崑述

何氏二尚書年譜　二卷　二册
吴太宰年譜　二卷　二册　吴鵬
霍文敏公年紀　二卷　二册　即《石頭録》
鄭端簡公年譜　十卷　十册　鄭履淳編
趙文肅公年譜　二卷　二册
鄒文莊公年譜　一卷　一册　鄒守益
夏文愍公年譜　一卷　載本集
沈青霞年譜　一卷　一册
楊焦山年譜　一卷　亦云椒山　載本集
毛東塘司馬年譜　一卷　載本集
王南塘年譜　一卷　一册　即《恭憶先訓録》
見臺曾公年譜　一卷
六封中丞郭公年譜　一卷
張元洲年譜　一卷　一册

蕭啟旦年譜　一卷
蕭東潭先生年譜　一卷　一册
伍寧方年譜　一册
以上俱年譜

[世家]

孔子闕里世家　一卷
歷代孔子世家考　七卷　七册　馮烶
孔子年表　一卷　鄧元錫
王謝史傳世系表　一卷　駱問禮　載《萬一樓集》
皇明世家考　四卷　二册　管一德編
中山王世家　一卷　以下四種俱載《弇州集》
開平岐陽定遠三王世家　一卷
東甌西平東平三王世家　一卷
定興宣平二王世家　一卷
興安伯世家　一卷　歸有光
鎮遠侯世家　一卷　一册　李維禎
文成公世德紀　一卷　載《文成全書》
太史張文忠公世家　二卷　一册　張汝經編
祁氏家乘　二卷
鄭氏家乘　一卷
賀氏家乘　一卷　一册
張氏郤金堂世本　一卷　一册　張鼐編
以上俱世家

録　科第　姓名　書目

[科第]

皇明歷科殿試録　七十卷　七十册

皇明歷科會試録　七十卷　七十册

皇明歷科進士考　二十卷　四册

皇明浙士登科考　十卷　六册　陳汝元輯

南國賢書　七卷　六册　張朝瑞輯

吉安貢舉考　四卷　四册

成化戊戌會試録　一卷　一册

成化戊戌殿試録　一卷　一册

成化甲辰會試録　一卷　一册

成化甲辰殿試録　一卷　一册

嘉靖庚子鄉試録　一卷　一册

嘉靖丁未會試録　一卷　一册

嘉靖丁未殿試録　一卷　一册

隆慶丁卯南畿鄉試録　一卷　一册

萬曆庚子順天鄉試録　十卷　十册

萬曆甲辰會試録　十卷　十册

萬曆庚子甲辰三試録　十五卷　十五册

萬曆戊午浙江鄉試録　二卷　二册

嘉靖丁未重修世講録　一卷

丁未分省同年録　一卷　一册

嘉靖庚子重修序齒録　一卷　一册

庚子順天序齒録　二卷　二册

庚子浙江序齒録　二卷　二册

萬曆甲辰序齒録　二卷　二册

萬曆戊午浙江序齒録　一卷　一册

以上俱科第

［姓名］

姓匯　四卷　一册　俱陳士元　以下三種俱載《歸

雲別集》
姓觿　二卷　一册
名疑　四卷　二册
希姓録　一卷　一册　楊慎　抄本　載《楊升庵雜録》
余太常同姓名録　十二卷　補録一卷　共六册
一套　余寅
孫黄門同姓名録　四卷　一册　孫羽侯輯
侍兒小名録　一卷　洪少蓬輯　載《正稗海》
補侍兒小名録　一卷　王銍　載《正稗海》
續補侍兒小名録　一卷　温豫　載《正稗海》
侍兒小名録拾遺　一卷　張邦基　載《正稗海》
以上俱姓名

[書目]

皇明國史經籍志　五卷　五册　焦竑
諸史藝文抄　三十卷　十册　淡生堂輯
經籍考　七十六卷　馬端臨　載《文獻[通考]》
續經籍考　十二卷　王圻
藝文略　八卷　鄭樵　載《通志略》
漢藝文志考　十一卷　王應麟　載《玉海》
兩浙著作考　四十六卷　二十四册　淡生堂輯
蜀中著作記　四卷　二册　曹學佺
文淵閣藏書目　十二卷　四册　萬曆間張萱等編
内府官板書目　一卷
北雍御書樓藏書目　一卷　□册
天下古今書刻法帖目　一卷　一册　周弘祖
尤氏遂初堂藏書目　一卷　一册　宋尤袤　全載
《説郛》内
焦氏藏書目　二卷　二册

四明范氏天乙閣藏書目　四卷　二册
湖州沈氏玩易樓藏書目　二卷　一册
行人司藏書目　二卷　一册　又《續藏書目》一卷　一册
蠙衣生書目　二卷　二册
大明道藏書目　三卷　二册

大明三藏聖教目録　四卷　一册　郭子章
大藏經目號數　一卷　一册　葛寅亮
皇明三元考　十三卷　四册　俱張弘道輯
昭代科名盛事録　七卷　二册
以上俱書目